走向法治

——工作场所性骚扰的调查与研究

唐 灿 黄 觉 薛宁兰 著

中国人民公安大学出版社
·北 京·

图书在版编目（CIP）数据

走向法治：工作场所性骚扰的调查与研究/唐灿，黄觉，薛宁兰著．—北京：中国人民公安大学出版社，2012.10

ISBN 978－7－5653－1059－1

Ⅰ．①走…　Ⅱ．①唐…②黄…③薛…　Ⅲ．①性问题—侵犯行为—法律—研究　Ⅳ．①D913.04

中国版本图书馆 CIP 数据核字（2012）第 248278 号

走向法治

唐　灿　黄　觉　薛宁兰　著

出版发行：中国人民公安大学出版社
地　　址：北京市西城区木樨地南里
邮政编码：100038
经　　销：新华书店
印　　刷：北京兴华昌盛印刷有限公司

版　　次：2012 年 11 月第 1 版
印　　次：2012 年 11 月第 1 次
印　　张：7.375
开　　本：880 毫米×1230 毫米　1/32
字　　数：204 千字

书　　号：ISBN 978－7－5653－1059－1
定　　价：25.00 元

网　　址：www.cppsup.com.cn　www.porclub.com.cn
电子邮箱：zbs@cppsup.com　zbs@cppsu.edu.cn

营销中心电话（批销）：010－83903254
警官读者俱乐部电话（网购、邮购）：010－83903253
读者服务部电话（书店）：010－83903257
法律图书分社电话：010－83905745

序　言

唐灿发来邮件，让我给她们的新书《走向法治——工作场所性骚扰的调查与研究》作序。我和唐灿在这个问题上的交流，仅限于 1995 年第四次世界妇女大会前后，当时我们共同参加一个关于妇女人权的论坛，而我当时出版了一本中英文妇女与法律词汇释义，其中有相关词条的解释。世界妇女大会已经过去了快二十年，当年我们讨论的题目，大多数可以说是“问题依旧在，解决渺无踪”。近二十年来，国际形势发生了巨大的变化，商业化和市场化无孔不入，把妇女作为一个整体推向了更为被动和边缘的状态。类似于工作场所性骚扰这样的问题，几乎不再是学者关心的话题，甚至也不是“80 后”、“90 后”女性关心的话题。作为社会学家，唐灿她们能够一直关心这个不能给自己带来光环和利益的题目，令我感动，这也是促使我写这个序的原因。

性骚扰是近些年来才进入公众视野的概念，对妇女的性骚扰，本质上是一种性别歧视。很多国家都对针对妇女的性骚扰进行了立法，国际社会也有比较成熟的法律规则。例如，《消除对妇女暴力行为宣言》要求缔约国运用法律等一切措施消除包括性骚扰在内的对妇女的暴力。我国《妇女权益保障法》第 40 条规定：“禁止对妇女实施性骚扰。受害妇女有权向单位和有关机关投诉。”《人民法院审理性骚扰案件的若干规定（项目建议稿）》，对工作场所的性骚扰进行了进一步的界定：“雇主、同事或者第三人等对劳动者、求职者实施性骚扰，并以此作为劳动关系或劳务关系成立、存续、变更、岗位分配、报酬、考核、晋升、降职、调动、奖惩条件的；在劳动者执行职务过程中，对其实施性骚扰，造成敌意性、胁迫性或冒犯性工作环境的。”据统计，我国法院已经受理的性骚扰案件已经有若干起，这使得法律的抽象条文有了现实意义。当然，仅有司法机关的努力是远远不够的，用人单位和雇主应该担负更大的责任，防止或者及时禁止性骚扰事件的发生。

本书是系统研究工作场所性骚扰问题的专著，内容丰富、视野开阔。既有理论介绍，又有案例分析；既有法律条文，又有现实资料；既有知识，又有方法。走向法治——既表现了作者对解决这个问题路径的确认，也表现了对解决这个问题的乐观。法律和规则是解决问题的手段，但是权力和权利的关系是复杂的，有的时候，为了维护权利必须要对抗权力。对于在劳动力市场上处于弱势地位的妇女来说，维权的道路注定是要付出代价的。希望这本书能够唤起社会对这个问题的自觉意识，使劳动关系更加平等和谐。

是为序。

信春鹰

2012 年 6 月 20 日

目　录

前　言

性骚扰是一个古老的话题，自从地球上有了人类，性骚扰行为就是生活中的一个事实，并且有过各式各样的称谓方式。但是直到20世纪70年代之前，在公共意识中，性骚扰仿佛并不存在。因为在此前的法律中还没有一个名词用以指代性骚扰这种现象。美国著名的女性主义法学家凯瑟琳·麦金农（Catherine Mac Kinnon）曾经说过："这也难怪……妇女们不会就一种无名的经历提出投诉。由于没有名称用来表达，性骚扰直到1976年根本无法言说，也就不可能有概括的、大家都能接受的社会定义。"但是，她接下来说，"无名不等于不存在"。

性骚扰作为一种社会定义，它的出现不仅具有符号上的意义，同时在社会价值方面赋予了这种行为一定的意义。它使这种行为被赋予了一个权利主体，即被骚扰方，同时在价值方面把这种行为与权利、平等、尊严等观念联系在了一起，并最终通过赋名等方式得到法律和其他制度形式的确认。正是由于女性主义者的努力和她们特有的视角，使得性骚扰能够在20世纪70年代后浮出水面，并成为一种为世界各地许多文化和职业环境所普遍认识到的性别歧视现象。

性骚扰这个概念在中国大约是20世纪90年代后才被传入和被公众认知的，但是发生在工作场所中的性骚扰行为同样很久以前就存在。迄今为止，还缺乏科学的和具有信服力的数据说明性骚扰在中国的工作场所中的分布状况。但是生活经验和我们的调查证明，随着中国经济和社会结构的变动，工作场所中的性骚扰状况有愈趋严重化的倾向，权力滥用和性别偏见交织在一起，使得受害女性的生存空间和反抗空间越加有限。与此同在的是，无论在文化还是制度层面，防治性骚扰的社会条件都还没有真正形成。

许多受害者的经验表明，对女性在性问题上的种种偏见、苛责和不宽容的文化，是女性视公开反抗性骚扰为畏途的最重要原因之一。发生在 2001 年的西安“中国第一例性骚扰诉讼案”的原告，在起诉之后，遭遇了巨大的舆论压力，以至她“几乎精神崩溃”。缺乏道义的舆论和文化环境从来都是助纣为虐的帮凶。反对性骚扰的行动特别需要积极健康的舆论环境，这是因为，性骚扰常常发生在不平等的关系结构中，常常与滥用权力和以强凌弱的压迫性行为相关。反抗性骚扰又常常会给受害者带来如失业、贫困和暴力威胁等更深重的伤害。因此，呼唤正义，同情弱者，声援受害者，而不是对他们无端猜测和指责，这对于鼓励受害者这类弱势群体的反抗信心殊为重要，这也是社会的良心所在。性骚扰还有着相对隐秘、取证难的特点，这使得通过诉讼讨回公道的反抗行为面临许多现实的困难，对此不是消极无为，而是在全社会倡导对性骚扰严厉谴责的价值观念和舆论氛围，以道德文化和舆论手段震慑和约束施害者，这对制止性骚扰的蔓延和发生也格外重要。

在道义之外，反性骚扰的行动还需要制度的切实保障，法律便是这一切制度保障的基础。但是中国目前在这方面还存在缺陷。虽然 2005 年新修订的《中华人民共和国妇女权益保障法》（以下简称《妇女权益保障法》）首次加入了禁止性骚扰的法律条款，但是相关的法律亟待明晰化和进一步完善，相关的社会政策也有待逐步建立。许多实例表明，在具体操作中，性骚扰案可能面临不被法院受理或者无法律细则可供参考的窘境。一些受理过性骚扰案件的律师和法官都认为，性骚扰问题目前在法律上“还没有一个明确的概念”、“缺乏界定”、“没有确切的实施细则”，这是处理这类案件时最大的难题之一。证据困扰也被司法界认为是妨碍通过法律解决性骚扰的难题之一，但是对于像性骚扰这种几乎不可能有直接目击者的侵权案例，法律应通过什么方式履行自己主持正义、惩恶扬善的神圣职责呢？在实际操作中又该做出哪些调整来保护公民的人身权利呢？国外在这方面其实已有一些可借鉴的经验，我们所要做的就是，把性骚扰问题提到法制建设的议事日程上，并对此给予认真的研究。

本书汇集了我们对国内性骚扰案例的经验研究，以及对国外有关性骚扰的女性主义理论的研究，还有对于修改和丰富现有法律条文的设想，特别是在卷帙浩繁的文献中，摘录、编辑了美国重要的性骚扰案例，梳理了美国相关司法制度发展的进程。如果这些研究成果，能够对推动中国防止和反对性骚扰的司法进程有所裨益，那也算是对我们的良心、对那些不屈不挠地与性骚扰进行抗争的受害女性有所告慰。

唐　灿

2012 年 7 月 20 日

专题一

工作场所中的性骚扰：多重权力、身份关系的不平等*

——对20余个案例的调查和分析

唐　灿

一、背景和方法

1996年在全世界30多个国家进行的国际犯罪受害调查［IC（V）S］显示，工作场所发生率最高的伤害事件，是对女性的性骚扰。近8%的强奸案和约10%的强奸未遂及性侵犯案发生在工作场所。（南莲·哈斯贝尔等，2003：35）与性骚扰在世界其他国家的工作场所中广泛存在一样，作为一种主要针对女性的暴力行为和性别歧视，工作场所中的性骚扰在中国也成为愈益凸显的社会问题。

2005年，新修订的《中华人民共和国妇女权益保障法》首次加入了禁止性骚扰的法律条款，反对性骚扰的行动因此取得里程碑式的进步。但是应该看到，无论在制度还是文化层面，防治性骚扰的社会条件都还没有真正形成。一方面，相关的法律亟待明晰化和

* 本课题《工作场所中的性骚扰研究》受香港乐施会资助。课题合作方包括：中国社会科学院社会学研究所唐灿、中国社会科学院法学研究所薛宁兰、《中国社会科学》杂志社黄觉等，中国法学会“反家暴网络”；原北京大学法学系“妇女法律研究与服务中心”和艾美玲主持的《家政工研究小组》给予协助。课题负责人唐灿、陈明霞。

进一步完善，相关的社会政策也有待逐步建立；另一方面，反性骚扰的社会氛围还远没有形成，交织在性骚扰问题上的社会不平等因素还没有被深入研究和认识。本研究期望通过对性骚扰事件的经验研究，分析这种现象的危害和它所体现的社会不平等以及背后的制度和文化原因，以此为反性骚扰的法律、制度和社会文化的形成与完善提供必要的依据。

本研究着眼于受害女性的经验和解释，试图通过这些女性在工作中经历的性骚扰事件，以及她们的态度和感受，了解性骚扰背后的制度和文化因素，以及这些制度和文化因素对这些女性态度和自我定位的影响，同时了解受害女性是如何感受和评价性骚扰带来的危害和后果，等等。由于性骚扰问题的私密性和界定方面的模糊性，相比于大规模的定量研究所试图建立的统计推论，对性骚扰受害者一对一的访谈显然更具可操作性，也更便于对这一现象的过程、互动、性质进行探索性的挖掘和定义——尽管寻找具有典型性的个案，并说服当事人接受访谈也是一件非常困难的工作。本文主要是对上述研究内容的描述性分析。

本文着重对2005—2011年间对20余名女性性骚扰受害者（共访问27名受害女性，其中家政工案例R包括6名被访者的经历）以及部分受害女性的同事、亲属、律师、法官等进行了访谈分析。以这20余名女性遭受性骚扰事件时的身份为区分标准，她们分布在全国14个省、自治区、直辖市；职业身份包括：单位负责人1人，大学教师2人，国有事业单位干部/专业技术人员4人，中小学幼教老师3人，企业员工1人，学生1人，非正规就业的下岗工人、临时工、服务员、家政工等14人，其他身份1人；供职单位的类型有，国家机关或企事业单位17人，私营或个体经济部门10人；在文化程度方面，9人具有大专以上学历，11人受到过初中、高中或中专教育，4人仅有小学文化程度，另有3人不详；从年龄结构来看，15人30岁以下，8人在30～40岁之间，还有4人40岁以上。

被调查女性所经历的性骚扰案例包括多种形式：有导致诉讼的(其中又有诉讼成功的和不成功的)、向单位投诉的、最终被单位报复性开除的，以及私下解决的；有同事之间的、上下级间的，也有发生在工作中与雇佣方、客户和有经济关系的其他人之间的；有胁迫性的，也有非胁迫性、制造敌意工作环境的；有轻微的、也有导致严重后果（如强奸、精神失常等）的；有全国闻名的案例、也有讳莫如深秘而不宣的，等等。由于性骚扰的私密性和其可能对受访者生活造成不利的影响，寻访那些愿意向陌生人公开自己性骚扰经历的女性受害者面临极大困难。现有的绝大部分访谈成功的个案都是以偶然的方式，通过熟人、朋友和同事等关系介绍，千辛万苦得以获取。对几乎每一位受害者的访问都进行了大量的说服工作。另有几近等量的案例，受害人因为恐惧或保护隐私等原因，以各种方式拒绝了我们的访谈要求，有的甚至是在最后一刻，在我们已经千里迢迢抵达约谈地点后才得知已经被拒访。调查中我们一再承诺对被访者的真实姓名和身份、单位予以保密，这种承诺将会影响本文引述调查资料的方式。

本研究主要采用欧洲议会1990年《关于保护男女工作人员尊严的议会决议》中关于性骚扰的定义，并在这一定义下开展对性骚扰的讨论和分析："性骚扰是指不受欢迎的性行为或其他以性为目的的行为，它损害工作女性和工作男性的尊严。它包括不受欢迎的身体、语言或非语言行为"。欧洲议会在对性骚扰的定义中还进一步指出，工作场所的性骚扰包含两种主要类型："交易性"性骚扰和敌意工作环境性骚扰。前者是指以权力强迫工作人员在屈服于性要求和获得或保持某种工作好处之间做出选择；后者则指破坏工作气氛，妨碍雇员工作表现的性骚扰行为（南莲·哈斯贝尔等，2003：15—16)。本研究关于工作场所的定义并不局限于特定的物理空间。由于近年来工作形式多样化的趋势，传统的工作场所范围被大大拓宽。本研究涉及的那些非正规就业者的工作场所，如农贸市场、家政工宿舍、实习地，等等，无论是传统还是现代的工作场所定义都无法加以囊括。故本研究倾向于以特定的关系形式代替有形空间的定义方式，即认为工作场所实际是因工作或其他经济联系而产生的一种关系形式，在与工作有关的联系中发生的性骚扰都可被认为是工作中的性骚扰。

本文主要是关于女性遭受性骚扰的研究。因为诸多国家的研究和文献表明，女性是性骚扰的主要受害群体。但这并不表明，我们只承认这一种形式的性骚扰，我们相信同样存在女性对男性和同性间的性骚扰。

特别要申明的是，本研究是一项关于工作场所中性骚扰的定性研究，由于调查样本的获取没有也无须经过随机抽样以取得统计学上的代表性，所以文中出现的所有数据都不能用来代表和推论中国工作场所性骚扰状况的整体。

二、受害女性态度分析：谁说“不”，谁隐忍？

许多研究指出，女性明确说“不”的态度对遏制性骚扰的发生或延续具有重要作用。也有舆论推而极之地认为，“一个巴掌拍不响”，“苍蝇不叮无缝蛋”，没有女性的默许或迎合，性骚扰不可能发生。这种逻辑使得“责备受害者”的公众舆论成为顺理成章。

性骚扰是不是女性容许或迎合的结果？受害人女性的态度在多大程度和什么条件下能够影响和决定性骚扰事件的走向？在工作环境中，面对性骚扰，在什么情况下、什么样的女性可能选择说“不”；什么情况下、什么女性可能选择容忍、默许甚至其他？不同态度背后的原因是什么？这些是我们首先关注的问题。

1.“不”的条件性和有效性

面对性骚扰，被访问女性的态度大致分为两种：一是在性骚扰初起阶段就明确说“不”并在此后保持谨慎；二是碍于多种原因，采取隐忍和其他妥协的方式，虽然并不是没有过拒绝，但这种拒绝是以一种软弱的姿态表示的。受访女性的经验显示，说“不”的重要性主要体现在：含混、逃避和隐忍的做法无一例外地纵容了性骚扰的持续和发展，甚至导致更加恶劣的结果，在数起案例中直至发展成为屈从性的性行为或强奸。有感于此，受害女性在总结自己的经验教训时往往会特别强调，对性骚扰“一开始就要说‘不’”。但是，另一方面，女性的经验也表明，明确拒绝的态度并不一定能够遏制性骚扰的发生或继续，性骚扰被遏制往往还需要和女性态度同样重要的其他因素和条件。也就是说，女性的拒绝是性骚扰得以遏制不可或缺的前提，但不是所有前提，在其他前提条件缺失的情况下，女性即使说“不”也有可能难以避免性骚扰发生。以逻辑语言表述就是，女性态度是制止性骚扰的必要条件，但不是充要条件。那种把性骚扰归咎于女性容许和迎合的说法存在着逻辑上的混乱和价值方面的偏差。

调查发现，女性态度并不单独作用于性骚扰的走向，还存在着与态度同样重要的其他影响因素：

(1) 身份、地位和权力因素

把性骚扰甫一发生就说“不”的被访女性分为两组，其中一组成功地遏制了性骚扰的继续和发展；另一组却未能产生相同的结果。对两组女性的身份、地位和受性骚扰经历进行分析后发现，前一组女性中多数人的共同特征是，都有较高的社会身份，有的是大学教师，有的甚至是单位负责人；此外，骚扰者与受害者的工作关系相对平等，彼此的互动过程中，较少权力等足以构成胁迫和威慑性的因素夹杂其内；另一组女性中大部分特征与上述相反，社会身份地位相对较低，有的是下岗工人，有的是家政工、临时工，等等；在与骚扰者的权力关系和互动过程中，这些女性处于明显的弱势地位，她们的拒绝只能起到微弱的作用。例如：

案例L L经熟人介绍在一户人家做钟点工，雇主家只有老两口。男雇主常常趁老伴不在的时候，对L不尊重，说些暧昧的话，并对她动手动脚。L明确拒绝了男雇主的言行，对他说：“你女儿比我还大呢，怎么还这样?”但以后这样的情况还反复多次，L忍无可忍，辞去了这家的工作。

案例K 小运动员K在训练期间受到教练的性骚扰，开始时她大声尖叫，教练会赶快放手，但这种情况一直持续。K认为，她的教练之所以这么猖狂，是“因为他特别‘牛皮’，带出过国家队员，队里领导都让他三分。在运动队里，谁有成绩谁就老大”。

案例M 下岗工人M在批发市场受到一个地痞流氓公开的性骚扰，“当时死的心都有了！我挣扎半天才把他推开，头发都散了”。M此后再到批发市场时还受到过这个地痞的侮辱。M说，“他们（那些地痞）控制着秤，不服就打。好多钱都让那些地痞挣去了。他们还控制着价格，如果不让他们管，他能让你一车菜烂在那儿都卖不出去。”

（2）制度、环境因素

在女性只身面对性骚扰时，制度和工作环境的支持非常重要。对餐馆服务员的相关案例进行分析后发现，对来自客人的性骚扰有积极应对措施的工作环境中，女服务员受到客人性骚扰的可能性大大降低。正如餐馆服务员H所说：“我遇到的老板基本上都是维护员工的，一般都是出来劝，实在不行了就换个服务员。有的时候老板一看客人喝高了，就会主动换上男服务员。要是闹得厉害了，就报警。”餐馆的案例说明，好的企业政策对有效防范性骚扰发生有着积极的意义。但是餐馆对性骚扰的防范更多是出于对其经济利益的考虑，“一般情况下，有的客人对女服务员怎么怎么样，有点不规矩，老板不管，你要说睁一眼闭一眼，那也确实是这样。可是要是闹得厉害了，影响饭馆的生意了，老板肯定要管。”与来自“第三方”（即指非单位、企业内部员工或雇主与雇员之间、主要来自顾客、客户和其他工作联系方）的性骚扰相比，对发生在单位内部的性骚扰，包括餐馆在内的几乎所有受访者单位都没有控制和监督措施。同样作为女服务员，在遭遇来自内部的性骚扰时往往处于孤立无援的状态。例如案例 R，“在那个饭店，晚上我和一个老乡住在那屋，门插不上，我都没睡着那个经理就进屋……我就问了一句，‘你现在不睡你干吗呀?’他正在掀被子呢，我一说他不敢掀了。他又去掀那女孩的……第二天我就被炒了。被炒了之后，他说我作风不正，勾引他了。”以及，“在北京打工期间，受到不公正待遇是常有的事。老板的呵斥、责骂、扣发工资都遇到过。最严重的是受到过两次性骚扰。一次是做服务员期间，一个男同事的侵犯，另一次是做保姆期间，男雇主——一位大学教授的侮辱。”

单位对性骚扰的姑息，对肇事者的袒护也可能使女性的反抗归于无效。F 的经历是，第一次遇到单位内某科长的骚扰时，F 努力反抗，并向单位领导反映。得到的答复是，“他为什么不骚扰别人，单单骚扰你呀?”肇事者于是有恃无恐，对 F 的骚扰多年持续不断。

(3) 智慧和技巧因素

能够成功遏制性骚扰的女性一般都很有智慧并善于运用技巧。如 G 认为，“女人是可以凭借自己的品德和智慧成功化解这个问题的。我基本上没让这种事发展到没法收拾的局面。我的诀窍就是，第一，一定要在一开始就让他（指对方）明白你的想法，自己的态度要坚决，不能暧昧，让对方觉得你有那个意思，有机可乘；二是，不能太让对方难堪，要讲究技巧，要是对方下不来台，对谁都没有好处。”G 曾多次化险为夷，以下是她的部分经验：

有一天在医院里，我上楼，他（骚扰者）从后边追上来，到我旁边忽然一把抱住我就亲我，手还在我身上乱摸，我当时都傻了，好半天都没反应过来。等明白过来后，我本能地大声喊，××耍流氓了！推开他就往上跑。上边那层就是我们主任的办公室，他听见声音出来了，问怎么回事。我当时话都说不出来了，愣了会儿说，××耍流氓。这会儿我又往下一看，那个家伙站在下边，脸色发白。我一下就稳住了，忽然哈哈大笑又跟我们主任说了一遍，××耍流氓了。可这次的口气和上一次完全不一样，主任有点愣，又问，咋了？我赶紧打哈哈，说没啥没啥，××开玩笑开大了。当时这事儿就这样遮掩过去了，我再也没跟人提起过。

过了好些时候，有一天那人冷不丁地又跟我说起这件事，他想解释，可能也想道歉。你想这事在他心里的负担有多大?！我要是把这事说出来，我们是国有单位，不说降了他，至少能把他调走，他怎么和别人解释？我没让他解释，我也不想听。我就说，这事只能一次，我可以不计较，再有下一回就不是这样的结果了。现在我俩平时就跟什么事都没发生过一样，该工作就工作，不扯闲话。

从G的个人经验中，确实可以看到机智和掌握人际平衡技巧对女性自身的保护作用。案例E也有类似的经历，她同样强调，“女性处理这类事件要善于运用自己的智慧，在维护尊严的情况下，采取适当方法把它（性骚扰）消灭在萌芽之中……维护自己的权益，同时还要避免发生抵触的情绪。”但是，E也承认，“做到这点很难，尤其是在同事之间，这种关系还要处下去，所以要想处理得很完满，不太容易”。

平心而论，智慧地处理性骚扰事件，在保护自己的同时又要尽力避免肇事者可能的报复，这种在瞬间迸发出来的智慧和能力实际是当事人长期社会经验和历练的显现，这种经验并非人人可以复制。所以一旦发生工作中的性骚扰，特别是情节相对严重的性骚扰，并不是人人都能通过巧妙的处理使双方均得到体面的结果。被访的其他案例也说明了这一点。

上述因素分析说明，在制止、避免已经发生或即将发生的性骚扰时，女性坚决说“不”的态度是非常重要的，但是“不”的有效性受到其他因素的制约，身份地位相对较高、社会经验相对圆熟、制度环境提供足够支持，这三种要素齐备，或至少具备一两种要素的女性相对容易获得较为完满的结果；以上三种因素都相对缺失的女性则很难依靠一己之力遏制性骚扰的发生和发展，如案例L、K、M。

2. 差别态度及其原因

国际劳工组织在多个国家的统计证实，大部分骚扰者处于比受害者更高的职位，工作中的性骚扰经常在地位和权力不平等的条件下发生。这个组织把这种“以获得或保持某种工作中的好处为条件向某人提出性要求的行为”称为“交易性性骚扰”（‘quid pro quo’ harassment），它被认为是工作场所中最为严重的一种性骚扰形式，也被称为“性敲诈”（sexual blackmail），和“性勒索”（sexual shakedown），因为它代表着背信和滥用权力（南莲·哈斯贝尔等，2003：26；15－16）。他们的研究还解释道，被解雇的风险可能导致女性对性骚扰采取接受或忍耐的态度。我们的调查证实了上述看法。

以态度差别将女性分为两组，在性骚扰发生初期，明确说“不”的女性有 9 人，选择隐忍的有 12 人。排除个体性格气质等方面的差异，对两组进行比较后发现，态度差别似乎与女性的职业、受教育程度、单位性质没有显著关系。以受教育程度为例，具有大专以上文化的 9 名女性中，说“不”和隐忍态度的分别是 5 人和 4 人；在具有一定社会声望的教师、干部、专业技术人员等职业身份的女性中，6 人选择躲避、忍耐，5 人选择拒绝；此外，无论单位性质是国有还是私有、个体等，对女性的态度也未见有显著影响。对被访女性的受骚扰经历和体验进行分析和对比后，我们发现，骚扰者和受害女性在互动过程中的权力地位关系与女性的态度差别似乎有显著关联。

在我们绝大多数依靠偶然方式获得的 21 个案例中，除去两例来自“第三方”的骚扰，19 例单位内部的性骚扰案例中，有 5 例发生在权力、职位相对平等的同事之间，其中有 4 个案例的受害女性在性骚扰初期就明确表态拒绝；14 例骚扰发生在职位不对称的工作关系中，其中 12 例是雇主对雇员、上司或领导对下属的性骚扰，只有 2 人明确表态拒绝。

在与不平等权力职位关系中发生的骚扰相比后发现，与骚扰者职位大致相等的女性在选择说“不”时顾虑较少、相对自信，这或许是同事间性骚扰之所以更容易被拒绝的主要原因，也是处在不同关系结构中的女性在心理上的重要差别。如上述G女士那样，正色告知骚扰者，“这事只能一次，我可以不计较，再有下一回就不是这样的结果了”，这样的自信和镇静，绝不是那些处于边缘地位或权力阴影下小心翼翼地谋生求活的女性轻易能够效仿的。

在那些处在不平等权力地位关系中的女性的陈述中，我们发现，“怕”、“担心”、“不敢”、“没有办法”等是她们经常和共同使用的词汇。

案例S S是某大型国企的一名员工，在受到总经理的性骚扰后一直委曲求全，致使骚扰升级。在总经理以各种手段威胁“解雇”、“调出办公室”的情况下，S最终屈从了骚扰者的性要求。“我们这些打工的来到这里都是为工作，谁不怕丢掉工作？女孩子尤其是这样！再找这样的工作很难的啊。我在这个公司辛辛苦苦干了这么多年是一点点提升上来的，我很不容易！不想就这样没了工作。这样我就只好忍。”“我没有办法，从一开始就完全是被逼的，他利用权力逼着我“接受”他的性骚扰，如果我想要在公司继续工作，我就不能反抗他。在这个地方大家都是这样。我们公司还有别的女孩子也有这种情况，但是她们不说，就没有人知道。”

案例O O与S有大致相同的经历。她是某高校的临时工，受到学校领导严重的性骚扰，在很长一段时间里她选择了忍耐。她说“从事情的开始我就可以要求来自组织的援助，甚至可以在发生这种情况的时候报警……可是我不敢。他是我的顶头上司，我只是一名外地来京的打工者。好不容易找到一份工作，珍惜的不得了。”

案例A A在一家研究单位做打字员、会计，因为年轻漂亮曾遭受过多名男性同事的性骚扰，“我很反感，但又有什么办法？有的是研究人员，高我一等，还有的是我的上司。”“我来这单位开始很高兴，以为研究单位是很神圣、特高尚、特干净的地方，事实也不是这样。我很失望，但为了生活，也为了这份还算不错的、比较安定的工作，只好忍了。”

案例N　N是国家机关的临时工，在受到一名男性同事的性骚扰时，她首先想到的是，“能忍就忍，不想弄僵了关系，统共就我们两三个人，再说，我还指着以后转正的时候他帮我说几句好听的呢。”

案例B和案例R也显示了类似的情况，因为怕失去来之不易的工作，在权势面前不得不低头忍受或接受骚扰。B说，“怕失去这个工作，这份收入在当地是不错的，很多人到我们这儿工作还要托关系。”R述说，“因为担心反抗会惹怒雇主失去工作，担心自己被看成惹是生非的异类，也觉得反抗没有什么用，所以没有采取什么行动，不知道谁可以真正帮助自己。也听打工的朋友或老乡提起她们所经历的事情，有很多类似的情况，有时候感觉像一场噩梦。”

分析上述这些女性职业身份地位的相似之处，她们要么在工作环境中处于边缘或不稳定的地位，职务职位较低，或者是临时工、其他非正式工，或者面临下岗或被调整的威胁，职业地位时刻面对危机。除性骚扰外她们还抱怨：职称问题无人重视，入党要求没人注意，每一次合同到期或单位调整都会令她们如临深渊，为获得转正机会只好小心翼翼“伺候好每一个人”……要么这些女性的雇佣与否或其他职业前景高度依附于骚扰者的权力和意愿，例如，一些被访者的劳动合同由骚扰者决定，有女大学生的实习评价由骚扰者做出，还有人的工作调动需骚扰者同意，等等。对权力的畏惧，对职业前景的担忧，对“环境压力”的恐惧使这些女性顾虑重重忍气吞声，甚至导致她们不得不屈从于对方的性要求。与性骚扰带来的屈辱相权衡，生存利益和工作机会显然更是她们的头等大事——特别是那些获得来之不易的工作机会或万分珍惜在国有机关、研究院所、大专院校等单位工作的女性。

遇到性骚扰束手无策、感觉孤立无援，以及对反抗缺乏信心和勇气是这些处于弱势身份地位女性的普遍心理。特别是那些处于劳动法保护范围之外、与外界缺少接触、工作环境相对封闭的家政工、临时工、贫困大学生等，他们在受到性伤害时得不到应有的支持，无力为自己讨回公道而因此更多地选择沉默或逃避。正如她们自述的，“不敢说”，“觉得反抗没有什么用”，“不知道谁可以真正帮助自己”，“不忍着怎么办”。

造成女性差异性态度的原因或许还有其他因素，如受害者个性气质差异等。但是通过受害女性的经历和叙述可以肯定的是，一些女性的软弱态度绝不仅仅是单纯的个性气质使然。在骚扰者和受害者的互动过程中，权力、身份、地位等结构性因素深刻地影响着双方的自我判断和需求，一方面骚扰者面对弱势一方，可能滥用自己的身份、地位和权力优势勒索性好处；另一方面，处于劣势权力和职业地位的女性无法不以弱势姿态权衡利害得失，双方不平等的关系影响着她们的选择空间和态度。也就是说，在很多情况下，接受或拒绝骚扰首先不取决于女性的主观愿望，而是取决于其社会身份和地位。要求女性放弃基本的生存和职业利益反抗性骚扰，这是苛求。了解到这一点，我们应当对那些态度软弱甚至屈从的女性报以更多的谅解、同情和支援。

三、单位/组织行为分析：保护谁，惩罚谁？

许多国内外的研究建议，鉴于女性在工作和性别关系中普遍的弱势地位，单位、组织、工作环境对女性工作就业的公平性应予以特别关注。工作环境中防范性骚扰的政策和制度，以及工作环境对可能的权力滥用和性别歧视的高度防范意识，可以有效地保护女性免受因不平等的权力地位关系和性别歧视造成的性骚扰。据此，1980 年美国就业机会平等委员会颁布的《职场性骚扰指南》中，对单位或雇主防范职场性骚扰的责任给予了严格的规定：不论公共部门雇主还是私营雇主，倘若其管辖范围内出现上级对下属提出强迫性性要求，或出现环境骚扰（恶劣环境），均需承担连带责任，除非雇主对性骚扰事件进行了及时的调查和处理，并在机构内制定了规章和程序，保证所有员工了解性骚扰，并保证遭受骚扰的员工有投诉和得到救济的途径（详见本书“美国反性骚扰法律的产生与发展”）。

在受害女性的感受中，单位是否承担了相应的责任？单位在工作中发生的性骚扰问题上是否表现出足够的公平和公正性？以及单位对工作中的性骚扰是否具备足够的防范意识？这也是我们主要关注的问题。

许多调查显示，很少有女性愿意站出来公开自己受到骚扰的经历。女性就性骚扰提出投诉的比例始终非常有限。在西方，性骚扰和强奸是那些最少被报案的罪行之一。美国和加拿大的研究表明，只有10%～20%的受害者向所在单位的领导部门报告受到过性骚扰。（南莲·哈斯贝尔等，2003：122）但在我们调查的21个案例中，有15个案例的女性受害者曾或早或晚向单位、上级组织或有关机构告发过骚扰者的行为，其中包括两起之后又提起诉讼的案例；另外还有一名受单位领导骚扰的女性则直接越过单位向司法机构提起诉讼。向单位和组织告发骚扰者并寻求支持的受害女性在我们的调查案例中占有如此大的比例，这或许是因为那些没有浮出水面的性骚扰事件我们无从获知。所以，这个比例不能用来推论中国女性整体对性骚扰的反抗情况。但是被调查的受害女性在寻求单位支持的个人经历中，所暴露出来的单位和组织在维护女性权益的意识和制度方面存在的问题却非常具有典型性。

除3个案例中的受害女性没有向单位投诉的动机外，其余案例中女性投诉或寻求投诉后所获得的单位/组织、机构的反馈大致包括以下几种：

1. 惩处骚扰者

7 个案例中的女性受害者得到了单位或有关组织的支持。支持形式有：①支持女性的申诉，着手调查和“准备解决这件事”；②提供对女性的保护措施，但是这样的支持形式在所调查的案例中，仅限于餐馆针对“第三方”的性骚扰；③责令骚扰者停止骚扰，赔礼道歉，直至对其进行处罚。最严重的处罚是开除骚扰者的公职，其余还有调离职务、劝其辞职等。最值得一提的案例是，某家国企的纪委书记在接到受害者的投诉后，不推诿不包庇，责令骚扰者——该国企的第一把手、党委书记向受害者写了三次道歉信。在受害者精神和身体受到巨大伤害、提起诉讼时，这三份道歉信成为法庭上的有力证据。

令人意外的是，在一些骚扰者受到惩处的案例中，惩处结果并未给受害女性带来实际利益，相反却导致受害者有“两败俱伤”的悲哀。如前面提到过的 N：

N 是某国家机关的临时工，为了顺利转正一直忍受着同一办公室男同事的骚扰。骚扰后升级为强奸未遂，男同事随后被开除公职。但是 N 述说自此之后她就没在单位抬起头过，除了舆论的压力，单位的冷漠和歧视给了她巨大的心理压力。在转正无望的情况下，N 辞职。N 自述：“那男的是开除了，我也差不多，自己把自己开除了。他那是自作自受，可是我也没得着什么好，到了(liǎo) 我也择不清自己身上的那点‘碴儿’。单位从头到尾，除了调查时候找我谈过几次话，后来再没人跟我谈过话。单位开大会宣布开除他的公职，说他生活作风有问题。具体有什么问题也没说，但是单位里人人都知道是怎么回事。我算是在单位里出名了，可从那以后也再没抬起过头来。”“别人都转正了，我还干一样的活，我觉得比过去还干得卖力气，可是转正就没我什么事了。我不是太敏感了，事儿就是那样。”单位人事部门领导对她说，“女孩子的举止言行不要让人产生误解。你是不是稳重你应该自己反思。”

“我当时眼泪都快掉出来了！好像不是我受了欺负，倒像是我和他有什么说不清的事！”

案例D　中学教师D受到校长的骚扰，严重时，该校长在D的家中撕扯她的衣服，在其身上乱抓乱摸。后来D得知学校中受骚扰的女性不止她一个人，遂与大家联名将校长诉至某社会组织，最终校长被调离。在调查中，处理该事件的社会组织负责人谈及当时的情况时说，“这几个女老师开始说我偏护他，我觉得这严重了……我也批评了校长，让他要注意些，要爱护女同志。她们不是要求让校长调走嘛……（后来）校长调走了，这几个也就平息了。”“我觉得我们作为女同志，应当自尊自爱一些。作为校长，晚上九十点给女教师打电话，有不妥之处。作为你们，以后考虑问题不要这么狭隘，不要一什么就是性骚扰。抱孩子是爱你的孩子，抢抱孩子时碰一下乳房也是正常的事，你们不要往邪路上想。”

在N、D两个案例中，我们发现，以上单位/组织对骚扰者惩处的主要动机似乎并不是保护女性的尊严和权益，而更像是对一般道德秩序的维护。如N案，骚扰者被开除公职的缘由被解释成为“生活作风问题”，这不是一个关乎权利和平等的概念，而是个道德概念。在这种概念中，只能看到道德上的对与错，施暴与受暴、侵犯与被侵犯的本质被忽视被抹去。而N，她在单位对事件的处理过程中似乎只扮演一个道具、证人的角色，而不是受害者。单位行为的目标是惩处违反了道德和纪律的肇事者，N作为一个活生生的被侵害的个体，她的权利、感受和心理状态并不在单位的关注视野中。而D案中单位/组织的动机更像是对一场单位人事纷争息事宁人式的调停，组织对受害女性投诉的不以为然是显而易见的。更有甚者，在行政处罚骚扰者的同时，单位/组织还表现出对受害者在道德、精神上的歧视和责备行为。所以，受害者才会感到这种单位行为使骚扰者和受害者双方都受到了惩罚。

2. 推卸和掩盖

在我们的调查案例中，这类单位行为又分为两种，一种是规避责任、保护单位利益；另一种是公事公办式的不作为。

案例Q 大学生Q到某县实习，该县某局负责人被指定为带队老师。在实习过程中女大学生被要求为企业做公关活动，经常陪舞，这期间Q遭受该负责人性骚扰。一直生活在相对封闭环境、缺乏社会经验的贫困女学生Q不知所措，骚扰最后发展成为强奸。事后，Q告知学校，“一个副院长说，这种事情单位出面去找，需要对方单位交涉，要找企业负责人。还说这件事如果学校真要管，对我自己的后果是难以预料的，难以把握的。”该校教师直言，学校真正的意图是不想得罪县里，因为以后还要安排实习。还有，学校怕担责任，所以就选择遮丑。

又如前面提到过的案例K，运动队事实上知道教练的骚扰行为，但是，一是因为领队、总教都是他（指教练）的哥们；二是因为“他有成绩，队里领导都让他三分，谁有成绩谁就老大”，所以单位对这一事件充耳不闻。

在上述两个案例中我们看到，单位对性骚扰的掩盖行为实际潜藏着这样的意图——通过对骚扰者的保护达到对单位利益的保护。某高校对那位带队官员的姑息，是出于学校不愿得罪实习基地方面的考虑，同时也是为了防备“拔出萝卜带出泥”，以此规避学校对实习学生保护和管理不善的责任——对实习学生不闻不问，甚至纵容地方让实习女大学生搞公关陪舞，无论如何学校难辞其咎！K案中单位更是以对骚扰装聋作哑的方式来保障运动队的成绩利益。而所有这些对单位利益的考虑都是以牺牲受害女性的权利和尊严为代价的。

案例S中，S曾向有关社会组织投诉过自己遭受的性骚扰，可该组织的回答是“要我拿出证据”。“我没有证据，这种事有什么证据吗？她们说没有证据她们也没有办法。可是我该怎么办？”B、Y 也都从组织那里得到过类似的回答，“她们说，这事不好说，不好取证，我们能怎样帮助你呀？你应该具备这样的素质和心理准备”；或者被淡漠地告知“你没有证据就不要乱告”；更有甚者，更上一级的社会组织对待走投无路、向其投诉的 Y 打着官腔这样指责道：“你这叫越级上告。”……类似的情况在调查的案例中带有相当的普遍性。虽然我们不否认证据的重要性，但在有关组织俨然合理的公事公办中，人们所感受到的更多的是对受害者的冷漠。许多经验表明，如果女性相信自己打算投诉的体制或组织能够很好地、至少富有同情心地处理投诉，那么她们就愿意投诉。如果她们获得的是非鼓励性的信号，或者向她们课以许多举证负担时，那么对性骚扰或其他侵权案件的投诉就不太可能发生，她们对该组织的信任度也会降低。（南莲·哈斯贝尔，2003）

3. 责备受害者

责备受害者是我们在后面还要探讨的一种性别文化现象。单位通常也会以这种方式回应受害者的投诉。如案例 A，A 曾向单位领导告发过自己所受到的骚扰，“领导竟然对我说：‘××侵犯你了，不对，但在这方面你也要注意一下，要检点自己，有则改之，无则加勉。’我听了特火，觉得这哪里是帮助我？好像别人欺侮了我，我也有责任似的。我是受害人，求助组织反倒自己落了一身臊。该得到惩罚的没得到，我是受害人，反倒落了一身不是。”F 经历了更加恶劣的单位反馈。开始单位领导不予理睬，“后来就让我理解科长，因为科长老婆有病。”后她向上级部门反映，主管部门的纪检委书记答复她以下几条：

1. 怎么就你一个人会碰到这么多男的对你性骚扰，说明你的自我保护意识不够，是不是你对他们有什么暗示？

2. 发生的事情，你为什么当时不作（做）及时的反映，还没有什么证据（被访者原记录如此）；还让这些人知道你在告他们的状，让他们知道了，他们会对你不高兴。

3. 象（像）这种事情还是应在下面基层单位，通过领导解决，你反映到××来，甚至你还可以反映到市纪律检查委员会去，我想对你的答复都是一样的，我们上一级不可能具体的（地）来处理这些事情。

4. 你怎么把这种事情都告诉你丈夫，我劝你，你应该把精力放到工作当中去，调整好心态，身体要紧，真的觉得不行，你好调单位的。

5. 对你坚决要求单独找我一个人谈，原先我是听了不高兴的，按规定我们反映情况一定要有两个人在场，今天我已破例了，尊重你的意见，单独接待你。

4. 联合迫害受害者

前面我们已经描述过不平等的权力地位关系可能导致性骚扰。这里将要展示，当女性不甘于受骚扰，提起投诉甚至诉讼时，在她们眼中，某些单位或部门的权势又是怎样联合在一起共同迫害受害者的。

案例 B　幼教老师B遭受学校校长性骚扰，忍无可忍之下向上级教委告发。“开始时教委回复说，这事一定严肃查办。几天后变化了，以后每去一次就被羞辱一次。他们说，发发短信，摸摸屁股，算不算性骚扰还不好说。现在迫于舆论的压力，××（骚扰者）被调走了，但是调到区教委，权力更大了，我们学校的校长都归他分管了。”“学校里有些负责人和××的关系很好，不但不能站在公正的立场上，还搞些假证据，发动一些人来害我。××和他的势力能这样对我围追堵截，是因为他的权力。他对老师们威逼利诱，因为他掌握了老师们的心理，他们怕事，怕影响家庭，怕多事，畏于他的权威。”

案例 C　这一案例是著名的中国“性骚扰第一案”。C长期受到单位总经理的骚扰，最后向法院提起诉讼。但是在长达5个月的起诉过程中，她面临着两方面的巨大压力，一是由于举证难而可能遭受败诉；二是起诉行为给她带来了意想不到的后果：首先是按规定请假期满后，她所在的部门不准许她上班，借口是她的假条有问题。其次，她的家人，甚至丈夫的领导、同事都收到了对她带有侮辱性质的匿名信，她所在单位的工会主席找到她的母亲，女儿的学校也有人拜访，目的都是施加压力要她撤诉，工会主席甚至威胁说，如果这个案件不成立她要承担诽谤的刑事罪名。

案例Y　Y被一家国有单位领导××多次骚扰，她多次拒绝，“××指使中高层让全体员工禁止与我接触并孤立我，我因心理受刺激妇科大出血而病倒要求请假却被拒批。给我的处分包括工资只发放原来标准的一半，并让我当众做深刻检讨才考虑准予我恢复工作等等，这一系列举动无非逼我无法忍受而主动离开公司。当发现我在办公室书写举报信后，××指示副总、部长对我办公室的柜子、抽屉进行全面强制搜查。”此后，Y多次向上一级单位调查组申诉，但都被调查组认定为证据不足，而她要求第二次出示大量的关键证据并请求领导参加时，调查组始终不给她任何机会，并刻意回避她。随后，××召开全体员工大会，要求员工当着他的面，对是否赞同对Y的前期处分和除名记名投票。在××的虎视眈眈之下，多数员工投了赞同票。少数同事提出不同意见，便立刻遭到领导层的恐吓。

在上述案例中，受害女性看到的是最恶劣最丑陋的一幕——权力间相互勾结，共同镇压对权势的挑战行为。虽然这种情况在我们调查的20多个案例中只是少数，但是它们对受害女性心理、对社会公正造成的破坏和影响不是依数量可以估算的。

5. 单位缺失

比遭遇恶劣回应更加悲惨的情况是，投诉无门。这种情况主要发生在非正规就业者中。

家政工 R

R 说："他把我按倒在床上，我说我要喊，他威胁我，如果我喊，他们家（雇主）就不用我了，我喊救命，他就再也没来欺负过我了。我哭了好几天，都想死，可是想到还有儿子、家人。我饭都吃不下，还病了。真想上诉他，也没有证据，也不知道跟谁说。"

钟点工 L

钟点工 L 也说，自己从来没有向任何组织或机构反映过任何问题，遇到不公平的事也不知道该向谁反映。她认为，别人不会相信她，因为她是外地人。她的老乡受到欺负后向服务公司反映，服务公司更相信雇主的话。老乡反映多次，服务公司索性不理睬她了。

下岗工人 M

商贩、下岗工人 M 在受到性骚扰后说，"这种事能上哪儿告去呢？告公安？我没想过。告了又能怎么样?！有那么多管理员呢，他们什么不知道啊?！就是不管事，就知道收钱！我不是不知道人身权利，可是我们这样的大耳朵老百姓，谁在乎我们的权利呢？能活着吃口饭就属不易，把孩子拉扯大能上个大学我们就算完成任务了。连个医疗、人身保险都没人给上，别的都扯不上了。"

家政工、小商贩等是城市中的非正式就业者，他们所属的劳动力市场的基本特征是，被排除在城市正式和规范的劳动就业体系之外，单位和组织缺失，处于恶劣的工作条件下，劳动和人身权益缺乏制度保障。与其他群体相比，这个群体缺少单位的依托和保障，在社会中经常处于孤立无援的状态，所以他们的权益也更容易受到侵害。性骚扰只是他们所遭受的诸多社会不平等和劳动、人身权益伤害中的一种。

总的说来，在受害者的自述中，大部分、绝大部分单位/组织在处理性骚扰事件的态度和行为方面存在着种种问题。它们的相同之处是，忽视、不关注或根本无视性骚扰受害女性的权利、尊严以及利益和感受，缺乏对工作场所中女性人身权益的保护意识，受害女性难以从单位行为中真正获取公平利益和保护；不同之处在于，在受害女性之外，依它们实际关注和保护利益的大小不同，行为方式也有所不同：关注和保护道德、社会秩序的单位，可能对骚扰者施以行政惩处，尽管这种惩处往往同时伴以对受害女性的道德和精神指责；关注和保护小单位利益的，或许对可能导致单位利益受损的性骚扰指控不闻不问、推诿掩盖；站在对女性抱有偏见和歧视的立场，维护男权社会道德秩序的单位，往往会不分青红皂白地对女性受害者再加指责；那些只保护一己私利、关注权势的单位和负责人，则可能联手压制打击试图反抗他们权威的投诉者；而那些被排斥在主流社会和规范劳动力市场之外的非正规就业女性，她们没有单位可以依托。

四、公共舆论分析：宽容谁，指责谁？

如果把公共舆论分为正式舆论和非正式舆论，那么性骚扰受害女性就生活在两种不同的舆论环境和文化体系中。所谓正式舆论，是指那些以法律和社会制度为依据，由官方和主流社会媒体传播的知识、观点和声音；非正式舆论，则是指非制度的、以社会习俗为基础、主要来自民间世俗社会的观点、意见和声音。两者的不同之处是，正式舆论可以通过制度安排的方式，如制定法律和政策，通过制度化的传播手段加以改变；而非正式舆论则扎根于社会风俗中，很难改变。非正式舆论在社会生活中对人们的价值观念和行为方式的实际塑造有着极大的影响。

近十余年来，中国正式舆论对性骚扰问题的态度发生了极大的转变。性骚扰问题从 20 世纪 90 年代中期以前被小报当作花边新闻，严肃的媒体和知识分子不屑一顾，转向越来越多地被主流媒体和知识界关注，并被纳入关于社会和性别不平等的讨论之中。在社会舆论的呼吁下，2005 年，反对性骚扰的法律规定首次被写进《中华人民共和国妇女权益保障法》，其中明确禁止了对妇女的性骚扰，并规定了相应的罚责和对受害妇女的救济渠道。自此之后，在正式舆论层面，反对性骚扰，认为性骚扰主要是针对女性的人身侵害和歧视性行为，希望以法律和其他制度形式防范和惩治工作场所中性骚扰的声音成为主流。

但是在非正式舆论层面，在大多数受害女性的经验中，性骚扰至今仍是一个难以启齿的沉重话题。非正式舆论显示出与正式舆论几乎完全不同的评价标准。

案例 Q Q 说："出事（指被强奸）后我开始感到羞愧，羞于见人。后来我就试探性地向周围人说。我妈妈开始还想来为我讨公道，后来就跟我说，我的身份是贫困女大学生，其次又是来自贫困山区的，还有吧，那个人在当地是个有些社会声望的，40 多岁，也是离了婚的人。如果有学生和那些 40～50 岁的人发生了什么事，大家都会觉得女学生有特别的目的。我妈妈就说，这个官司不能打了，等于自己给自己扣脏盆子，对我以后的名声会有影响。妈妈告诉我，不要告诉同学，谁都不要告诉。后来×老师也这样说。社会舆论都是这样说。

那里也有人晓得他有这种事情。有人告诉我说，这个问题不好说，就是个生活作风问题，大家同事之间最多是一笑了之。大家对这种事就当是生活作风问题。"

案例 B B 说："现在社会上女性只要有这事就是丢人，大家都会说，无风不起浪，苍蝇不叮无缝的蛋。舆论对我的伤害最大，在我们这儿，打官司，特别是和性有关的官司特别丢人。有些人对公公婆婆说，你媳妇遇到这种事，是你无能，丢人，现在她还要抛头露面到外面打官司，上上下下都知道，丢死人了。"

案例 A 中被访的 A 的同事："也有人说，是她自己愿意，不止一个人占她便宜呢！她曾经要求入党，办公室支部的一个委员和我说过：'虽说她是受欺侮了，但她自己也应检点点儿，不然会影响进步。'""她年轻漂亮，能歌善舞，因此难免招来一些男人的注意，其实她自己应当注意，躲着点儿。""话虽这么说，其实我也挺同情她的。这种事我也遇到过。告了，说出去了，就更不好做人了，有人会觉得是你自己找的，更有了歧视你、欺侮你的理由了，连表面上的面子也没有了。不说，大面上大家还都过得去。""过去谁谈对女人骚扰的事儿？当作笑谈！"

案例D　D说："我吓坏了，拼命挣扎，大声呼叫邻居的名字。看我急眼了，他从我身上爬起来，说'你大呼小叫的干什么？声张出去丢人的是你不是我！'"

案例J　这是一个受到短信骚扰案例，骚扰者在短信里说些肉麻的话，并要求约会，后来发展到向J的周围同事发短信散布J生活作风有问题。

（J的同事）"开始别的老师收到短信还是有些想法的。为什么不说别人，就说她？'苍蝇不叮无缝的蛋'。大家还是在私下议论纷纷。后来这个人越闹越离谱，慢慢的大家也就不相信了。

如果短信是诽谤其他内容，比如贪污，虽然更加严重，但是远不如说她生活作风方面的问题更有爆炸性，更容易引起别人关注，更容易让人相信。说一个女人为了达到某种目的和其他男人上床，比说她贪污更让人感兴趣，也更让人相信。这个社会'笑贫不笑娼'，就算她真的和领导有什么关系，也没人看不起她。别人会说她真有本事。"

案例S　S说："出了这种事总之都是女孩子不好，这也是没有办法的事。大家都会觉得女孩子是在勾引老板，为了钱，还有房子。这里有些事很怪，出了什么事，有钱人总是有道理的，没有钱的人好像不管你做什么都是为了钱。大家都是以小人的心去看你，拿钱衡量好坏，好像没有钱的人都是为了钱恨不得卖身。这样一弄，就没有人同情弱者，也没有是非和公道。”

（S的同事）“在这里没有‘强奸’这样的概念，如果被强奸后能够得到好处，那也就无所谓了。就是认得钱！我说过了，这里就是一个大染缸！女孩子很欢迎性骚扰，甚至觉得是自己的荣耀。上帝安排了男人和女人，就是让女人处于服从的地位。你就认了吧！我也这样劝说她。如果有野心想向上爬，那也只有爬到男人身上，用男人做台阶。”

案例U 某企业负责人：“我们这里是个开放地区，我们接受和性骚扰有关的玩笑，平时大家一起开会吃饭都开黄色玩笑。不让说这些，太呆板了！”“性骚扰还是有市场。都是男上司骚扰女下属，为什么？这里有相互需求。肯定是互相有好处的。如果得不到好处，才会有人起诉性骚扰。”

类似案例和言论不胜枚举。从中我们大致观察和分析出非正式的公共舆论有如下特征：

第一，在与性有关的问题上实行男女双重标准。

无论在东方还是西方，都存在着在与性有关的问题上的男女双重标准，如男性可以一夫多妻，女性却必须保持对一个男人的忠贞；男人发生与性有关的绯闻是常情，是风流，而女性若与“性”字出现瓜葛，无论青红皂白都是有伤风化，是败坏名声，等等。由于中国传统文化中为女性单设的性道德原则——贞节观念的影响，中国女性甚至比男性更视性为耻辱之事。至今，在女性主义之后的许多社会中，对男女的衡量标尺也还有极大差别。在女性主义看来，性别的双重标准实际是将性行为理解为男人的片面享乐和女人的屈辱奉献，是将性愚昧和性禁忌视为女性纯洁的标志。这种对男人宽容对女人苛责的性道德和性规范，反映的是男人对女人的控制和在男权社会中权力分配的不平等。

我们的调查结果显示出这种社会风俗和社会道德标准的强大延

续性。对男性而言，性骚扰这种事，“同事之间最多是一笑了之。大家对这种事就当是生活作风问题”，当作笑谈。甚至有骚扰者还有恃无恐地威胁道，“声张出去丢人的是你不是我”。舆论对男性的宽容甚至纵容不言而喻。但是作为这一事件的受害者，女性却反而因此饱受非难、难以为人，“在我们这儿，打官司，特别是打和性有关系的官司特别丢人。丢死人了!”“等于自己给自己扣脏盆子，对我以后的名声会有影响。”“出了这种事总之都是女孩子不好，这也是没有办法的事。”这种男女不同的评价尺度不仅影响女性对行动的选择——许多女性表示，“顾全名声”是她们不得不忍受性骚扰的重要原因之一——甚至影响到她们的自我认同。从Q的案例中可以看到，作为受害者，她竟会产生羞愧感，羞于见人。分析她的心理过程，显然，那些关于性是丢脸、是不名誉的社会评价影响了她的自我评价，并成为她自我责备的心理机制。

第二，“预先判断”，责备女性。

针对另一群体成员“预先判断”的态度，在社会学的定义中被称作偏见。案例显示，舆论往往不顾实际情况，而采用“预先判断”、不验自证、毫无根据的推测等方法把性骚扰的责任归咎于女性，陷受害女性于百口莫辩。

偏见据以形成的理由大概有以下两种：

第一个理由是“无风不起浪”、“苍蝇不叮无缝蛋”，或者是“为什么不说别人就说她?”无视事实，用虚设前提的方式，把男性的性侵犯归罪于女性的引诱和不检点，是女性自找的。在一些案例中，受害女性的笑声也被舆论认为是导致骚扰的原因——“特招男的”。在餐馆的案例中，老板训导员工时要求女服务员在穿着打扮上注意端庄得体，避免刺激男顾客，这种做法的实质也是将性骚扰的发生归于女性对男性的性刺激。A的案例同样显示了舆论非常荒谬的因果推论，因为A年轻漂亮，能歌善舞，容易引起“男人的注意”，所以她就应该“自己注意，躲着点儿”男人。言外之意就是A未能因自己的年轻漂亮尽到躲避男人的责任，所以她受到骚扰是自找、活该。这种看法隐含了这样的前提，男人对女人的特别“注意”和性冲动是自然生理的反应，是可以理解和宽容的，避免刺激男人和保护自己不受侮辱是女人的责任。在这样的文化想象中，女性既是男人无法克制的欲望，又是激发欲望的诱因，一方犯罪变成双方同罪，这种文化扭曲使得施害与受害的界限变得混淆不清。

第二个理由是，臆测女性的不良动机，以此推断性骚扰是女人对男人有“特别目的”的勾引行为，是“为某种目的和男人上床”，“得不到好处后，才会起诉性骚扰”。在商品经济发达的地区，这种舆论和猜测尤甚。这种舆论的基本立场是，首先预设有钱有势的男人处于无辜和被讹诈的关系地位，将所有同这些男人有关联的责任事件都归于对方对金钱和其他好处的觊觎，尤其是那些处于弱势、无权无钱的女性对性骚扰的控告，在一些舆论的想象中，更是不择手段地对有钱人的敲诈。如S所感受的，“这里有些事很怪，有钱人总是有道理的，没有钱的人好像不管你做什么都是为了钱。拿钱衡量好坏，好像没有钱的人都是为了钱恨不得卖身。这样一弄，就没有人同情弱者，也没有是非和公道。”问题是，这种站在有钱有权男性立场上的舆论，从不追究那些身处高位者对无权女性的权力滥用，当然也不在意在一些权力和地位不平等的关系结构中，女性从身体到名誉被金钱和权力控制和掠夺的事实。

在案例J、S、U中，关于“笑贫不笑娼”、“欢迎性骚扰，觉得是荣耀”、“接受和性骚扰有关的玩笑”等等的说法中，可以看出，在一些所谓开放和商品经济发达的地区，有些非正式舆论正在失去对道德和荣辱的基本判断。如有学者所指，由于社会对男女差异的市场意识形态的强调，两性交往和性关系形式的日益开放，以及财富、权力和资源在不同群体和性别之间的不均衡分配，性骚扰正在“成为权力阶层消费和享受的一种形式”。（吴小英，2004）女性的尊严和地位在消费狂潮和无所不至的市场利益面前逐渐变得无足轻重。

五、性骚扰的后果

性骚扰的后果和危害一直是包括法学界在内的社会各界争论的问题。公共舆论普遍的看法是，性骚扰的后果主要表现为精神损害，例如，“性骚扰是一个仅限于精神损害而没有实质性伤害的行为”，[①] 学者认为，因为这种行为多是一些与性有关的语言和不伤及身体的动作，没有以实物形态表现出来的证据。潘绥铭认为，性骚扰实际上剥夺了对方的个人尊严，因为受害者的痛苦是受到鄙视、纠缠、威胁、欺辱，由此感到痛苦和恐惧。[②] 在法学界，比较有代表性的看法是，性骚扰侵犯的主要是女性的性自主权，（杨立新，2004）或者是女性的一般人格权或人格尊严权（张绍明，2003：75）。国际劳工组织在亚太地区 12 个国家的研究报告，从受害者个人、公司、社会三个层面阐述了工作场所中的性骚扰的后果。对个人的影响，包括心理、精神、身体、自杀、怀孕，以及失业、辞职等等；对公司的影响，如导致工作关系紧张，破坏团队的凝聚力和协作；对社会的影响，如妨碍了两性间的平等，妨碍经济和社会的发展，等等。本文限于调查内容，主要就性骚扰对个人的影响后果进行描述和分析。

调查显示，性骚扰对受害者个人的影响远超出一般精神和心理伤害的范畴，一直延伸到她们的身体健康、工作环境、职业前景、婚姻生活、名誉和经济等各个方面。并且，在两种情况下性骚扰的后果呈现出特别严重的状况：一是在当事双方权力地位悬殊的条件下；二是在性骚扰被反抗的情况下。性骚扰的后果还可分为直接后果和反抗的后果两种，前者是指性骚扰行为直接导致的影响；后者是对反抗行为的报复或其他伤害结果，是由性骚扰行为间接引

① 《立法惩治性骚扰》，载《南方周末》，1999 年。

② 《性骚扰多数成了“闷骚”》，载《南方周末》，2006. 3. 23

发的。

1. 直接后果

(1) 心理和精神伤害

对性骚扰可能导致何种程度的精神伤害，社会各界，特别是法学界一直有不同的看法。案例显示，性骚扰对一些受害者的精神伤害程度远不止于“轻微”的程度。几乎所有的案例都报告说，受害人因性骚扰而陷入精神烦恼，产生“精神压力”。N说，那段时间“心情特别不好，老是睡不着觉，失眠，特厉害，睁着眼到天亮。当时我都想，我才20多岁就这么失眠，以后可怎么办呢！失眠厉害的时候我都想过自杀。每天心里灰蒙蒙的，老是想哭”。

那些对性骚扰屈从的受害者通常有自怨自艾、不自信、孤独、无助等心理倾向，如家政工R在遭受同事和雇主的骚扰后诉说，“（这件事）对自己心理上造成了巨大的伤害，自卑、孤独、无助、怨恨，感觉生活压力大，但自己又无法改变，发泄的方式就是和同乡、朋友诉说。”A也说，“我感到特别无助，谁也不信我，也不当回事儿，情绪特别低落，感到很压抑，对上班都很厌烦。感受到的压力非常大，再也不申请入党了。”

骚扰者的权势大小或骚扰的严重程度对受害者的心理和精神症状有显著影响。被教练长期骚扰的小运动员K说，“哭过，现在不想训练，就是怕，不知道今天明天会不会又出现这样的事情。”C在谈到上司长期的性骚扰对自己造成的伤害时说，“我觉得活得特别特别痛苦，它是一种无法用语言表达的，说不出口又长年压着你的感觉，不断在心里想着这件事情，觉得是一种羞辱。”“日子过得挺难，老生闷气，经常晕倒，也不敢同丈夫讲。”受到更严重性侵害的家政工R和大学生Q都产生过自杀或杀人的念头。Q诉说，当时“很苦闷，想吸毒。绝望极了，痛苦的不得了。心里头很难受，还要不停地为这件事考虑，所以把学习也放在一边。后来就想杀了他”。R说，“我哭了好几天，都想死，可是想到还有儿子、家人。我饭都吃不下，还病了。”

（2）身体和健康伤害

精神伤害的进一步化可能导致对身体和健康的伤害。在B的案例中我们看到，长期的性骚扰及其导致的恶劣工作环境，使得C出现精神衰弱等症状，医院和她的家人都证明了她的身体和情绪出现失常，“时常向父母发脾气，非常暴躁。”Y也因为反抗而受到打压，生了一场大病并做了妇科手术，身体很长时间处于虚弱状态。最严重的案例是I，由于性骚扰的刺激，I经诊断患上了精神分裂症。最终法院裁决，认定骚扰者，即I的领导对她有“非礼”行为，并且该行为致I精神受到刺激，系引发她精神疾病的诱因。

（3）对工作环境的影响

调查表明，性骚扰通常会对受害者的工作环境带来消极影响，使受害者感觉处在有威胁、尴尬、人际关系恶化或带有敌意的工作环境中，从而影响受害者的工作热情和表现。例如A的案例中，接二连三的性骚扰令她经常处于恐惧之中，“还会有人欺侮我吗？还有个头儿吗？没法儿忍耐了。”这种经历使她对单位产生“特别灰暗”的感觉。再如D的案例，被骚扰之后，她不得不迫使自己处在这样的工作环境中：“我们办公的楼道经常是静悄悄的没有一个人，只有我和一墙之隔的×（指骚扰者），我把自己关在办公室里，像只老鼠不敢有一点动静。”M更是因性骚扰而对工作环境产生极大恐惧感，“不能干了，再干就出人命了”，从此转行。诸如此类的案例还有一些，处于恶劣的工作环境中，受害女性普遍对工作感到厌倦和抱怨，“情绪低落”、“不想上班”、“一点工作热情都没有”，等等。

（4）对婚姻和家庭的影响

性骚扰对当事者婚姻关系的影响是个不能回避的话题。如前文所述，中国的性道德很大程度上是单方面约束女性、要求女性恪守贞操的道德，所以许多中国男人难以接受妻子与“性丑闻”发生关联的事实——无论她是否无辜。被调查的20多个案例中，有3

个被访者的婚姻破裂与性骚扰有密切关系；还有几个被访者的婚姻受到过性骚扰事件的威胁。在 C 的案例中，自从 C 的丈夫发现骚扰者发给 C 的骚扰短信后，夫妻关系就出现危机，随后丈夫提出离婚。C 在接受访问时说，“现在我的情况不太好，家庭是个沉重的话题。我的丈夫起诉要和我离婚，家庭能不能保住是个问题。这件事（指性骚扰）肯定对离婚有很大影响。”F 在受到骚扰后告诉了丈夫，刚开始丈夫还能支持她，后来丈夫就不耐烦起来，并在外面找了其他女人，F 质问丈夫时，丈夫说，“你最好想想自己的事。”后来 F 与丈夫离婚，性骚扰是其中原因之一。

(5) 强奸

调查显示，轻微的性骚扰如果不能及时制止，有可能导致更严重的后果，如强奸。案例 S 中，S 最初遭受老板动手动脚的性骚扰，她“没有反抗嘛。这边这样的事情很多，大家还是忍一忍就过去了。我以为就是这样搞，不会再有别的严重（的事）啦。”之后骚扰不断升级。S 曾向所在部门的负责人求助，但是对方以沉默回答。面对 S 的躲避，老板动用人力资源部门以“换大学生来做”，对 S 的职位进行威胁。最终老板设计在酒店里强迫 S 与其发生了性关系，并在后来导致 S 怀孕。强奸不仅严重伤害女性的尊严，也在很大程度上改变了受害者的人生。如 S，在遭受强奸后只能流着眼泪默默地接受命运。发现怀孕后，老板害怕东窗事发，动用各种手段逼着 S 打胎。S 为了生下自己的孩子只好辞去工作东躲西藏，失去生活来源。Q 在被强奸后，曾想过吸毒，还千方百计搜集骚扰者的贪污证据试图报复……生活中充满了仇恨和绝望，最后不得不辍学，到一个遥远的山村小学做教师。

(6) 自杀

在案例 R 中，出现了最严重的后果——自杀。家政工 R 被骚扰至强奸，雇主被迫以结婚来掩盖罪行。后 R 还是被强奸者抛弃，R 诉讼无门后选择自杀。R 虽然是个极端案例，但是在其他案例中，受害者因为难以忍受屈辱，存念自杀的情况也有发生，如前所列。

2. **反抗的后果**

反抗的后果主要来自骚扰者的报复，以及单位失当的处理方式和社会舆论给受害者带来的伤害。在不平等的权力和地位关系中，反抗性骚扰的行为意味着对骚扰者权威的挑战，也是对可能的以工作利益换取性好处这种潜在的性“交易”规则的否定。一些案例显示，骚扰者经常会以其他借口，动用权力或其他优势地位在工作中对受害者进行报复；同时，由于一些反抗行为是以公开的方式进行的，各种来自体制和非正式舆论的压力也对受害者的精神、工作、家庭等方方面面造成恶劣后果。对受害者而言，相对于忍受性骚扰带来的伤害，反抗行为有可能招致更严重的后果，这也是许多受害者权衡再三而宁可忍受骚扰的主要原因之一。

(1) 工作中的报复行为

骚扰者以各种借口在工作中寻机报复，这是调查案例中被报告比较多的。骚扰者对 E 的报复和打击方式是，“单位选优秀党员，他是党总支成员，他说，某某根本就不够格，先把我剔除掉……也不说理由，就是不同意。再以后报复就变本加厉了，有的工作岗位，我也不让你担任，理由也不说。不让我带研究生，也不给我排课。” D 的遭遇是，“从那以后，我便没有好日子过了。××在工作中经常对我挑三拣四，给‘小鞋’穿”。对 Y 进行骚扰的是单位的一把手，权势更大，他对 Y 的报复行为更是变本加厉，包括处分、开除、当众羞辱，甚至公然找人把 Y 从办公室拖出去，如此等等。

在那些受害者的职业或职位机会高度依附于骚扰者的环境中，报复行为可能更加严重化。在 C 的案例中，C 作为秘书，因为反抗顶头上司的骚扰而受到工作上的种种刁难。她有大学本科文凭，却被调去开电梯。其他还有，单位装私人物品的柜子，由于丢钥匙，大家经常撬锁取物，但是她一撬就会被罚款，说她破坏了公司财产；另外，在她提起诉讼之后，过去多日的假条又被翻出来硬说有问题。总之，动用各种手段“经常整她，故意整她”。在那些临时工、家政工，还有处于下岗和被人事调整边缘的女性案例中，不被续聘或被辞退更有可能成为她们反抗或不依从骚扰的结果。如临时工I的案例所显示，当I拒绝上司的骚扰后，她的上司“恼羞成怒大吼要解雇她。”P则是因为未能如上司所愿顺利成为他的“二奶”，被单位调整下岗。与P有相似经历的还有O、S等人，在被迫接受性骚扰后，一旦她们对骚扰者的旨意稍有反抗，或者她们的存在有可能危及骚扰者的权力地位时，骚扰者会毫不留情地动用权势剥夺她们的工作机会。

（2）被迫辞职、调离

本次调查的案例中有数起，受害者因无法忍受报复或恶劣的工作环境而不得不选择辞职、调离。B在一再反抗性骚扰无果后，要求辞职。N的辞职与单位、舆论的压力和伤害有关，“我从那个单位调走肯定跟这事有关系。后来在那个单位……别提多压抑了！”钟点工L等在缺乏体制保护的工作环境中，只能以辞职来实现对人身权利的自我保障。小运动员在不能忍受的情况下辞职方式是“办退”（指退出专业队）或要求换教练，其代价很惨重，一是可能失去进入更高级别专业队的机会；二是被迫退出自己的专业，“别的同龄人上学，他们肯定文化课没别人学得多，再去上学来不及了。吃了这么多苦，干了这么多年就这样算了，那真是非常可惜。”

（3）生存和工作环境恶化

因投诉或诉讼而被迫使性骚扰事件公开化的女性，通常生活在多种压力之下，处于更加恶劣的生活和工作条件中。她们可能赢得官司，但是在带有歧视性的舆论环境中，却失去名誉和尊重，甚至更多。例如S，“现在公司里说我坏话的人很多，说得很难听”。F的申诉和她被迫离婚后的精神状态，使单位的人对她另眼相看，认为她“脑子搭牢了（有毛病）”，后来被高职低聘。T虽然赢了官司，但处境却变得相当困难，“在社会上和单位里，我现在的处境就是‘孤家寡人’，周围没有朋友了。学校的好多老师也都不理解我，我成了罪人。打官司也是不得已的事，这期间我的工作受到很大影响，赢了官司我也说不上是赢家，可以说两败俱伤吧。”B因为承受来自单位、舆论和家庭等方面的过大压力，也对自己提起诉讼的行为多少感到懊悔，“其实我原来就是想要一个道歉，然后调走。没想到上级单位把这事告诉了××（骚扰者），我就没退路了。我认为最好不要打官司。”“现在我工作没有过去的那些激情了，可有可无，心情非常压抑。今后无论我怎么干都做不好了，这儿到处都是他的人。”B、C、I等人的诉讼甚至波及家庭的安定，她们的家人甚至孩子都从此生活在别人“异样的眼光和议论中”，备受伤害。

（4）经济损失和诉讼成本

调查显示，无论是辞职、不续聘、开除还是工作积极性下降等等后果都会直接导致受害女性的经济利益受到损害，这种损失难以计算。诉讼会进一步导致受害者在经济和精神方面的伤害。Y被开除前，只能拿原工资的一半，其被开除之后，骚扰者仍不依不饶，一路“追杀”——无论她到哪家单位申请新职位，骚扰者都会打听到，并立刻去传播种种关于她行为不端的谣言，致使她两年多来难以找到工作。B在诉讼期间算过一笔账，“打官司我还是花费了一些钱的，前前后后花了几千元，律师事务所还免了我许多费用呢。更主要的花费是精力上的，我到处找证人证据，找有关单位，心理上还要承受各种各样的压力，我觉得真的有点受不起了。”许多受害女性说，应对方方面面的压力和寻找证人证据使她们倍感心力交瘁。

本调查也初步显示了性骚扰对单位的影响和破坏。主要体现在以下几方面：第一，它可能导致单位内部的工作关系紧张。从许多案例中可以看到，骚扰者和受害者、非议者和受非议者之间的关系不断趋于紧张，团队合作因此受到损害，受害者的工作效率也出现严重下降。第二，助长权力滥用。一些案例显示，骚扰者经常不止骚扰一两个女性，我们发现，在那些骚扰者不断得逞的环境中，其他权力滥用行为同样存在。第三，道德风化受损。在性骚扰被宽容的环境里，通常存在不尊重女性和侮辱女性的文化基础。诸如认为“发发短信，摸摸屁股，算不算性骚扰还不好说”，以及存在“不让说黄色笑话，太呆板了”等等舆论。说者以道德的保守性来败坏道德的声誉，道德的意义和内涵因此被无视和模糊。第四，公平公正原则被质疑。性骚扰作为权力者的一种交易形式，它的存在越来越多地影响到单位内部对公平竞争的判断，也混淆了人们对受害者和同罪之间的正当区分。在有些案例中，舆论不分青红皂白地将许多获得高职位的女性都归结于“性交易”的结果，在伤害受害者的同时，也使公众对社会公正愈加丧失信心。

综上所述，性骚扰的后果显示出以下几个特性：一是系列性，即性骚扰对受害者的伤害通常不仅限于精神层面，而是在多种因素的共同作用下，不断由精神波及身体，再影响到工作、家庭婚姻，以致尊严名誉等等，不断深入逐步发展的一个系列过程。尤其是在女性反抗的情况下，这种层层深入的后果更为显著。二是复合性，即性骚扰通常侵犯的不仅是受害者某项单一的权利，而是因后果的系列性使多项权利受到侵犯。正如一些被访律师所说，性骚扰“对人格尊严、就业权等的侵犯整个是捆绑在一块的”，“不仅仅是精神损害，它是全方位的，包括心理、人格的贬低，还包括家庭、人格方面的损害，是无法衡量的”。三是延续性，指的是性骚扰的后果经常并不随着事件被处理而戛然而止，在某些情况下，如单位处理不得当、公众舆论带有歧视性的环境中，性骚扰对个人的影响会显示出一定的滞后性和较长时间的延续性。例如名誉、心理和工作伤害等，许多案例中，这种伤害会持续多年，受害者因此而辞职也经常发生在事件被处理多年之后。

六　结论与思考

1. 有关性骚扰本质的理论及分析

从20世纪70年代之后，由于女性主义在性骚扰解说方面的独特贡献，公众对性骚扰行为的认识视角开始由道德主义逐渐转向平等主义，性骚扰不再是对个别人的冒犯，而是基于性别差异，对女性这个性别群体的侵犯；同时，性骚扰也不再是一个道德上的对错问题，而是关系到女性的相对地位和权利问题（MacKinnon，C. Siegel，R.，2004）。

女性主义认为，性骚扰是一个普遍经历的现象。有些女性为了维护自己的自尊不得不辞去自己需要的工作，这对通过工作来寻求自身独立的女性是一个重大的打击。在女性主义学者林·法雷（Lin Farley）看来，性骚扰行为在“父权制”的“微观政治”框架里，能够得到完整的理解，它与男性控制女性的工作有关。法雷还认为，既往有关性方面的所有对错标准都是由男人制定的，都推崇性的统治，认为男人居统治地位的性就是好的性，其核心是认为女人的作用就是使男人感到满足（Farley，1978，pp. 14－16）。

麦金农成功地用平等主义的立场对性骚扰进行了解说和阐释，她认为，对妇女的性骚扰，反映的是男女在地位上的不平等，本质是男权社会结构中的性别歧视和权利不平等，是男人对女人的权力控制在性关系中的体现。她还认为，性骚扰行为把女性的性角色置于她作为职业人的功能之上，它是一种“类别错误”（a category mistake），反映的是把人当作性工具使用的社会不平等现象（MacKinnon，C. Siegel，R.，2004. pp. 677），它还是男性控制女性的工作，女性为求得物质和生存而不得不接受的强迫性的性代价（MacKinnon，1979，pp. 326）。麦金农的观点为性骚扰提供了基本的法律框架——对于性骚扰案件，应该成为一种对歧视的法律质询，成为一种对因不平等而造成社会危害的质询（MacKinnon，C. Siegel，R.，2004）。在麦金农看来，必须承认性骚扰是违法的，只有这样才能使妇女获得经济平等和性上的自主。20 世纪 70 年代，美国的女性主义律师、理论家和活动家为了让法律承认性骚扰是“基于性的歧视”，做出了不懈的努力，并最终取得了成功。

与美国人把性骚扰放在女性主义的框架中进行分析有所不同，在欧洲，人们对性骚扰有不同的看法，欧盟更多地认为性骚扰是对工作者尊严的侵害，将其当作工作者之间的冲突或滥用职权的事件。美国人走的是法律法规路线，更依赖法律法规的手段，而不是依赖政府政策手段，受骚扰人一般会通过起诉来解决性骚扰问题。在欧洲，欧盟走的是一条折中的道路，一方面要求成员国加强保障个人的合法权益，另一方面又比较依赖法团来落实这些反性骚扰法律。如德国，走的是“法令—工团（法团）”道路（statutory - corporatist），认为雇主和工会能够解决性骚扰问题，所以通过雇主和工会签订集体协议来遏制性骚扰。相比美国的路线而言，德国的这种办法确实导致比较忽视女性主义的概念，因为妇女组织在这种模式中没有正式的位置（Zippel，2006）。

在中国学者的看法中，对把性骚扰主要归因于不平等的性别结构的观点，另有一些研究提出了补充性的看法。香港的一些女权组织在论及两性平等时指出了使女性遭受欺凌的双重原因，一是以父权思想为基础的性别主义；二是现实经济社会运行的逻辑对人的自由意志的彻底剥夺。（香港妇女基督徒协会，1993：10）国内也有学者在对女农民工的性骚扰研究后指出，女农民工面临双重结构，即不平等的性别结构和等级身份结构的共同挤压，性骚扰只是她们面对的诸多歧视的一种性别形式（唐灿，1996）。还有学者认为，性骚扰问题从来不单纯是性或者性别的问题，而是一种基于各种复杂权力关系和偏见的性别歧视。（吴小英，2004）

从本次调查的结果来看，仅仅把性骚扰定义为不平等的性别结构所致确实不够全面和准确，与不平等的性别关系同样令受害女性感受至深的，还有在工作中的权力和地位关系的不平等。歧视性的文化观念和利用权力的胁迫性行为混合在一起，突出了受害女性的弱势地位，加重了性骚扰的灾难性后果。

不平等的性别结构主要是通过观念、非正式舆论和被社会普遍认可的男女两性的互动模式影响着性骚扰的发生和走向，这种不平等的性别关系同时被受害女性高度内化，并体现在她们对自身的看法和她们的行动选择当中。

权力地位关系在性骚扰事件中的大量渗透和强有力的影响，暴露了在转型时期的中国社会分化和社会不平等不断加重的背景下，在一些地方和单位，权力无所不至，优势地位转化为霸权；弱势群体在受到歧视、伤害时，由于难以得到社会援助而更多选择沉默或逃避等种种问题。反映在本次调查中的发现如下：

第一，权力地位关系对受害女性的态度有重要的影响作用。被调查的案例中，凡处于不对等权力地位关系中的女性大都选择对性骚扰的妥协态度。身份等级与态度之间的内在逻辑一方面说明，处于弱势地位中的女性，在工作中有时不得不以对自身人格，或其他相对次要权利的妥协和牺牲来换取更大、更基本的生存和职业利益；另一方面也说明，在一些单位和部门，权力和优势地位有溢出其范围不受控制地滥用的倾向。这两方面的社会不平等问题在被访者所处单位/部门中有多种表现，性骚扰只是其中的性别形式而已。

第二，在不平等的权力地位关系中，弱势一方的声音和反抗只有微弱的作用。

第三，强势一方在遭遇对其权力和权威的反抗时，比弱势一方拥有更多的社会资本和救济渠道，他们更容易通过权力关系获得声援和支持；弱势一方的社会支持性资源严重匮乏，这也是反抗性骚扰比懦弱地生存更加困难的原因所在。

2. 受害者的社会援助和社会救济问题

国际社会的经验是，对工作中性骚扰受害者的援助和救济方式通常来自以下几个制度和非制度途径：法律、单位、公共舆论和社会相关组织，如工会、妇女组织、NGO 或其他社会组织。但是，调查案例典型地反映了目前中国这几方面的救济渠道存在严重问题，这些问题助长了社会的不公正，强者有更多的支配性地位和话语权，弱者的权益不被关注和无法被有效保障。

(1) 法律

虽然中国已经制定了反性骚扰的法律条款，但是这一法律目前还难以成为受害者的武器和庇护所。被调查的法律界人士，包括法官、律师和法律研究者都对目前反性骚扰法律的可操作性表示了疑问，性骚扰的界定、证据、救济方式、司法操作环节上的行动薄弱和缺乏性别意识等等，都构成问题所在。

(2) 单位制度

作为性骚扰主要的预防机制，在中国的工作场所中，单位制度基本不存在。令人多少感到无奈的是，除某些跨国公司从国外的经验中移植了部分反性骚扰的规章制度以外，调查涉及的国内各种类型的单位中，唯一对性骚扰有一定防范意识和防范制度的部门和企业类型，竟是一直被认为管理混乱、性骚扰高发的餐馆等服务业——虽然这些企业的反性骚扰措施主要动机在于对企业经营秩序的考虑，而且这些制度的主要针对对象是第三者的骚扰。单位普遍存在的另一个问题是，缺乏对女性权益的关注和保护意识，而其背后更深层的问题是人本主义价值观念的缺失。被访的单位负责人普遍规避自身社会责任，并对建立企业防范性骚扰一类的规章制度怀有强烈的抵触情绪。实事求是地说，对比国内多数企业和一些跨国公司的企业理念及规章制度，在对人和人性的关注和保护方面两者显示了企业管理层次上的重大区别。

(3) 舆论

虽然中国的正式舆论也有意无意地存在着一些性别歧视的内容，对性骚扰受害者的声援和支持仍显不足，但是非正式舆论中的性别偏见尤为严重，许多案例中，这种歧视性的舆论正在同强权联手，成为迫害受害者的工具。

(4) 社会组织

案例显示，社会相关组织在保护女性权益和救助受害者方面缺乏积极性和主动性。一些组织对待求助者的冷漠态度使得它们逐渐失去在受害者和弱势群体中的重要地位。

3. 单位制度的意义和迫切性

几乎所有国家的经验都表明，单位制度是防止和遏制性骚扰的最有效、成本最低的形式。本次研究进一步显示了建立单位制度的重要性和迫切性。从性骚扰后果的系列性来看，性骚扰大都是从轻微的伤害发展成为更进一步的侵害。许多案例显示，一些在初期仅仅是轻微骚扰的行为，因为缺乏必要的和公正的投诉、受理和仲裁制度，最终升级和发展成严重的性骚扰，导致恶劣后果。单位制度的迫切性还在于，骚扰者对受害女性的胁迫性行为说明，单位内部急需建立有效的对权力进行监督和制约的机制，性骚扰只不过是权力不受制约所造成的社会恶果的冰山一角。迫切性还在于，在多种就业形式并存的今天，那些在非正规就业部门的就业者，特别是其中的女性，她们的基本人权缺乏制度性保障，在被调查的案例中，最恶劣的性侵犯事件大多发生在这个群体中。建立企业制度的重要性还在于，单位的反性骚扰制度，哪怕是最简单最粗陋的制度都对保护身处弱势的女性权益有积极作用。如一些餐馆针对来自“第三者”的防范制度，在提供安全的就业环境和抗击性骚扰的措施方面发挥了积极作用，受到女性就业者的好评。

4. 需要性别文化的矫正工作

以男权为中心的传统文化规定了女性在与性有关的行为中处于不利的地位，女性一方面在两性性关系中应处于被动和顺从的地位，另一方面传统文化又将性骚扰归咎于女性的性刺激和性挑逗。与市场经济相伴的性别文化进一步将女性的身体商品化，从强调男性的价值在于事业成功，女性的价值在于性感美丽的流行文化，到在一些开放地区把性骚扰视为两性资源的合理互换，在性骚扰获得文化合理性的同时，女性的人格和尊严被市场文化忽视和践踏了。无论是传统的还是标榜开放的性别的意识形态，在我们的研究中，几乎贯穿于所有被调查案例和受害女性的意识中。这种社会文化一方面成为公众责备受害者、容忍性骚扰行为的重要理由；另一方面也成为束缚女性反抗以及女性自我责备的工具。从女性遭受性骚扰的经历来看，文化的压迫和权力的欺凌同在，她们的经历证实了这样的看法，性别文化的矫正至少应该与立法过程同等重要，应该同步开始。

参考文献：

1. 南莲·哈斯贝尔、猜吞·穆罕穆德·卡西姆、康斯坦斯·托马斯、戴尔德·麦卡恩：《拒绝骚扰——亚太地区反对工作场所性骚扰行动》，唐灿、黄觉等译，湖南大学出版社 2003 年版。

2. 唐灿：《性骚扰：城市外来女民工的双重身份与歧视》，载《社会学研究》1996 年第 4 期。

3. 吴小英：《性别、身体及其他》，载《转型社会中的中国妇女》，北京：中国社会科学出版社 2004 年版。

4. 香港妇女基督徒协会编：《两性平等教育资料》，1993 年。

5. 杨立新：《性骚扰究竟侵了什么权》，载《浙江在线》2004 年 9 月 17 日。

6. 张绍明：《反击性骚扰》，北京：中国检察出版社 2003 年版。

7. Farley, L. , *Sexual Shakedown: The Sexual Harassment of Women On the Job.* New York: McGraw – Hill, 1978.

8. Reinhart, A. *Sexual Harassment—an ILO survey of company practice.* International Labour Office, Geneva. 1999.

9. MacKinnon, C. , *Sexual Harassment of Working Women.* New

Haven：Yale Univ. Press，1979.

10. MacKinnon，C. Siegel，R. eds.，2004，*Directions in Sexual Harassmen Law.* Yale Univ. Press.

11. McElroy，W.，“Understanding Sexual Harassment”，*Liberty*，December,2001.

12. Zippel，Kathrin S. *The Politics of Sexual Harassment：A Comparative Study of the United States，the European Union，and Germany.* Cambridge University Press，2006.

专题二

中国性骚扰案例

这里呈现的所有案例都是我们访谈的结果。虽然其中有的案例早已被媒体公开报道，但是出于谨慎和保护受害人的目的，这里还是隐去所有和被害人有关的各种信息。还有一些访谈案例，出于对被访者意愿的尊重，没有添加在这里。集结这个案例集的目的，是让更多的人了解性骚扰的丑陋和危害，同时也希望借此，使人们能够深入受害者的内心世界，了解并理解每一位受害女性的痛苦与无奈，抗争与决心。我们感谢所有接受过我们访问的性骚扰被害女性，是她们的勇敢和坚强推动着我们反对性骚扰的决心和行动——唐灿

A 的访谈①

A 案曾是被媒体公开报道过的案件。A 是一个年轻漂亮的女人，头脑清晰，谈吐有条理，气质落落大方。访谈中，A 自始至终表现出坚强、达观以及敢作敢为、不屈不挠的精神。只是在谈到家庭因性骚扰事件而濒于破裂，以及一些原来同样遭受骚扰的同事现在站得远远的对她不予支持时，她才多次潸然泪下。

我是 1998 年幼师毕业的，今年 26 岁。毕业后先在另一所中心

① 访谈者唐灿。

小学当老师，干了一年，因为那边交通不方便，2000 年调到现在这个小学的幼儿园，那时才20 岁。我和丈夫是1999 年认识的，是别人介绍的。认识后第二年结的婚。丈夫高中毕业，大我一岁，在××区××局工作。婚后我们的感情一直很好，已经有了一个儿子，今年4 岁。我的公公是××区一个局的局长，在这儿也是个体面的人物，丈夫家里生活条件很好，房子很宽敞，还请了保姆。我和我丈夫的工资都是每月 1000 多元，他要稍微高一些。这个工资水平在这里算中等，但是工作比较清闲、稳定，还有假期，所以对很多人还是很有吸引力的，特别是女人。到我们这个学校工作，很多人还是要托关系的，我是专门学幼教的，还算这里需要的人才，那些“普师”毕业的工作很难找，能到这里工作真的很难。

骚扰者是我们学校的校长，H，今年 40 岁。他结婚了，有老婆和女儿。他的老婆也在我们学校工作，在幼儿园做代课老师。据说他和老婆的感情不好。校长工作能力好像不错，在这里干了这么多年了，上上下下都有一些人得过他的好处，处处为他说话。一些老师是他的心腹。但是学校的人也都知道，H 生活作风方面有问题，比较“好色”。

H 最早骚扰我是拉着我的手不放，开开黄色玩笑，碰碰你什么的。后来就发短信，说黄色和下流的话，严重的时候发展到把我按在学校的花坛上到处摸和亲。他对其他一些女老师也有过性骚扰，比如摸摸人家的屁股。幼儿园被 H 骚扰过的那几个老师，短信我们都互相看过，经历都共享过。来调查时，这些老师都怕，不敢讲实话。因为大家不知道 H 以后会到什么地方工作，是不是会威胁到自己。对 H 的骚扰，我采用过各种策略，开始时是躲，但是他还是继续，还是发短信，除了给我还给其他同事发。后来我想调走后，因为怕他和我作对，就不敢对他硬了，就采用和他周旋的方法，甚至还和他称兄道弟，尽量不得罪他，希望他能放我一马，让我调走。直到后来忍无可忍了，我就明确拒绝，一直发展到现在。

今年夏天，6 月 28 日，我记得清清楚楚，我找到他的老婆说这件事，他老婆问我是多久的事，让我转发 H 的短信给她，她当时说 30 号找我谈话。但是没来找我，倒是让 H 打电话给我婆家，我老公接的。H 说，我对 A 挺好的，怎么她这样呀！我和 H 的对抗就从这时开始。

被 H 骚扰的几年中我没找过任何机构，就想尽量忍了，不想说出来，更没想到过找公安，那得是多严重的事啊！

我 7 月 8 日找到教委告状。因为在这之前的 6 月，H 给我发来短信，被我老公看见了。后来他们夫妻又给我老公打电话，情况对我变得非常不利，我这才想到找教委，想把我们的工作分开，调走任何一方。第一次去，教委回复说，这事一定严肃查办。几天后我爸妈去，（教委）变化了。以后每去一次就被羞辱一次。他们说，发发短信，摸摸屁股，算不算性骚扰还不好说。我写的情况中提到了另几位老师受到 H 骚扰的事情，也被 H 知道了。这几个老师现在都非常害怕，有点埋怨我。

这事从开始到现在，我没有得到过任何来自组织方面的帮助和支持。今年 8 月我找过 × ×组织，她们说，这事不好说，不好取证，我们能怎样帮助你呀？你应该具备这样的素质和心理准备。我感到很无助。教委一直不办事，我后来就找了报社。想让教委感到压力。但是仍不成功。后来报社的建议是让我走司法途径，我再三考虑，最后下决心这样做了。

现在迫于舆论的压力，教委把 H 调走了，但是调到区教委，权力更大了，我们学校的校长都归他分管了。现在的副校长什么也管不了，连校长办公室的钥匙都没有，（钥匙）还在 H 手里。他一点小事，一节课的安排都要找到教委去问 H，现在 H 在教委的位置仅次于主任。这样的情况使得大家都不清楚以后会怎样，告赢了告输了对他们的命运会如何，所以大家不敢轻易表态，但是私底下会议论。一些被骚扰过的老师私底下问，A 会不会撤诉？她们不希望我撤诉，她们也想出口气。

刚开庭时，一个老师打电话给我，说我一定会赢。幼儿园老师也私底下一起安慰我，还一起庆贺，认为我的官司必定会赢。但是，第二天报纸没有刊登消息，大家都害怕了，觉得H的势力太大了。前几天几个老师在一起吃饭，都说H校长现在胜算较大，媒体都不敢拿他怎么样。前几天来谈取证，一些老师说，你告吧，越告他越好，升得更高；你自己越告路越窄。

最让我难过的就是周围的老师，原来我们曾经一起讨论得这么热烈，我们是受害者联盟，但是她们现在不说话，还有的乱说。有个老师曾经看到过校长给我的骚扰短信，当时还挺气愤，现在倒跑去给H作证。还有一个这样对我说，A你是英雄，我们做不了，我们还要在这里生活下去，我们不能出来说话。还有个老师，比我晚来一年，就是因为不堪H的骚扰调走了，走了一年多了。当时她进来时还是托H的关系，还给了钱，但是调走时只能去分校，在农村。这个老师曾经答应我给我作证，记者采访时她还说要和我一起揭发H呢。但是后来有人威胁说，如果作证就只能当一辈子的一般老师。她现在的校长也让她多一事不如少一事，不要再趟这个浑水了。现在她连我的电话都不敢接了。还有一个我曾经在材料里提到过，她也受到过H的骚扰，她后来拒绝给我作证，哭着说，你们要我怎么办？昨天夜里我睡不着，害怕极了！还有一个人跟我说，有人打了招呼，不让乱说话。原来和我一起议论的朋友，打官司时都四散了，人心好复杂！

工会主席和H的关系很好，不但不能站在公正的立场上，还搞些假证据，发动一些人来害我。她还有一个和我差不多大的女儿呀！我接受采访时说过H对别的老师也骚扰，那些人后来就有些生气，说我连累了他们。工会主席发动这些人联名告我，说我诬告。但是没有成功，她们都没有签字。工会主席和另一个副校长找过其中的一个，让她到庭作证说我是居心不良，H只给她发过一般内容的短信。这个老师拒绝了，她告诉我说，如果要我作证，我就实话实说了。H的老婆找一个老师作证说，A在许多场合邀请H跳舞。这个老师也拒绝了，因为大家都了解情况，不是我邀请他，而是他经常邀请我们女老师，手脚不老实。现在 H 的人到处散布说，是我勾引的 H，学校里还是有人相信的。

H 和他的势力能这样对我围追堵截，是因为他的权力。他对老师们威逼利诱，因为他掌握了老师们的心理，他们怕事，怕影响家庭，怕多事，畏于他的权威。另外，现在社会上的女性只要有这事就是丢人，大家都会说，无风不起浪，苍蝇不叮无缝的蛋。舆论对我的伤害最大，我原来也怕这些舆论，但是现在我逆反了，越是这样说，我越要活得好，活给大家看看。虽然现在我走出来了，但是还是担心它今后对我的影响。

现在我的情况不太好，家庭是个沉重的话题。我的丈夫起诉要和我离婚，家庭能不能保住是个问题。这件事肯定对离婚有很大影响。丈夫看到 H 发来的手机短信后对我是猜疑过。开庭前我要丈夫作证人时，他电话里一口拒绝了。后来庭审时他来过，但是那只是表面文章。在那之前之后他没给我打过一个电话。孩子在我这儿，他也没因为孩子打电话来问候一下。我心里一片苦涩。谁的关心都不如丈夫的关心，但是他站得远远的。丈夫对我说，我不去是因为我们两人总要有一人生活要清静点，我们还有儿子，以后我养，就保全我一人的清静吧，你愿意站在多高的风浪上你就去做，我现在已经受够了！

现在我们两地分居，我不能尽到做媳妇的责任也和离婚有关系。我婆家离学校一个多小时的路，学校认为老回家是不安心工作，就给了一间小房间，现在自己住，经常接我妈来帮我看孩子，一家三代住在这一个小房间里，丈夫住婆家。公公婆婆原来对我都不错，但他们都劝我撤了这个官司。在我们这儿，打官司，特别是和性有关系的官司特别丢人。我原来和公公商量过，让他想办法帮我解决这个问题，还给他看过手机短信，他当时气得大骂，但是他一直不主张闹大，怕丢人，说能调走就行了，但是他也始终没能调走我。公公原来和教委的人见了面还打招呼，现在也不打招呼了。有些人对他说，你媳妇遇到这种事，是你无能，丢人，现在她还要抛头露面到外面打官司，上上下下都知道，丢死人了！丈夫家现在就觉得丢人现眼，有时候就问我，一个女人连工作、家庭、孩子都不顾了，一定有深仇大恨。他们家想象中是什么事我也说不清。

现在我对工作没有过去的激情了，可有可无，心情非常压抑。现在我已经不想在这儿工作了，H 在这儿这么多年，受过他好处的人很多。今后无论我怎么干都做不好了，即使 H 调走我也不想在这儿干了，这儿到处都是他的人。现在我上班没有安全感，庭审时 H 的人对我爸爸动手了，先是骂我爸，后来就争执动手了。我现在晚上一个人在路上走都非常害怕，夏天我弟弟请了好长时间的假一直陪着我，因为 H 威胁我要我下岗、停课。隔壁的许多老师也将自己受到性骚扰的短信给我弟弟看了，当时我们都抱头痛哭。

这件事彻底搅乱了我的生活，我回家时常向父母发脾气，非常暴躁。我想找心理医生看看。

现在的环境对我儿子的成长也非常不利，周围都是异样的眼光。儿子去幼儿园，别人都议论，说这是谁谁的儿子。听到这些我心里很难过。

即使这个案子败诉，我也还会上诉、上访，我是不到黄河不死心，一定要讨个清白！我现在就是要坚强地活下去，活给那些看热闹的人看。

最早我反抗 H 的骚扰时，H 也道歉了，但是不管用，过段时间还是那样做。通过这件事，我觉得，性骚扰还是内部解决最好，要么同对方的家人说，要么找领导来解决，不希望公开。其实我原来就是想让 H 给一个道歉，然后把我们两个中的任何一个调走。没想到教委把这事告诉了 H，我就没退路了。我认为最好不要打官司。政法大学的一个教授，还有电视台的一个编导都对我说，要是早认识我就一定不会让我打官司，他们都认为证据不够。但是我现在既然已经走上这条路了，就不回头了，也不想后悔的事了。

打官司我还是花费了一些钱的，前前后后花了几千元钱，律师事务所还免了我许多费用呢。打官司的主要花费是精力上的，我到处找证人证据，找有关单位，心理上还要承受各种各样的压力，我觉得真的有点受不起了。

今后如果再碰上这种事，我会想办法获取证据，一定要想办法搞到证据！不然太费劲了！

整个事件最让我受伤害的是舆论。最希望得到的帮助是组织上的帮助。如果有一种方法能让老师们都说出她们的委屈，不必害怕打击报复，那就好了，我的证据就完全没有问题了。但是这种（受理投诉的）机构不能是我们区的人，或者和H有联系的人来担任。应该是个和现在的环境脱离的、让人能有安全感的机构或个人。还有，一定要保密！

A的律师访谈

A的案子我们是以人格尊严权起诉的，法院提出要更改为健康权或其他人身权。我们律师事务所组成了一个3人的团队诉讼。

A被骚扰的地点和方式非常之多，但是都没有足够的证据，只有留下的19条短信。校长有时发骚扰短信是群发，其中也有成功的。案子起诉前，有人看见校长抱着一个女教师在当地酒吧里，唱卡拉OK。舆论在私下是同情A的，但是畏于校长和他背后的权力关系，大家都不敢出声和作证。还有地方官员曾经威胁A说，捏也要把A捏死。在媒体介入这件事，事件盖不住的情况下调离了H，现在H不降反升，调到区教委办公室工作。

到现在法官也未予评判。A多次去法院，我们9月2号也去法院约见，都未予答复。我们希望能够得到法院的支持，但是有许多问题。9月5号（2006年）递交了取证申请书，就是针对以往的短信。但是法院至今没能予以支持。被告8月23日申诉取证，次日就得到法院支持。我认为，法院剥夺了原告取证的权利。

这个事件造成的后果，一是医院证明A现在精神衰弱，二是A的父母和弟弟证明她的情绪和身体方面都有些失常，三是她现在正被丈夫起诉离婚，家庭破碎了。性骚扰的后果不仅仅是精神损害，它是全方位的，包括心理、人格的贬低，还包括家庭在内，面临社会方方面面的许多压力。对精神上的损害是直接的，家庭、人格方面的损害是无法衡量的，以后法律应该考虑对此给予量化，应该有比较高额的赔偿。这种事一旦在社会上传播开来，事实上比遭受殴打的后果更严重。对一个女人家庭的伤害是无法用金钱衡量的，损害结果有复杂性，后果更为严重，包括子女成长中受到的伤害，这些都是无法用金钱衡量的。这些应该由法官自由裁量。

对性骚扰有人认为应该举证责任倒置，我认为还是应该谁主张谁举证。如果倒置的话，一些人会利用诉权来侵犯他人的利益，这对其他当事人是不公平的。取证不是不可能的，这是个技巧问题，一旦遇到这样的问题，应该设法留有证据。比如妇女可以用撕、打、咬等等方法留下证据，长期的性骚扰也可以设法留有条子等。总之应该做更多的宣传，比如用案例的方式来指引妇女维权，使更多的受害者得到救济。

我觉得在这个案子中暴露出来的法律界的问题是：第一，司法界缺乏高度重视，认为短信息只是开开玩笑，认识水平不高，没有把它看做人权问题，没有认识到是对妇女的人身侮辱。这个案子的法官是女性多，出庭的法官 3 女 1 男，但是性别意识相对淡漠；第二，在这方面的宣传和普法还不够；第三，诉讼成本太高，法院对证据的要求超过一般当事人能够获得的限度，这么露骨的短信息都不认为是性骚扰，以后上哪儿找证据去？

性骚扰在法律上还需要解决内涵和外延的界定，用列举或其他的方式说明。列举是难以穷尽的，但是在中国现在的情况下，更容易形成判决。

希望通过这个案子，能够使更多的女性关注自己的人身权益，这也是我们的期盼。

B的访谈[1]

B是×市×国有事业单位的高级工程师，已经50多岁，但依然漂亮。为了控诉对自己的性骚扰，她曾经勇敢地走到中央电视台的演播厅。她是中国第一个到电视上公开讲述自己性骚扰经历的人。

32岁时，我第一次被单位总务科长骚扰。当时我在办公室换灯泡，站在椅子上，总务科长上前抱住我的腿，在我身上乱摸，我就踢他。当时我已经是有夫之妇，之前和总务科长只是一般关系。从那以后，科长不断骚扰我，比如在办公楼楼梯上把我推到墙角。我向领导反映，领导还是个女的，可以说无动于衷。除了笑笑而已，就是轻描淡写地说："他（指总务科长）老婆身体差。"甚至有一次用右手食指戳到我脑门上，对我大声呵斥："你一天到晚说他对你性骚扰！性骚扰！他是对你关心啊！你昏倒送医院都是他在关心照顾你，你的脑子真当是搭牢在那里！你除了职业道德是好的，涵养是差的。"

这件事成为影响我婚姻的因素之一。我和前夫是中学同学，他是×市旅游局下某宾馆的保卫处干部。我在单位受到骚扰后，将此事告诉了前夫。前夫刚开始还支持我，但是由于我不断向上反映，事情越闹越大，前夫就不耐烦起来，在外面也有了女朋友，变得不关心我的事情了。我再说起来，他就轻描淡写地说："那说明你很吸引人啊。"我对前夫说："你是我老公，应该管管啊，到单位去训他两句。"他不去。后来我得知前夫在外有了女友，就质问前夫，前夫就让我想想自己的事。后来我与前夫离婚，虽然不完全是因为骚扰一事，但这也是我们离婚的原因之一。

离婚对我打击很大。当时我正在参加×市的一个大项目，心思完全放在工作上，晚上经常加班，家里的事情基本上都是丈夫管，

---

① 访谈者唐灿、黄觉。

一点防备的心理都没有。有一天回家，撞上了他们（丈夫和其情妇）。从此以后身体一直不好，老觉得恐慌，恶心想吐。这些年身体一直不好，脑供血不足，常常晕倒。后来实在坚持不下去，就住在精神病医院治疗了一段时间。我住院的时候，家里人都反对，女儿从来不来医院看我。入院出院的手续都是我自己办的，家属签字是由我妹妹签的。单位里也只有一位女副院长和室主任知道。经过一段时间的治疗，我基本能够正常生活了，但是睡眠仍然有问题，每晚只能睡一个小时左右，要靠大量安眠药维持。出院不久，小孩因为总是独自在家，精神上也受到刺激，曾三次自杀未遂。

在多方面的压力下，我在生理和心理上都处于'跌跌撞撞'的状态。我的头发脱落得厉害，浑身皮肤松弛。因为精神上受到过大的刺激，我的血管处于痉挛状态，供血不足，前庭功能变得很差，导致头晕呕吐。每到春天就犯得很严重。这种状态持续了5~6年，才慢慢好起来。到北京中央电视台做节目时，已基本调整过来了。中央电视台的人打电话给我请我做节目的时候，我还躺在病床上。医生建议我不要去做这样的节目，但是我还是坚持去了。

离婚以后，我继续遭到单位总务科长的骚扰。他老是对我动手动脚，在电梯里遇上，他手就过来了，要么就是这里，要么就是下面［女性敏感部位］。如果我看见他在电梯里，我就不会上去了。可是我先在电梯里，他后进来的，我就没办法了。他不光对我一个人，我们单位好多女同事都被他摸来摸去的。我们之间虽然没有交流过这件事情，但我从她们说话无意流露出来的信息里知道了这件事。其他人都不敢说，我比较自信，就说了。

而单位领导明知道总务科长对我有企图，还派他单独到我家修理马桶，脑子里完全没有保护女性职工的意识。我向领导提出换一个人，领导认为没有专业的修理工，就只好让他管。

总务科长对我的骚扰从我30岁时一直持续到50岁。

除了单位里的总务科长，我在离婚后还先后受到一位开发公司老总和单位个别领导的骚扰。离婚后，因为身体的原因，我工作上遇到了不顺利，我找到局长，希望他帮忙找院领导说说，他好几次提出要和我发生性关系。我当时拒绝了他，他就不管我的事情，每次都嗯嗯啊啊地敷衍。有一次我气不过，就踢了他的门。

我觉得这一段经历太痛苦了，就想找有关单位反映一下。为什么要让他们活得那么舒服?！想来想去，决定向市建委党办的纪律检查委员会反映这件事情。我先打电话预约，他们说找一个同志跟我谈。我坚持直接跟主任谈，因为我不想中间通过那么多人传话，传来传去，隐私的事情就变得公开了。我按约好的时间去了，他（主任）却当面拒绝。你说我什么心情？他还找来一个人在边上记录，说有规定，一定要两个人以上。我拒绝接受，他们就说我心理有病，还说我自已为什么不检点一点。

纪检委主任对我的申诉做出的答复是这样的：

1. 怎么就你一个人会碰到这么多男的对你有性骚扰，说明你的自我保护意识不够，是不是你对他们有什么暗示？

2. 发生了事情，你为什么当时不做及时的反映，还有什么证据；还有别让这些人知道你在告他们的状，让他们知道了，他们会对你不高兴。

3. 像这种事情还是应在下面基层单位，通过领导解决。你反映到上级来，甚至你还可以反映到市纪律检查委员会去，我想对你的答复都是一样的，我们上一级不可能具体地来处理这些事情。

4. 你怎么把这种事情都会告诉你丈夫的，我劝你，你应该把精力放到工作当中去，调整好心态，身体要紧，真的觉得不行，你只好调单位的。

5. 对你坚决要求单独找我一个人谈，原先我是听了不高兴的，按规定我们反映情况一定要有两个人在场，今天我已破例了，尊重你的意见，单独接待你，已经是破例了。

这些事情严重地影响了我的工作。1999 年，职工大会通过了关于“高职低聘”和“低职高聘”的文件，我和另一位常年生病的男同志是唯一被高职低聘的人。我的申诉，还有我离婚以后的精神状态，也使单位的人另眼相看，认为我“脑子搭牢了”（有毛病）。

我在受到骚扰后，几乎处于申诉无门的地步。曾要前夫陪我一起到组织处处长家里，专门谈这件事情，希望单位领导能管一管这样的事，后来不了了之。找单位的副院长反映，同样身为女性的副院长竟然让我“理解理解”骚扰者。找上级领导，也没能解决问题。

我没有找工会，因为我觉得一找工会就都传开了。我还是希望在特别小的范围内解决问题，希望领导能解决。有些领导，比如说局长，本身就对我心怀不轨，不会给我解决。

至于法律途径，我觉得，我国又没有这样的法律，一条依据都没有。不是说我不去揭露他们，不去告他们。你国家没有这个东西（相关的法律），我拿什么去告？我奔来奔去，最后我的结局就像西安那个人（指中国性骚扰诉讼第一人、西安的童女士）那样。她后来的状态是很不好的。如果那时候有相关的法律，我的身体状况也允许，我可能会打官司的。但是说到证据问题，我觉得根本不可能有证据，也没有更好的方法来应付这类事件。只能说，现在我如果再遇上这样的事，我可能会在当场大声叫。

虽然我现在又结了婚，生活得很不错，但过去的经历是一道永远也抹不去的阴影。这些事情，我在很长一段时间里根本不能提起。我也觉得很对不起我爸爸妈妈，就因为我自己的婚姻不好，连累了他们。对单位也有了些幻灭的感觉，心里虽然很割舍不下自己的工作，但是对单位一点也不留恋。反正我也要退休了，以后再遇上什么事情也不会去找工会了。

对那些骚扰者，我认为仅仅劝告他们停止骚扰行为是远远不够的。我希望他们受到惩罚，比如降低职务，或者党内严重警告，把他们的丑事公之于众，让他们好好想一想，否则不足以惩戒他们。他们是有公职的人，是共产党员，他们应该对自己的行为负责。

C 的案例①

C 的案件多年前媒体就报道过，但不够详尽。由于此案在中国反性骚扰历史上的重要性——其可能是事实上的原告第一例胜诉案——课题组决意对该案进行更深入的了解。2006 至 2007 年，通过种种迂回的方式，课题组多方收集了该案的信息、诉状及判决书，并采访了主审法官。以下是有关该案的详细情况。

2002 年 4 月，×市某供电局 29 岁的女合同工 C 的父母，以监护人身份对该局局长、58 岁的 Y 提起诉讼。C 的监护人提出诉讼的理由是名誉权和人身权利受到伤害。诉状称，Y 在 2001 年 5 月以谈工作为由，在其办公室强行对 C 猥亵、侮辱，遭到反抗时威胁说要解雇她。C 因恐惧患上精神分裂症。

2001 年 12 月，C 的父母向×区人民法院申请宣告 C 为无民事行为能力人。法院委托××医院于 2002 年 3 月 5 日对 C 作了精神鉴定，结果确认 C 无民事诉讼行为能力。据此，4 月 18 日，法院做出了指定 C 的父母为其监护人的判决。C 的父母以自己同样遭受极大的精神损害及经济损失为由，亦作为第二原告和第三原告参与对被告的起诉。

在向×市×区人民法院提交的民事诉状中，C 父母诉称：诉讼案的第一原告、29 岁的 C，系×市×供电局×分局职工；被告 Y，58 岁，为该局原局长、党委书记。2001 年 5 月 31 日下午，×分局职工进行第一次“职业道德考试”，C 作为第二批考试人员，未参加当天的考试，独自留在办公室。下午 3 时，被告以谈工作为由，将她叫到其办公室套间的内间，要求她与其挨坐在房内的床上，见她不愿，便大发脾气，威胁要解雇她。原告被吓呆了，不敢说话。见状，被告改变了口气，以为原告调换工作为由予以引诱，并在她周围来回走动，然后趁她毫无防备之时，突然面对面一下坐到她的

① 材料收集者及法院院长访谈者唐灿。

双腿上，强行猥亵、侮辱，时间长达3分钟，虽经反抗和哀求，亦未停手。直到原告大声呼喊起来，并用全身力气将其推开。当原告跑出被告办公室时，被告还恼羞成怒大吼要解雇她。

诉状称，在该供电局有关领导的多次教育下，被告承认了猥亵、侮辱C的事实，先后3次写了“赔礼道歉书”。然而，被告力求自保，欠缺诚意的赔礼道歉无法安抚C饱受刺激的心。事件发生后，C心中充满了恐惧，精神逐渐崩溃，经常目光呆滞、思维混乱，在路上、家中不停地徘徊。2001年6月25日，C经诊断患了精神分裂症，在×医学院附属医院接受治疗。

诉状要求法院判令被告赔偿三原告精神抚慰金10万元，以及工作损失、医疗费、鉴定费、护理费、营养费、交通费等3.9万余元。5月20日，此案第一次开庭，原告又当场追加索赔2002年1至5月护理费7820.83元。

法庭上，被告Y进行了答辩，并提出反诉，声言C家的指控导致“一个即将退休、问心无愧的年迈之人”一夜之间身败名裂，被警方以强奸未遂立案侦查，面临“双开”和牢狱之灾的精神重压，因而要求对方停止对其名誉权的侵害，恢复名誉、消除影响、赔礼道歉，并赔偿由此造成的直接经济损失1500元、精神抚慰金2.5万元。

Y说，5月31日下午，职业道德考试进行时，自己正在考场巡视，不可能分身，原告所述所谓非礼行为的发生时间是2001年5月30日。当时，邻近各办公室都有人在工作，如真有挣扎、呼喊等声音，必然引来围观者，为何如今无证人作证？

Y辩解说，C是一名合同工，因工作滞后被找来谈话，这既是自己的职务行为，也体现了单位和领导对C的关心。谈话语气过重、批评较为严厉是事实，但无非礼之举。谈话中，为了减轻C的精神压力，才主动站起来走过去，以一个长辈和领导的口气加以安慰。走动时，膝盖无意碰到她，同时用手轻轻拍了她肩头一下，绝无恶意。谁知C说：“局长，你这样做不礼貌，侵犯了我的人格。”自己便马上回答：“如果你如此理解，那我说声对不起，但你的工作必须做好。”她听了未说话，转身离去。整个过程不超过5分钟。他还列举一系列证言，以证明C在被谈话之前，精神上已有不正常表现，其病情与不存在的“非礼”无关，没有法律上的逻辑联系和因果关系。对于自己的3份“赔礼道歉书”，Y称是在遭受C家的死亡威胁，并在得到其不打击报复、写了就不追究任何责任的保证后，为使病人尽快康复，才违心写出的。

法庭经过审理，最后在判决书中认定Y对C有“非礼”行为，并且该行为致C精神受到刺激，被告Y的行为系引发C精神疾病的诱因，损害了C的生命健康权。同时Y的行为也侵犯了C的人格尊严权。最终判决，Y赔偿C各种经济损失11万余元，赔偿C精神损害抚慰金1万元。

C案，×法院院长访谈

这个案子或许对其他性骚扰案件的判定价值不大，因为这个案子有比较充分的证据。原告面临可能下岗，被告借机找她谈话，进行性骚扰。原告受到骚扰后向纪委书记反映，纪委书记要求被告写道歉信，被告先后三次写了赔礼道歉信，这是案件得以判决的重要依据。没有这个证据，就算是被告精神受到了严重的损害，我们也没有办法判定原告胜诉。性骚扰大多数是在比较隐蔽的情况下发生的，证据是这类案件的难点，我们也是从这个意义上说这个案子或许对其他性骚扰案件判定价值不大。因为像这个案件一样留有充分证据的性骚扰案件确实不多。

我们当时判这个案子时，好像还没有性骚扰案胜诉过。我们考虑法院的判决是有依据的，我们认为过程、后果都是成立的。这个事件发生后原告找到单位的纪委书记，这个纪委书记非常好，他敢于顶住压力，坚持要求被告写道歉信。（被告）先后写过三次道歉信，这对以后的事实认定和判决都非常重要！如果没有道歉信，证据认定非常难。后来Y被调离岗位，再后来又败诉，对性骚扰受害者是个很大的支持。

但是这个案子不是以性骚扰为由立案的，案件审理过程中也没有提到过性骚扰这种说法。原告的法定代理人，C 的父母不愿意提到这个词。此外被告是单位的领导，这个词对他今后的影响不好。

审理中我们大家也在讨论侵犯的到底是什么权利，不好认定。包括身体健康权、人格权，这些都是后果。在性骚扰案件中，原告往往是弱势一方，和被告在当事时是一对一的关系，而且这种行为通常没有持续性、预见性，只是偶发，举证很难。法院收集证据也很难。证人也都有关联性，即便知道事实也难以站出来作证。

虽然这起案件对普遍的性骚扰案件价值不大，但是引起的思考还是有很多。今后认定性骚扰的标准是不是应该降低？法院收集证据的职责是不是应当加大？都应该考虑。

D 的访谈

D，47 岁，大专毕业，离异。×市某医院副院长。D 看上去比实际年龄要年轻 10 多岁。中等身材，皮肤白皙，长得漂亮。谈吐显得很自信很有主见。

性骚扰在我们这个小地方，谁都不爱说，我就没听见过别人说，有啥说的呢？倒不光是怕丢人，现在这个社会，好多女人以被男人挑逗为荣，有的人没人骚扰还上赶着卖自己呢。女人想走捷径这是条路子。

但是我可以问心无愧地说，我现在的成绩是靠自己干出来的。别的女的在家哄孩子打麻将的时候，我干啥呢？我在工作，在学习。我学历不高，虽然分工是搞管理，可是盯着这个位置的人老了去了！要想让人服，我得靠自己的真才实学，靠自己的智慧。我只有大专学历，可我自学了大学的企业管理，还学了人力资源管理的课程。我在医院，你可以问问去，口碑没得说。在生活上，我虽然是一个离婚妇女，可很少有人对我说东道西。

院长是曾经对我有过那个意思，有次到外地出差，晚上喝酒喝多了，夜里一点多他打电话给我，说第二天想和我一块儿去逛商场，说就想拉着我的手。我不能当面拒绝，要那样就完了，得罪他了。当时我就说行，特干脆。第二天一早我就找一块出差的另一个女的说，院长约咱俩一块儿逛街，她挺高兴。出门院长一看就明白了，他是个博士，聪明人，什么不明白呀？打那以后他就再没有过那方面的言语了，我们的关系和以往一样，不管人家说什么，我都很坦然，见着他就跟什么都没发生过一样。

我遇到过几次性骚扰，但是我觉得，女人是可以凭借自己的品德和智慧成功化解这个问题的。我觉得我在这方面是个成功者，我基本上没让这种事儿发展到没法收拾的局面。我的诀窍就是，第一，一定要在一开始就让他（指对方）明白你的想法，自己的态度要坚决，不能暧昧，让对方觉得你有那个意思，有机可乘。俗话说，苍蝇不叮无缝的蛋。你对他正人君子，他也只能目不斜视；二是，不能太让对方难堪，要讲究技巧，要是对方下不来台，对谁都没有好处。一般性骚扰都是发生在熟人之间，你得照顾熟人关系，你让他下不来台，惹翻了，他也能给你好看，人都是这样的，礼尚往来。

我最早碰着这种事是在党校学习时，那时候我还年轻，长得算是挺漂亮的。我知道别人注意我，可是我和大家伙儿都一样，该说啥就说啥，不扯别的什么玩意儿。我觉得别人有点怵我。可是那会儿党校的副校长好像有点那个意思，他老是找我到他办公室谈学习啥的，不能不去。有一次他出差回来，给我买了块布料，就是那会儿正时兴的那种一包一包的化纤的。他叫我到办公室去，把门关上，挺神秘地拿出布料说，我觉得你穿这颜色肯定更好看，这料子能做个连衣裙。我核计了一下，不能不接，就接过来。我这手接呢，他那手就往我肩膀上搭。我连忙一转身，甩开他，说要上课了，开门就走了。

回家了我就核计，我不能收他的东西，这样以后说不清。我寻思把东西还回去也不是事儿，这人我还不能得罪。要买东西我只能给他爱人，绝对不能给他。过了几天，我到商场买了一对耳坠，在家给他打了个电话，说也给他爱人买了个东西要送给他们。他说好好，说晚上到哪个饭馆见面，我说不用了，就到他家去。晚上我就到他家去了，他爱人大我不少岁，我拿着装耳坠的盒子，见面就说，校长经常关照我们这些学员，为了表示感谢，也给夫人买点小礼物。他爱人特高兴，他在旁边笑的那叫个难看呀！

第二天他又给我打电话说，想单独见见我。我气呀，就一块布料，他还没完了！我在他心里怎么这么贱！我就说，今晚我们党小组有娱乐活动，欢迎校长参加。我那会儿是党小组长，我想让党小组活动挺容易。后来还有这么一次，我也想办法解决了。人都是有脸皮的，有这么几次他就明白了，以后就再也不找我的麻烦了。后来好多年过去，我当时在党校的一个同学跟我的一个好朋友说，当时大家都看出那个校长对我有那个意思了，眼神不对。说我居然没能让那家伙得了逞，说我不是个一般人。他（那个同学）不敢直接对我说，他们男的都不敢和我扯这些话。

还有一次这方面的经历，是在我当××科主任的时候。那会儿我们有好多客户，其中有一个企业的副经理是个小伙子，挺帅，比我小了快10岁，平时跟我挺熟，说说笑笑的，我从来都没在心里核计过他那儿会有啥事儿。有一天晚上他给我打电话说要出去吃饭，那会儿我都睡了，一看表，夜里1点多了，就回答，“不去了，太晚了”。第二天晚上他又来电话说吃饭，那会儿我刚离婚不太长时间，没什么心情，不想去，就又回了。后来连着好几天他来电话，不是吃饭就是出去洗澡啥的。直到有一天他又来电话，里边跟我急了说，“姐呀，你怎么就看不出我的心呢？我想你想得天天晚上睡不着觉，躺床上就浑身发热。”我一听吓了一大跳，他比我小那么多岁呢！怎么会有这样的事儿。可我又抹不开面子翻脸，只好装着哈哈大笑，跟他说，“你小子还是个毛孩子，胡说个啥？你再闹我就告诉弟妹了！”他还说这个那个的，我只好说，“你再说我以后就不认你这个弟弟了”。过了两天他忽然跑到我办公室，坐在我桌子对面，就那么死死盯着我看，说就想亲我一下。我稳了口气，过去打开办公室的门，告诉他，这不能，要是这样，他没了老婆又没了我这个姐姐。过了一会儿他叹口气说，女的都围着他转，可从来没见过我这样的。打那以后我比较注意和他保持一定距离，就再没事儿了。

再有一次，是当时我们科的另一个副主任。他也比我小好几岁，是个硕士。说实在的，平时我最看不起这个人了，老是说大话，不认真干实事。不知怎的，我特讨厌成天吹吹呼呼的男人。我以为他也能看出我对他的反感来呢。有一天在医院里，我上楼，他从后边追上来，到我旁边忽然一把抱住我就亲我，手还在我身上乱摸，我当时都傻了，好半天都没反应过来。等明白过来后，我本能的大声喊，××要流氓了！推开他就往上跑。上边那层就是我们主任的办公室，他听见声音出来了，问怎么回事。我当时话都说不出来了，愣了会儿说，××要流氓。这会儿我又往下一看，那个家伙站在下边，脸色发白。我一下就稳住了，忽然哈哈大笑又跟我们主任说了一遍，××要流氓了。可这次的口气和上一次完全不一样，主任有点愣，又问，咋了？我赶紧打哈哈，说没啥没啥，××开玩笑开大了。当时这事儿就这样遮掩过去了，我再也没跟人提起过。

过了好些时候，有一天那人冷不丁地又跟我说起这件事，他想解释，可能也想道歉。你想这事在他心里的负担有多大?！我要是把这事说出来，我们是国家单位，院里不说降了他，至少能把他调走，他怎么和别人解释?！我没让他解释，我也不想听。我就说，这事只能一次，我可以不计较，再有下一回就不是这样的结果了。现在我俩平时就跟什么事都没发生过一样，该工作就工作，不扯闲话。

我这些经历和谁都没说过，我的生活和工作没有受到这些事的任何影响，要说有，也是正面的，我没有通过啥不正当的方法（指色相）来得到好处。我也没有觉得这些事改变了我和别的男同事男性朋友之间的关系，我们该咋样还咋样，非常自然，我也不会因为这些对别人抱着戒心。还是那句话，我觉得，女人只要自己比较自重，平时别跟男人一起扯那些乱七八糟的话，自己正了，这些事不容易惹上。我也有很多男性朋友，大家经常一起聚会一起玩，不分你我，但是他们都很尊重我，不敢跟我乱来。

我承认现在社会比较乱，好多男的都爱说点黄色儿的，平时也不怎么老实。我不能说我接触的男的都是正人君子，我知道我不在场的情况下，他们也说那些个七荤八素的。但是至少我在的情况下，他们比较收敛，一般不乱说，即使有时候说点那些话，我也不接应。我没觉得我这样就是不随和，就跟男性同志不好相处了。

这些事我觉得我有能力处理好，我不需要告诉任何人，也不用妇联、工会什么的。打官司？不能够！没那个必要！不光是这样的事，别的劳动权益受损的事情我还没有碰上过，我觉得在别的方面我也自信有能力处理好。

处理这种事，我觉得还是个人处理比较好，尽量把事态控制在小范围，千万别闹大。闹大了对谁都没有好处。男的弄得挺没脸的，女的也不一定就啥事没有。这事要是别人知道，前面说男的咋了，后面说不定说女的什么难听的呢。对我来说，不可能打官司，也不可能张扬，道歉都没必要，只要他能明白以后不再这样就行了。

我没想过要换了别的女的，没有我这样权力的会什么样？你说男的不怕她，就会硬缠着不放了？也不一定。女的你只要态度明确，我觉得这事不太容易往下发展。我也没觉得那些人是因为我有一点权力就怕我。我觉得男的怵我是因为我自己比较正，男的不太容易想怎样就怎样。男的平时也跟我开玩笑，但是很少开这方面的玩笑，他们觉得你很庄重，那些玩笑就开不了口。我觉得我的职位和这些事没什么关系，我这算什么官呀?！他们（指骚扰者）用不着怕我，也不是嫉妒我，就是把我当成一个普通的女的。我琢磨，我离婚以后可能让有的人有点想入非非，这段时候我更得注意。俗话说，寡妇门前是非多，本来就容易惹事，自己就更应该注意。我觉得不必要过于小心谨慎，只要端端正正做人就行。

要是别的妇女为这事告到领导那里，我觉得领导一是会找男的谈话了解情况，如果属实，可能会处理男方，要看情节轻重。舆论可能会对女方不利，这是中国的现实。别人肯定会觉得这女的怎么怎么了？肯定这个女的有问题，自己不正经，勾引了男的，或者有其他什么目的。因为这个社会就是这样，就有这样的女的嘛！(笑)

单位里和生活中，说黄色笑话的情况比较多，东北人嘛！就爱说这个。女同事一般都能跟着说几句，跟男同事打打闹闹的也是正常的。我一般不跟着闹这些。

E 的访谈①

E，下岗工人，43 岁。2000 年下岗，原为首钢工人。后由居委会介绍在附近商品住宅小区做钟点工，每月收入大约 1000 元。爱人是某建筑集团的工人，2004 年内退，经街道介绍在某工地看楼，现每月收入总计 1100 元。家中还有一个儿子，当年刚考入北京联合大学读书。访问是 2007 年在 E 家进行的。E 家是一个不足 50 平方米的简陋楼房的一层，原为某建筑集团宿舍，20 世纪 80 年代初修建。楼房外观、结构都极为简陋，且年久失修，与周围鳞次栉比的中高档商品房小区形成鲜明对比。E 家中陈设也极为简单，冰箱是单门的，洗衣机是双缸的，电视为 14 寸彩电，一应电器都是 20 世纪 80 年代购置的。但是家里被 E 收拾得干干净净，非常整齐。

我们家日子最好过的时候是 20 世纪 80 年代。那时候我们首钢的工资每月有 1500 元，在那个时候算是高工资了。2000 年我下

① 访谈者唐灿。

岗。以后找过好多工作，有的是街道介绍的，有的是再就业中心介绍的，还有中介介绍的。被骗过好多次，说是三个月以后发工资，可是没给工资老板就跑了。找街道，也没辙。后来也在外边卖过菜，卖过方便面，想着外地人能挣上钱，我们怎么就不能。可是不行，（市场）都是外地人的天下，北京人干不过他们。现在我在对面小区里当小时工，每个小时 10 块钱。比外地人多，可是我们北京人可靠啊！

我是 2003 年卖菜的。难啊！当时实在没有合适的工作，听别人说，外地人卖菜一个月能挣好几千，我咬了咬牙，咱也卖菜。北京人卖菜的特别少，批发市场上都是外地人。人家都搭帮结伙的，能要下价来。跟市场上的人和批发商都熟门熟道的，认识。本地人没经验，上货卖货都没经验，十个干这个九个半都亏！外地人抱团，歧视本地人，压价挤兑本地人。批发商见我们都不爱批，要不就是给外地人五毛钱一斤，给我们一块钱一斤。后来我们批发方便面，也是难啊！一大清早我们不到五点就去上货，好几次蹬着三轮车被人家在后边卸了好几箱走。还有一次车轱辘半路上坏了，40 里路啊，我硬生生推回来的。

早市也是很难进去的，不摸门根本进不去。人家外地人都是老乡、亲戚，人家联手压价，排斥我们。还有地头蛇，都是大狱里出来的。他们把一个市场 50～60 个摊位都包了，从管理员手里买号，再卖，管理员都不敢得罪他们。有的是要钱，有的是随便拿东西。

批发市场上的外地人都喂着那些地痞。他们控制着秤，不服就打。好多钱都让那些地痞挣去了。他们还控制着价钱，如果不让他们管，他能让你一车菜烂在那儿都卖不出去。他们不熟的人，他们就是能让价格批得高。可是也有人拿的批发价挺低。我问过一次，那个地痞说，“她和我睡过觉，你睡过吗？”把我吓得，一句话也不敢说。后来我还真遇着过这样的事。

一次我正和批发商砍价，砍不下来，我这着急啊，都快闭市了。一个痞子过来了，40 多岁，一看就流里流气的。一过来就叫我大妹子，说要是哥哥帮你要下来价，你怎么谢哥哥啊？我吓得不敢言声，拉着车就想走。他一把拽住我，一只手搂着我的腰，再一只手就从我大衣脖领子伸进去了。就那么当着好多人，他一点也不在乎。那时候天都有点亮了，旁边那些外地人都看着，还哈哈乐。我当时死的心都有了！我挣巴半天才把他推开，头发都散了。那天我也没上成菜，出了市场腿都软了，骑不动车。我就给我丈夫打电话说让他来接我。这个哭啊，我哭了一路。后来我爱人高低不让我上货了，可是他干了几天，每天回来都嚷嚷着累，受不了，上那菜净是差的，价还高，比我还不如。没辙，我还得干。后来我再进那个批发市场就特别小心，尽量躲着那些地痞。后来还见过那个家伙，他见着我就嬉皮笑脸的，要不就做那种下流手势（E 比划了那种极为下流的手势）。没过两个礼拜我就不干了，不能干了，再干就出人命了。在批发市场里北京人一丁点儿势力都没有，活活让人欺负。后来我改卖方便面，跟一个和我一块儿卖方便面的外地人说起这事，她说，批发市场上这事多着呢。外地人要不就成帮搭伙的，不让别人欺负，要不就忍气吞声的。女的被欺负的多了，被强奸的，还有被逼着睡觉的都有。市场管理员从来不管。

这种事能上哪儿告去呢？告公安？我没想过。告了又能怎么样?！政府能不知道市场这么乱吗？有那么多管理员呢，他们什么不知道啊?！就是不管事，就知道收钱！我不是不知道人身权利，可是我们这样的大耳朵老百姓，谁在乎我们的权利呢？能活着吃口饭就属不易，把孩子拉扯大能上个大学我们就算完成任务了。连个医疗、人身保险都没人给上，别的都扯不上了。

F 的案例[①]

F，26 岁，她的性骚扰诉讼案发生在 2006 年下半年，由于未

① 材料收集者唐灿。

经公开审理，未有媒体报道。F的律师G律师向我们介绍了这个案件。经过努力，G律师获得F的授权，将其诉讼状和作为证据的手机短信以及录音资料转给我们。通过诉讼状和法院判决书得知，原告F 2000年8月起在被告P担任领导的某高校下属公司工作，2002年2月起，被告将原告调为私人秘书；2005年原告与该高校下属某学院签订了编制外聘用人员劳动合同后，担任原告秘书，负责原告办公室日常管理工作。2006年8月17日该学院以F违反劳动纪律为由，解除F的劳动合同。同日，F以P对其有性骚扰行为为由诉至法院。

从律师处得知，F于2006年8月17日向北京市昌平区人民法院提交诉状称，在与原告、北京某高校副校长一起工作的6年中，原告多次利用其地位，以辞掉原告为要挟，在原告不愿意的情况下，对其进行非正常的身体侵犯。被告的性骚扰行为严重侵犯了原告的名誉权及性尊严，给原告造成极大的精神痛苦。故要求按《民法通则》和《妇女权益保障法》规定上诉法院，要求：第一，被告赔礼道歉；第二，赔偿原告精神损失费5000元；第三，被告承担诉讼费。

在2006年9月的一审判决中，法院认为，F提供的证据不足以证明P对其有性骚扰行为，判其败诉。F提起上诉，终审法院支持了一审判决。

以下为F撰写的“经历”（节选）：

我2000年高考落榜后只身来北京投靠叔叔。经人介绍在他（F称P均为“他”）的下属公司打工，主要从事绘图工作。好不容易找到一份工作，珍惜得不得了。他因工作需要私人秘书，2002年2月我被调做他的私人秘书。我对他了解不多，觉得他道貌岸然，看起来像是正人君子。

他工作不分节假日和上下班，因此晚上和节假日我经常和他一起加班。对工作我没有半点怨言，我是一个来京打工的农村女孩子，能有份工作我是非常非常珍惜的。我的工作经常得到他的表扬。经常听他给别人说我很辛苦，说他给我的工资报酬不如我做的工作多。

开始还没什么，后来就越来越不对劲了。他对我越来越亲昵，比如，对我的衣服穿着很在意，平时会送我东西，而且送我东西时提醒我不要让别人知道。他出国给我带化妆品，给我的时候说一些很暧昧的话。我想他是不是已经超出了上司对员工的关心，我总是注意保持距离。我觉得他是有妻女、有身份、有地位的，且足以做我父亲的人，他对我不会有非分之想，肯定是把我当孩子一样关心。

渐渐的我们单独相处时他总是用异样的眼光盯着我，轻浮的动作时有发生。2002 年 12 月的一个晚上，他打电话要我去他的另一处住房取一份材料，我去了，在那里他突然使劲抱住我，然后亲我的脸……我使劲推他，当时吓得不得了。那天他试图得到我，最终没让他得逞。

回到家后我哭了一个晚上。我很气愤很恶心但更多的是无奈。他是一个有学识、有身份、有地位、为人师表的人，怎么会做这么肮脏的事情？我想愤而辞职，想告诉他的领导，可他是我的顶头上司，迫于生活压力我不敢这么做。对他制裁的同时也会损害到我的形象。我选择了委曲求全。

还有一个周末，天下着雨，我被传到办公室加班。中午他请我吃饭，我不好拒绝，因为他是领导。吃饭后他要我去他家，我跟着去了，到他家后我才知道他夫人和孩子都不在。我想起身走，不想和他单独相处，他再三挽留。后来他非常不尊重地在我身上乱摸……我说，你很自私，请不要在我身上打主意。他说："我打从娘胎出来就很自私。"还说，"我想要你，就这一次，没有其他任何人知道，何乐不为呢？"最后我逃出了他的魔掌。对我侮辱的事情从那以后时有发生。我很无助，为了生存和女孩子的名誉不敢对任何人说。由于我的懦弱、委曲求全和逆来顺受，助长了他的气焰。

我非常珍惜和喜爱这份工作，我以为他会留我在这里继续上班，然而我的委曲求全换来的只是他利用职务之便频频让我更换工作，让我下学期（9 月份）去新的工作岗位上班，一步步逼我走，逼我再回到以前的公司，去即将倒闭的他学生的公司。我以前的付出换来的竟然是面临失业。我一次次地请求他，他却再一次利用职务之便想出了逼我走的新招（即签订 2005 年与某学院的工作合同）。考虑到我现在还没有找到新的工作，迫于生存压力，我又只能委曲求全，我妥协了，接受了他的安排。

他将这件事告诉了我叔叔，请叔叔为我找份工作。我叔叔得知事情原委后非常震惊。为了维护我的名誉，只能想办法把对我的影响降到最低。这些心事令我不快乐，令我压抑气愤却又无可奈何，我心里常常充满了失望和怨恨。从事情的开始我就可以要求来自组织的援助，甚至可以在发生这种情况的时候报警……可是我不敢。他是我的顶头上司，而我只是一名外地来京的打工者。我也知道受到这样的性侵犯很难启齿，因为制裁他的同时难免破坏自己的形象。

虽然我的逆来顺受暂时摆脱了生存的压力，但精神上的压力无时无刻不在找我。为什么我做事已经很不容易了，却还要额外承担这样羞辱的不公正待遇？

没有任何东西可以胜过生命的尊严，包括生存。因为我已经付出了很多，比如青春，比如脑力和体力，比如没日没夜加班的节假日，比如女性原本该有的温柔的一面，统统地为了生存而抛在一边。我不会再丢掉尊严，我必须通过法律手段来捍卫我自己的尊严。

F 举证的材料：

主要有两份：一是原被告之间从 8 月 30 日到 9 月 5 日之间的一些手机短信；二是 F 提供的录音资料，是 2006 年 9 月 6 日两人的谈话，地点是一个茶楼。

手机短信的内容包括：

P：你可依据国家有关规定的最高计算，但补钱需等到法院判决书下来或和解协议书签订后履行。你叔告诉我你愿意和解并谈了你的要求，我和我的律师根据我们的理解与考虑写了一封和解书……

F：我要的是诚心诚意的道歉，不是和解协议。没有道歉谈不上和解……

P：我非常非常有诚意，但一切必须符合事实，同时我要保护我自己和我的家庭……

P：我真心实意地想与您单谈一次解决我们之间的恩怨，这样既保护了我们的友情又能让您获得实实在在的工作补偿，利于今后发展，我也因此得到安慰。上法庭既伤害了彼此，又在他人心中埋下仇恨，害人不利己的事情我认为不值得做。

F：从事情发展到现在你是怎么看待这件事情的？怎么看我的？怎么想我的？现在我告了你了你心里既怕又仇恨，而且你所表现的不仅是自私而且也放不下你教授的架子，认为有损你教授的自尊，但你有没有想过只有你才有自尊吗？我也有自尊。那么你认为我的自尊应该放哪里？你到现在还认为我伤害了别人而你又可曾想过最受伤害的到底是谁？那么你认为我应该相信你的真心诚意和实实在在吗？

P：我是被您逼迫上法庭的，我希望自己赢但又不希望您败，您败了还要赔付我的六万元的律师费，您值吗？您拿着我给的十万元工作补偿不比一句道歉强吗？这相当于您二十年才能积下的钱，您根本不懂法，老把情理和法理混为一谈，我是在肯定您赢不了了才发这些短信的……

录音资料：

F：我现在没什么可说的。之所以我不想见面，是因为我觉得现在没什么可说的。

P：咱们这个事情你是愿意和解还是愿意上法庭？

F：我愿意上法庭。

……

P：你不是要我给你道歉吗？我可以诚心诚意地给你道歉，但是从感情上的，我没有犯法，也没有犯罪。我已经给你表达多次了。其实我心里一直很难过。我是希望在法庭上不要再给你造成一次伤害。如果说法院要判我给你道歉，我可以。不希望带着仇恨而成为仇人，我希望我们继续保持好朋友的关系。将来让这件事情对于我们来说都是一段美好的记忆。

F：就算不走上法庭，我们也不可能成为好朋友。

P：那保持一段好的记忆。

F：还能保持好的记忆吗？从来就没有过好的记忆……没有好的开始怎么会有好的记忆。

……不是我要那么说，我说的是事实。

P：保持好的记忆又有什么不好？

F：就好像你开始为什么不给我道歉一样。

P：我内心上一直觉得很难过，真的。让你失去这份工作，我真的很难过。真的。我也真心诚意地一直在祈祷，祈祷上帝保佑你。

F：恐吓也是心里话吧？

P：我没有恐吓你。

F：什么没有恐吓啊，你不是说如果我败诉了要承担你 6 万元钱律师费。

P：我骗你不是人。

F：我不管你请多少律师，花了多少钱，难道你请律师花了六十万、六百万，如果我败诉了我还会给你承担？再加上这个官司，我未必会败诉，我是知道这个官司我肯定有胜算的把握，我才会去起诉你。

P：这是我律师告诉我的。

F：还有你说给我 10 万元的工作补偿，是我 20 年的工作积蓄，你这是在侮辱我。

P：那你要那么理解我没办法，我是那么想的，你看你一个月1000元，花去500元，剩下的积蓄不就是20年正好10万吗？我哪侮辱你啊？

F：那不是你给我发的短信吗？

P：我发的是心里话。我觉得这样不比得上一句道歉强吗？

F：我只要求道歉，我不需要其他。

P：我可以给你道歉。如果你败诉了，我还会反过来告你，说你侵害了我的名誉权。我可以起诉你。

F：我可以随时准备你的起诉。你现在起诉都行，我随时准备应诉。你知道我为什么要告你吗？就是因为你侵权，侵犯了我的合法权益。

P：你听我分析啊，你看如果你赢了，你得到的只是一句道歉，而我赢了，你不仅要承担我的律师费，我给你的工作也没有了。

F：我要的就是你的道歉，如果我要不去法庭，我会觉得遗憾。现在你所说的诚心诚意的道歉，我接受不了。觉得你不够诚意，我今天可以接受你的道歉，但必须是诚心诚意和发自内心的。

P：我是诚心诚意地给你道歉。

F：但是你的所作所为不是往诚心诚意方向发展的。

……

P：你知道你给我打的短信吗？你说你爱我。

F：我为什么发短信，是因为你家方莉（注：是P的妻子）和你都找过我，逼我马上走，明天就要走。到这个时候我什么都没有了，我失业了，我面临着失业了，我无依无靠，到这个时候说出来的话只能说是违心的。

P：但是法律不这么认为。

F：为什么不是。

……我当然是违心的，我当然不是发自内心的，我为了保全这份工作，我肯定是什么话都会说，那我为了保全这份工作我只有那么说，我还能怎么样?

P：你不是要我给你道歉，我可以给你道歉啊。

F：只要你是诚心诚意的。

P：我是诚心诚意的。

……你不是要我道歉吗?我现在就给你道歉。

F：你不够诚意。

P：那你告诉我怎么样才算是诚心诚意的道歉。

……我觉得你就是要一个形式上的……我确实是发自内心的，诚心诚意的，真的，一点含糊都没有……过去的事情将会记在我的灵魂里，我是不会骗你的，我骗你干什么?

……我是真诚地表达一个歉意，诚心诚意的。当着你的面，确确实实是诚心的。但是这种歉意是情感上的。我是希望你好，如果你要不好，我也心里很难过。

F：这还能好吗?

P：我是希望你好，这是发自内心。我觉得人的一辈子很短暂，就短短几十年。我是非常感激你的。就像我给你发的短信一样，我向你表达最大的歉意。我知道你确确实实是受到了很大的伤害，这一点我是理解的。但是我没有想到你投入了真感情，所以对你伤害是非常非常深的，我不知道，我真的不知道。

F：没有投入真感情，我没有投入真感情。

P：但是你的短信告诉我啊。

F：那个短信是违心的而已，我只是保全这份工作，我只能那么说，只是希望你不要欺骗一个纯真少女的心而已，违心的。那是很无奈的情况下才发那么一个短信。

P：我欺骗过你吗?我真的欺骗过你吗?

F：你觉得呢?

P：我从来就没有欺骗过你。我也没有有意地伤害。真的。

F：你的意思是无心之过，不是错?

P：但是我确确实实不知道你投入了感情，我是后来才知道的。

F：我并没有感情投入。

P：行行行，也别说了，这件事上其实我是很内疚的。一开始我对你是很有意见的，你知道吗？你姐姐、姐夫打电话发短信一会说要一百万，一会说要五十万。所以我以为这是设下的一个圈套来骗我，来诈取我的钱财。你知道吗？我心里是非常非常气愤的。

F：开玩笑。只是我家里人知道这件事情之后很自然的反映。如果说是你的家里人出了像我这样的事情，你会不会这样气愤？

P：所以才会产生误解嘛。

F：产生误解，到现在还在产生误解。而且我姐姐和姐夫也没有这么说过。

P：但是发的短信啊。

F：没有，没有发过短信。他没说也没发。一切要讲求证据，那你拿出手机来我看有无此条短信。

P：所以我当时觉得不可理解。

F：本来就不可理解，到现在都不可理解。

P：你说是多好的一件事，现在变成这样。你说多好的事，你说是不是？

F：没觉得。

P：我是说，对于男人来说，有些事情必须保护自己，保护家里来这么做。所以你应该理解，都有一颗为自己的心。

F：谁没有这个心啊，你保护你自己，我也得保护我自己的合法权益啊。

P：那你说我们还是和解吧，接受我的诚心诚意的道歉吧。

F：我接受不了。

P：那你希望我怎么样呢？你说和解多好啊。还能保持美好的记忆。

F：说实话，现在和解不可能还保持很好的关系，我不是说那种关系啊。

P：我也说不是那种关系。我的意思是我们以后还是朋友。

F：不可能。我们不可能还是朋友，这辈子注定不是朋友。

P：行了，和解吧。还是和解算了。行吧？

……从我掌握的证据来说，我有胜算的把握。到时我就会去告你，告你侵害我的名誉权。你现在告我的这些资料以后就全都会成为我告你的证据。

F：我真的很值得怀疑，你请的律师怎么会告诉你，我会被关进去6个月到两年。

P：我请的绝对是专业律师……如果勒索罪成立，肯定会进去的。

……你知道性骚扰是什么意思吗？现在全国就9起骚扰的案子，那些例子我都有。其中有几个是短信骚扰。所以昨天晚上我给你发的短信都是关心你，发自内心。

F：哼，你连哄带吓。有些事情用什么方式都无法挽回的。

F的律师G访谈

F的这个案子主要问题是缺乏过硬的证据。从她举证的几条证据里，可以看到被告心理上是胆怯的，也有很多内容可以推论出，他是自觉有负于原告的。但是没有直接的证据。性骚扰案子最大的问题就是它的私密性，当事双方在一个没有第三者在场的场所，哪里找证据去！F在取证技巧上也有不够聪明的地方。

H的访谈[①]

H的访谈经历种种挫折，最后通过电话进行。当时H正处于极度焦虑之中，她坚持要生下肚子里的孩子，为此已经放弃了工作，面临没有生活来源的窘境。访谈中，H数度哽咽。访谈分两次

① 访谈者唐灿。

进行，共计用时近 2 小时。已知情况是：H，未婚，年龄26～28岁，中专毕业，就职于南方某大城市某国有企业集团下属某分公司办公室，普通文员。当时的居住及收入情况不祥。

××姐跟我说过你想同我谈的事。我觉你能理解我们这些受害人的想法，希望你能主持社会公道，才愿意和你说几句。我早就不和任何人谈这件事了，很无奈，很无助。没有机缘（不明白是指什么)，但是又咽不下这口气，希望社会有公道帮助我们这些弱势群体。实在不行我也会打官司。

我不是本地人，是湖南人。家里有妈妈还有一个弟弟。爸爸死了好多年了，我和弟弟都是我妈妈辛辛苦苦养大的，我小时候生活非常苦。因为家里没有钱我只上到中专，其实我中学时学习非常好，老师都奇怪我为什么不考高中。中专毕业后我就来到深圳，已经 8 年多了。家乡的就业机会不太多，工资也和这里没法比。我进到这家公司不是太容易，很多女孩子都想到大公司来做工，想做文员。我们一起招进来的还是男孩子多，女孩子少。我进来后的第一份工是在一个下面的企业做，什么都干过。做过流水线，也做过组长、拉长，后来还做过管理，其实也就是登记考勤这样的工作。我比好多女工文化高，企业就比较重视我。我工作很拼命的，经常加班，得到过好多次表扬。我一步步走到在办公室里做这份工作，都是我自已努力工作争取的。干得好，老板总要给你表扬、升职。这样升职的女孩子的确不多。现在我在办公室干的工作就是文员，管理文件啊，搞搞复印打印，联系公司的一些事情啊……反正杂七杂八的工作比较多。

我到办公室第一年，“那个人”（指公司经理，她本人一直用“那个人”这样的字眼来称呼这个老板）开始不太规矩。就是动手动脚的。开始就是喜欢拍拍你啦，不然就是拉拉手、说话的时候摸摸腿啦……就是让你感觉不太舒服那样的。我没有反抗嘛。这边这样的事情很多，大家还是忍一忍就过去了。我以为就是这样搞啦，不会再有别的严重（的事）啦。就是这样好长时间。后来就不对了。一次“那个人”到我的办公室，当时没有别的人，他问我要一份材料，我给他找的时候，他就坐到我的办公桌上，就那样把手放在我的后背。我心里好慌，东西找也找不到。后来他就抱住我了。我当时反抗了，对他说你不要这样搞，来人会看见的。

那天晚上“那个人”就给我打电话，我当时在外面。那时候我有男朋友了，我们一起消夜，我很怕男朋友听见他的电话。那个人在电话里说一些怪怪的话，有些很恶心的！我不敢做声，很怕的，我也有告诉他和男朋友在一起啦。他就说让我第二天上班时到他办公室去。

我是不直接去他办公室的。我们在办公室里做的一共3个人，有一个男的，两个都是女孩子。我是来得晚的，另一个女孩子早我好多时间，所以一般重要的事，还有老板直接打交道的事都是她负责。我叫她×姐，平时写文件啦这样的事也都是她做。她是我们办公室的主任。我一直很想和×姐说老板这件事，想让她帮助我想想办法。有说过，但是她不做声，什么话也没有说。我以后就不敢和她说了。

我不想去“那个人”的办公室，很害怕。这天晚上他又打电话给我，问我为什么不去，要我第二天再去。第二天我还是不敢去。快下班的时候，人力资源部突然打电话给×姐，说是让我去一趟他们那里。我不知道什么事情，就去了。一个姓×的副总经理叫我坐下，他和我谈了半个钟点吧。不知道怎么一下子就找出我好多问题，说我来了半年多了，业务还不熟悉，好多工作还不能单独处理。还说×姐是大学学历，我本来学历就不行，还没有危机感，不努力学习。反正都是说不好。我就流眼泪，说不出话。最后说公司把我提拔到现在的位子是因为我以前工作还不错，如果我不能胜任，还是要换大学生来做。他说了一通就让我走了。回到家里我也不想吃饭，男朋友约我出去我也不去，就是哭。我知道这是那个人要这样做的嘛，他这是威胁。

差不多晚上11点的时候，那个人又来电话，让我去××酒店找他。我问做什么事，他说和一些朋友在一起吃饭，要我帮他应酬一下。电话里声音乱糟糟的，他让我打的赶快过去。

到了那里，好几个人一起在吃饭。那个人说喝醉了，就要我给他到大堂去开个房间。饭后，我给他门卡，他让我送他去房间。我感觉要出事，可是没有办法，在那个情况下，我不敢说！一进房间他就把门锁了，我当时怕得要命，可是我没有力气，我也没有办法反抗他。他后来说以后一定会对我好的，我只能流眼泪。

后来的情况我也不想多说了，就是那样子了。我反抗过，可是我实在没有办法，我们这些小职员和他们这些大老板没办法抗得过，除非你不想干了。去年底我怀孕了，我想生这个孩子。原来他也答应过，如果有了孩子他会要的，他现在只有个儿子，还想要个女儿。可是我怀孕后他反悔了。

我后来和男朋友分手了，他逼着我分的手。没有男朋友，在这里也没有别的亲戚朋友了，就这个孩子是我的，我想生下。可是他不同意，说绝对不能生孩子，非要我去做人工流产。他说不想生孩子是怕丢了职位。可是我呢！我什么都没有了，我就想要这个孩子，我有什么错么?！我老是和他闹，我要生。他就开始骂我，还打过我。后来又找了一个他的朋友到我家里来威胁我，说是我如果敲诈他就会给我好看的，让我在深圳住不下去。他非要我去流产。现在这个孩子已经 5 个月多了，我也不上班了。我现在住在一个租的房子里，他完全不管我们，好几个星期不来看我，我已经没有别的生活来源了（说到此处，H 已经哽咽、语无伦次）。

从一开始我就不是自愿的，他开始是性骚扰，我是被迫的。我也知道公司里有人说我坏话，说得很难听。我也管不了那么多了。出了这种事总之都是女孩子不好，这也是没有办法的事。大家都会觉得女孩子是在勾引老板，为了钱，还有房子。我不知道别人是不是这样的，肯定是有这样的人，可是我不是这样的，我没有办法，从一开始就完全是被逼的，他利用权力逼着我接受他的性骚扰，如果我想要在公司继续工作，就不能反抗他。在这里大家都是这样。

我们公司还有别的女孩子也有这种情况，但是她们不说，就没有人知道。我是说出来了，没有说出来的事不知有多少！这里有些事很怪，出现了什么事，有钱人总是有道理的，没有钱的人好像不管你做什么都是为了钱。大家都是拿小人的心去看你，拿钱衡量好坏，好像没有钱的人都是为了钱恨不得卖身。这样一弄，就没有人同情弱者，也没有是非和公道。

我上个月去找过××（社会组织），我告他性骚扰。可他们要我拿出证据。我没有证据，这种事有什么证据吗？他们说没有证据他们也没有办法。可是我该怎么办？我现在就不想那么多了，我非要把孩子生下来，我能生下孩子就一定能养活他。我也不管别人会怎么看我。我不管！

我妈妈还不知道这件事，她要是知道了非得伤心。我不想让家里人知道，我自己的事情我自己处理。我在这里没有什么朋友，只有一个过去的小姐妹跟我很要好，还有就是××姐也对我很好的，她和我是老乡，平时有什么话我也和她说。她们都是支持我的，没有她们的帮助我也坚持不下来。

这件事主要对我的工作影响（挺大的），现在我不工作了，没有收入了。我也不知道以后的生活怎么过。对我的心理没有太大的影响。前一段时间我老是哭，后来他做的绝了我也不哭了，哭也没有用！我现在很坚强。我也在看法律方面的书，不行我就打官司。这个孩子他不能不认。他这么绝，我也不是好欺负的。

听说"那个人"现在处境也不太好。公司里有一票否决制，我们是国有企业。这件事传开了上面也有人管他。听说有纪检找他谈过话了，所以他恨我很厉害。我也不认为我这件事会对别人有什么影响。我那个小姐妹说，说不定以后别人更要听从摆布了，要不都是我这样下场（笑）。

我认为怎样的解决方式好？我认为没有什么好的解决方式！我开始就不愿意，并不是从今天才说的，昨天我给你电话都说过了，他很容易就给我小鞋穿。我们这些打工的来到这里都是为工作，谁不怕丢掉工作？女孩子尤其是这样啦！再找这样的工作很难的啊。我在这个公司辛辛苦苦干了这么多年是一点点提升上来的，我真的不容易啊！我不想就这样没了工作。这样我们就只好忍。这里这样（遭遇）的女孩子很多，是不是都忍了?！我们没有办法，老板就是我们的天，他翻了脸我们就死定了！

我当然希望有专门的机构给我们调解，过去我会什么都不要，只要他向我赔礼道歉就行了。但是现在情况不一样了，我必须要他给我的孩子抚养费，他是孩子的父亲，我一个人养不活这个孩子。我当然不希望打官司了，但是没办法的时候还是要这样的啦。

在这个经历中我最痛苦的是什么？就是我对自己的命运无能为力。一开始也好，现在也好，都是老板想要怎样就怎样，我就是被他摆布。我觉得自己太弱小了，太没有尊严了！过去我一直对我自己很有自信，觉得我只要想做什么都可以做好。现在我不这样想了，很多事情我们是没有办法解决的。我们这样的人太渺小了，太无力了。

H 的同事、朋友，××姐的访谈

我和 H 是老乡，在公司里也是同事。我是搞营销的，和她不是一个部门的。我们来往比较多。H 是一个非常要强的人，她非常不甘心就当一个小职员。这和我不一样，我就这样了，挣点钱能养活自己。将来能养活孩子我就知足了。深圳有很多女孩子都像 H 这样，希望能通过什么方式改变自己的命运。一些有点姿色的女孩子就会想别样的办法，勾引老板啦，或者趁老板骚扰，借机“投怀送抱”啦。希望通过这样的方式实现自己的目标。H 还不是这样的女孩子，可是别的人都这样认为，觉得她长得靓一点，比较有野心，就认为她是勾引老板。

我是比较同情 H 的，一方面是老乡么。而且我在公司里也曾经受到过性骚扰，就是比较轻的那种啦，就是经理喜欢拍拍你，有时候摸一下搂一下啦。你说不出道不出，就是觉得很恶心的样子。

骚扰 H 的那个老板，公司里都知道他是个色狼，好多女孩子都知道，有的人躲着他，也有的人喜欢这样。在这里，好多女孩子觉得被骚扰是一种荣幸，是机遇。

公司里对 H 的说法比较多，特别是办公室的人，说的都比较难听。都说是 H 为了向上爬，不择手段。H 没有大学学历，公司办公室里的另外两个都是大学生。刚来的时候，H 只是干点杂事，什么都不懂，也不会写东西，可是不到一年就提拔她当了办公室副主任，大学生还轮不上。别的人气死了！他们还说，H 能到公司来就是因为跟不知道哪个经理有关系。这个我也不知道了，没有听 H 说过她以前的事。有人说，H 怀孕就是为了要挟老板，就是说希望得到更多的钱吧。我认识 H 多年了，我倒不认为她是这样的人，她是真的想要个孩子，她说自己什么都没有了，就想要个孩子作为精神寄托。我们是国企，企业有一票否决制，老总要是在外面和别的女人有了孩子，上面知道后老总就要被撤职了，所以老总不让她生。可是她真的是想要这个孩子，她说，要是有了这个孩子，她这辈子可以不结婚了，就守着孩子。也有人说她是目的达不到了就告老板的状。这个地方是有点怪，好像没有什么人同情 H，都是同情老板的多。

我对性骚扰有什么看法？我不喜欢这个地方，这里就像一个大染缸。刚来的农村姑娘可能一开始还会注意自己的贞操，还比较淳朴，过两三年后就不是这样了。在这里没有“强奸”这样的概念，如果被强奸后能够得到好处，那也就无所谓了。就是认得钱！我说过了，这里就是一个大染缸！女孩子很欢迎性骚扰，甚至觉得是自己的荣耀。

我们下面有很多企业，性骚扰多的是！怎么会说没有性骚扰呢?！那是胡说八道么！你们来这里做调研，肯定是想听真话，老板动手动脚，摸摸屁股拍拍肩膀的情况在这里很多。这就要看你愿不愿意去告了！

上帝安排了男人和女人，就是让女人处于服从的地位。你就认了吧！我也这样劝说H。如果有野心想向上爬，那也只有爬到男人身上，用男人做台阶。

J的访谈①

J，四川人，23岁，身材中等，苗条，到北京工作6年。刚开始做家政服务员，2004年以后，到餐馆打工做服务员。访问时正在北京一家中档饭馆做领位。

我是家里老四，上面还有一个哥哥，两个姐姐，下面还有一个弟弟。两个姐姐都出嫁了，一个现在在家；还有一个在成都，也是打工。哥哥也结婚了，去年结的婚，现在也在家里还没出来。他过去也是在北京打工。在工厂里干过，也当过送信的，就是送快件的。还有一个弟弟，在成都上大学，今年22岁了。弟弟上大学我们全家都出钱。我爸爸今年64岁，妈妈66岁。老家是苍溪县，很穷，吃饭是没得问题，可是没有钱。我妈妈有病，痛风，走不了什么路，现在腿啊，胳膊啊，关节都变形了，干不了什么农活。我爸爸心脏也不好，家里有十几亩地，他一个人也干不完，包给别人一些。我们小时候家里生活很困难，现在好些了，我们都工作了。我现在每个月都给家里寄些钱回去，姐姐他们结婚以后也给点。哥哥去年结婚花了不少钱，盖房子，摆酒席，给彩礼……我们都出了钱的。哥哥结婚的新房和我爸爸妈妈的房子离得不远。现在家里生活好些了，就是爸爸妈妈两个人生活，弟弟上大学，需要给学费，我们这些哥哥姐姐一直都资助他，家里就一个大学生嘛。他今年也要毕业了。我爸爸说给他盖房，弟弟说不要，他想在成都找工作。

我上过初中，没考上高中。在我们那里我在女孩子里算是文化还可以的。17岁我来北京，那时候刚初中毕业，在家里待了不到半年。我毕业以后没什么事做，闷得很，正好镇上组织到北京做家

① 访谈者唐灿。

政服务，我就报名了。那时候就是想到北京玩玩，什么经验都没有。到了北京以后，正好快过年了，特别缺保姆。我们刚到，就在朝阳区劳动中心，饭还没吃，连坐都没坐稳就让人接走了。我去的那家有个老太太，糖尿病，肾衰了。儿子儿媳两个人上班，还有个上小学的孩子，老太太时刻都需要有人侍候。那家人对我挺好的，我一去工资就给我600，当时那个数新来的是拿不到的。刚到北京的时候，我什么都不会，那家的女的就请了好几天假在家教我做饭啊什么的。在她家干了两年，后来又去了另外一家。

我2004年到餐馆工作。就是想换换环境，老在人家做没什么意思，想到外边闯一闯。（详细职业经历略）

我去的第一家饭馆不太大，是私人的，可是地理位置比较好，生意挺火的。我开始不习惯，在饭馆和在人家里工作不一样，在人家里，你可以挑。就是如果这家人不好，你可以不干，可以走，可是在饭馆就不一样了，每天都要面对不同的客人，有的素质高，有的低，还有好多喝醉了的，闹事，每天都会遇到这样的人，你没有办法，必须面对。我运气比较好，到现在还没有碰到很坏的老板，克扣工资啊，对我们女服务员不规矩啊，这样的老板我还没有遇到过。我已经换过4家饭店了，老板都还不错。当然不是所有的女孩子都有我这样的运气啦。我听说过有的女孩子在饭馆被老板欺负、骚扰这样的事，我们现在一起的一个女孩子就这样过。她在到我们这家酒店以前，在另外一个饭馆，那里的老板就不规矩，对女服务员手脚不干净，老板娘老是跑来闹，女孩子在那里就留不住。

我不知道这种情况在餐饮业是不是普遍，可能有一些吧，听到过一些这样的事。你要是需要我可以给你打听打听。干这个工作的都是年轻女孩子，老板要求长相好点也是很平常的。

客人欺负那是有的。我在几个饭馆里都遇到过，不管是大的还是小的（饭馆）。有些喝醉了酒的客人特别讨厌，拉着服务员的手，还有的搂着腰，说脏话的，还有更厉害的。我以前在另外一个饭馆遇到过这样的事，那个客人喝多了，硬要给我敬酒，我不喝，他拉住我就硬往我嘴里灌，嘴里说好多难听话。那次都晚上10点了，我们老板和别的服务员都来劝，谁劝都不行。后来我们老板就说打电话报警，他也不怕。后来还是旁边一个包厢里的另一个客人过来主持正义，把那个人骂了一顿，说他耍流氓，才把他拉开的。后来警察来了，把那个人带走了，带走的时候他还没醒酒呢。

我现在这家酒店档次高点，客人的素质也高点，但是也有不怎么样的客人。去年5月，有一次有两个男的，包了一个小包厢，在里面吃了好久。我当时还做服务员，管那个包厢，一直给他们服务。那两个人看上去挺像那么回事的，穿着西装带着领带，喝了几瓶酒就不是人了。我后来给他们送菜的时候，有一个人就拉住我的胳膊叫小妹，还说一块吃。我就推开他说，我们有规矩，服务员不能和客人一起吃饭。另外一个人就站起来按住我，把我按在一个椅子上，问我，酒店为什么规矩这么死；还说，叫你小姐可不可以，我挺生气说，叫什么都随你们便。他又两只手掰着我的脸问我，是不是可以提供特殊服务。我当时特别生气，我说，我不是干那行的。我就走了。转身我就告诉领班，他们就派了另外一个男服务员管这个包厢。其实我看那两个人根本就没喝醉，他们就是故意的。这样的事，在饭馆里哪天不发生几回啊！

我们这个酒店里还发生过一件事。就是一个女服务员，她工作的时候跟客人聊天，攀了老乡，就跟人家熟了。后来人家给她一张名片，说多联系，还说有什么事可以找他。她真的就给人家打电话过去，那个人就约她唱歌，她还请假去了。结果那个人带了好几个人，在KTV里面差点把她强奸了。她吓得要死，跑回来，哭了好半天。开始跟谁也不说是怎么回事，后来我们才慢慢知道了。过了一段时间她就回家了。

干我们这行的都知道，对客人千万不能当真，规矩的人不会吃饭的时候找女孩子。好多人对我们这行有误解，以为我们好多人都很轻浮，就对我们非常无礼。所以好多女孩子刚到城市的时候不愿意干这行，觉得危险。我们干这行，什么人都见过，有时候看见有的客人，真的是非常有礼貌，你给他送毛巾他说一声谢谢，上一道菜也说谢谢……一直到结账，人家还说谢谢。这样的客人让你心里特别感动，觉得受尊重的感觉。

最厉害的情况？我遇到的最厉害的情况就是动手动脚了。听别的女服务员说，还有人在饭店里被人把衣服都撕破了。我没见到过这样的情况。

我们这些服务员在一起也经常议论这些事情，就是为了提高警惕，多点心眼儿。我们都知道这种事是性骚扰。这没什么不好意思的。我们也是凭劳动挣钱吃饭，我们希望有法律保护我们。应该在所有饭店的墙上都贴上一条：如果要流氓、性骚扰就送公安局，吓唬吓唬那些人。（笑）

老板对员工受到性骚扰的态度。我遇到的老板基本上都是为员工的，一般都是出来劝，实在不行了就换个服务员。有的时候老板一看客人喝高了，就会主动换上男服务员。其实饭馆里对喝得多的客人都非常注意，就怕他们闹事。这些人闹什么事的都有，有的砸东西，有的打架，还有的又哭又闹……什么都有。我们最怕这样的客人了。我们现在这个酒店，老板交代，如果遇到看着喝高了的客人还要酒，就要想办法不给他们了。反正就是找借口呗，没有了，下班了……就是想办法让他们快点离开。要是闹得厉害了，就报警。

老板教女服务员勾引客人的情况，我没有遇到过，也没怎么听说过。一般的情况下，有的客人对女服务员怎么怎么样，有点不规矩，老板不管，你要说睁一眼闭一眼，那也确实是这样。可是要是闹到厉害了，影响饭馆里的生意了，老板肯定要管。

我到过的饭馆酒店没有对防止性骚扰的特别培训，也没有培训手册。我们现在每天都有领班做训导，也算是培训吧，就是说说应该怎么样给客人提供服务，出现了什么问题怎么处理。里边也有对女服务员的提醒，主要是态度方面的，要端庄大方，客人是上帝啊，还有尽量满足客人的需要，等等。对出现性骚扰这样的问题，没有专门说过。就是有时候出了这样的事以后，领班、老板啦可能会告诉大家，教给女服务员，遇到这样的情况应该怎么样办。就是赶快告诉领班处理。

家政工的一组访谈[①]

案例 1

安徽无为县人，1997 年到北京打工，一直在某科研单位的家属宿舍一带做钟点工。丈夫在家务农，家有三个子女。

前几年吧，有熟人介绍我在一户人家做钟点工。雇主家只有老两口，男的经常趁他老伴不在的时候，对我不太尊重，说些那样的话，还有过动手动脚。我很生气，对他说：你女儿比我还大呢，你怎么还这样？他回我说：我女儿比你大，可是没有小孩，你都有三个小孩了。如果老太太在家，情况就会好一点，不太明显。但是我觉得老太太好像也知道这事，对这个不太在意。这样反反复复好多次，我忍无可忍，就辞去了这家的工作。

这样的情况其他小时工也遇上过。我有一个老乡，人比较年轻，通过保姆公司介绍给一家人做小时工。那家男主人趁家里没有别人时，强迫她在他家洗澡，她不从，两个人就发生冲突，都打起来了。她要走，男雇主不让，还威胁说如果走了就不给工资。这位小时工向服务公司反映情况，说雇主不给钱。可是雇主到了服务公司，倒打一耙，诬赖这个老乡不好好干活，说她不好好干活，我说她几句就怎么怎么了。服务公司最后还是相信了雇主的话。

还有一个小时工的雇主也是老两口。男雇主也经常对她不尊重，老太太在房间里，老头儿就在客厅里对钟点工动手动脚。那个钟点工就大声喊，老太太发现了，出来不骂老头儿，反而骂钟点工，说“我们家可是几代清白”。

---

① 家政工访谈中，案例 2～5 来自艾美玲的“家政工调查”。案例 1 访谈者黄觉。

我觉得遇上这样的事情，雇主家的老太太多半会骂小时工，而不是责怪自己的老伴。尤其刚开始不了解情况的时候更是这样。

小时工们遇上这样的事情怎么办？只能自己忍着呗，不太好意思和同乡说。哪里有地方申诉去呀！一般不会想到通过司法途径解决问题，就算受到严重的侵犯也是如此。我们是外地人，身在异乡，有理也说不清，北京的各种组织和机构肯定更相信本地的雇主，不会相信外地人。

就算是遇到雇主骚扰，我们也不可能像遇到别的事情那样，理直气壮地保护自己的权利，一般人总是觉得这样的事情张扬出去对自己不利。多半都会辞职，辞去雇主家的工作，不去就完了。如果工作是熟人介绍的，顶多向介绍人说明辞职的原因就行了。和“长工”相比，小时工情况还算好的，相对比较自由，遇上麻烦辞职比较简单。

我们不愿声张的原因，主要是害怕别人议论。这样的事情传出去，老乡之间也会有闲言碎语的，传回老家也会惹来麻烦。

在老家，如果男人出门打工，生活不检点，也一样会遭人议论。都会同情这些人的妻子，觉得她们嫁给这样的男人“真是倒了八辈子霉了”。这样的男子就算不提出离婚，对家庭和孩子也照顾不了多少，因为他们挣的那点钱都给嫖娼花掉了。

案例 2

女，34 岁，已婚，初中文化，河南舞钢市人，在北京做家政工十几年。

我照顾一个六个月的小孩，他爷爷是个六十多岁的老头，一只眼睛，我每次干活的时候，他就天天盯着我，盯得我每次看见他我就害怕。我在她们家，好在老太太在身边。如果老太太不在家，我抱着小孩就得跑。特别怕他，快到一个月的时候，我就告诉小孩的妈妈，我不想干了。她问为什么，我还不敢直接告诉她。那时候还没有结婚，就不好意思说。跟他们编了一个理由，说我要回去学那个气功。她送我回公司的时候，那个女的跟我说“你肯定不是学那个去的。”我说“你怎么知道?”她说“你是不是怕那个老头?”我说“你怎么知道?”她说“我也怕”。她也怕，他媳妇都怕，所以我就离开他们家，没有和任何人讲。

以前曾经做过保健，因为不正规就不干了。在宣武门那里有个饭店，晚上我和一个老乡住在那屋，门插不上，我都没睡着那个经理就进屋了。我没理他。睁开眼睛瞧着他，他就往我那床边走。我就问了一句，你现在不睡你干吗呀?他正在掀被子呢，我一说他不敢掀了。他又去掀那女孩的。我们两个在一个屋里嘛，两床被子嘛。我这一说话，他说，没什么，看看你们盖好了没有。第二天我就被炒了。被炒了之后，他说我作风不正，勾引他了。你说这叫什么！后来那个女孩没被炒，他性格和我不一样，她和那个经理好上了，她就留下了。我脾气不好，把他惹翻了，就炒了，还一毛钱都没给。

案例3

女，28岁，在北京做家政工4~5年，未婚，河南人，初中文化。

在北京打工期间，受到不公正待遇是常有的事。老板的呵斥、责骂、扣发工资都遇到过。最严重的是曾受到过两次性骚扰。一次是做服务员期间，一个男性同事的侵犯；另一个是做保姆期间，男雇主——一位大学教授的侮辱。两次事件对自己心理上造成了巨大的伤害，自卑、孤独、无助、怨恨，感觉生活压力大，但自己又无法改变，发泄的方式就是和同乡、朋友诉说。这种性骚扰不只是语言上的，而且有身体上不受欢迎的接触，因为担心反抗会惹怒雇主而失去工作，担心自己被看成惹是生非的异类，也觉得反抗没有什么用，所以一般没有采取什么行动，不知道谁可以真正帮助自己。也听打工的朋友或老乡提起她们所经历的事情，有很多类似的情况，有时候感觉像一场噩梦，但为了在北京生活下去，通常只能忍受，有些打工妹都习惯了，打算在北京赚点钱就回乡结婚了。也听到过有一些打工妹卖淫，自己遭受了侮辱还拉打工的姐妹下水，似乎完全改变了，真的很可怕。

案例 4

女，44 岁，已婚，两个孩子，女儿 22 岁，儿子 20 岁，甘肃人，来北京不到两年。

她所经历的故事如下：

故事一　我服务的雇主家三层房子，一个月才给我 500 元，很累，希望加工资，否则就想走了。女雇主不愿意让我走，给我加工资，但怎么加，说给我找一个临时老公，说一个月给我 50 元，说那么恶心的话，那是欺负人，其实不是她掏，是要我出卖自己的身体，那个男的就是公园里不三不四的人。有一次，那个人欺负我，我就打了他一个耳光，那个人说是有人介绍的，我就找我的女雇主，跪在她面前打自己的耳光，就当是还给他了。

故事二　我在厨房，他老是来厨房打水，问我是不是想老公，想儿子，我回答想，就哭了。他叫我不要想，他抱我，摸我。说晚上陪我睡觉。我住二层，就我一个人。2005 年 7 月的一天晚上，他潜入厨房（我睡觉的地方），我睡着了，感觉不对。他扒下了我的裤子，我被弄醒了，感觉就像老鼠在我身上跑。后来我发现是一个人，他正咬我的乳头，我挣脱了。可是那个人肥的要命，我怎么弄的过他！他强奸了我，我挣扎了很久，我是个女人。我想喊，他威胁我要弄死我，我不想死在那里，我还有儿子。第二天中午他又来了，我说要上诉他，他说本来想晚上来，可是等不了，当时，他家没有别的人了。他把我按倒在床上，我说我要喊，他威胁我，如果我喊，他们家（雇主）就不用我了，我喊救命，他就再也没来欺负过我了。我哭了好几天，都想死，可是想到还有儿子、家人。我饭都吃不下，还病了。真想上诉他，也没有证据，也不知道跟谁说。

故事三 我那个客户，家里8个人吃饭。我抱小孩，等我吃的时候，就没有饭吃了。他们有的是吃的，都不给，我特别饿了，就捡垃圾桶里的剩饭菜吃。我饿，不吃就干不动活儿。他们吃不掉的都不给我吃，时间长了就坏了，扔了。我饿啊，要干活儿啊。不吃饭不行。跟家政公司说了，也没有用。

案例5

女，38岁，已婚，有一男孩17岁，四川广元人，小学5年级文化，在北京做家政工2年。

我做工的家庭，老头70多岁了。他有那个意思，我没有那个意思。他动手动脚的，想摸，我就打他手，我说他一个老人也不知道丑。做了半年那家，有好几次。我想臭骂他，又怕老太太听到不好，结果那个老太太还真的怀疑我了。我就没在这家做了，走了，就因为这个。我知道这事不好，你说说出去多不好听啊？

我的一个侄女，给一个老头干活。那个老头有点不正常似的，就是说要求她在一个床上睡，她要不睡，那老头就不干。她要睡沙发上吧，就打她骂她，非要睡一个床上。她给我讲，我说要是我早就不干了，干什么啊？她不可能和别的人说，告诉了家政公司，没有效果。说是别跟别人瞎讲，再说对她也没什么好处，本身也不好听。

西安童女士的律师访谈①

【童女士是中国第一例性骚扰诉讼案的原告。因为种种原因，我们无法采访到她本人，但是就她的案例访问了她的代理律师马强，对诉讼经过，以及律师的看法进行了访谈。】

问：你是怎么成为原告代理人的？提出诉讼采取的方式是什么？是否寻求过法律之外的帮助，效果如何？

---

① 童女士律师的访谈者为薛宁兰。

答：这个案件是律师事务所带我的老师介绍的。是他朋友的朋友介绍过来的。因为这个案件比较小，就让我来做。我给童女士做了咨询。刚开始，我觉得这个事情比较难缠，说不清楚到底该怎么做。我建议童女士干脆就别那个了（指起诉），就是希望他别再迫害你，我就给被告打电话说一说。当时我就给被告打了电话，他说“哪有这事？”我还发了一个律师函。她到我们这里来是一个人来的。她丈夫知道她这些事，他在政府部门工作，支持她起诉，但是他担心打不赢怎么办？我们取证时，她丈夫开着车拉着我们，要到哪里就到哪里，是非常支持的。他着急啊，压力很大。后来一审驳回起诉，我估计她丈夫撑不住了，有的案子一看上诉就有希望，这个案子上诉（赢的希望不大），它是（事实）认定方面的问题，不是法律上的问题。

这个案子立案时，一开始，我们脑子里根本没有性骚扰这个概念，但知道这是性骚扰。认为是侵犯人格尊严，按照民法通则规定立案还费了一番周折，莲湖区人民法院说：“你这是个啥嘛？不行，不行。”就给她退回来了。我拿出一本民事诉讼法的书，告诉她什么样的案子可以立案。有明确的被告和明确的诉讼请求，还要给你（指法院）缴费，为什么不给立案？她拿着那本书去找法院，还是不给立案，我就让她找院长。我没有去，不知道她找的是哪个院长。我告诉她，如果还不予受理，就让法院做出不予受理的裁定书，我们可以向中院上诉。后来，还是立案了。立案有波折，但还是比较顺利，两次就成了。没有找其他关系也没有托人。

她给我讲她的遭遇，是两个方面的。一方面，对方老是骚扰她；另一方面，是在工作上刁难她，实际上她的文化程度也不低，大学本科文凭。让她开电梯，把她气得不行。还有，她们装私人物品的柜子，大家经常丢钥匙后，就把锁撬开，取出东西，再换一个锁。她一撬锁，就罚她的款，把她气得不行。说她破坏了公司财产，成天就这样子地整她。再一个就是她请假，都请完了，过去的事了，又翻出来，说你原来的那个假条有问题，经常整她，故意地整她。

问：请你将诉讼中收集到的证据的情况，做一个介绍。

答：证据，核心的一个证据，是她一个同事，马上要退休的老先生提供的。一个是，他非常了解总经理的为人，也对他不满，看不太惯；再一个是，他曾经碰到过。总经理办公室是一个套间，外头是一个大厅，放了一圈沙发，里头是办公桌。他曾经在外间听见过。因为，那段时间童是总经理的机要秘书。他在找总经理的时候，在外间听见她说"你不要这样子"。这一般人都知道是怎么回事了。然后，他就出来了，看见童非常尴尬地从屋里出来了。他是个干部，在总经理办公室隔壁办公。他快退休了，让他作证还做了好多工作，要不然他不会作证的。

我印象很深的是，在打官司期间，有人不停地写各种各样的诬告信，写给她丈夫的单位，还有其他单位的。这不算是证据，反正我都交给法院了。说什么的都有，都是些乱七八糟的东西，后来这些信从她丈夫单位反馈回来了，我们就交给法院。我觉得这些信不能证明案情，作为一个情况反映，能证明在这个过程中有案外因素，给当事人制造压力，逼着她撤诉。还有人到她家给她父母做工作，让她撤诉。这些不能证明我们的诉讼请求，但是可以作为一个情况说明。

还有一个证据，她（把受骚扰的事）给她姐说过。她姐写了一些证词，其实都是太外围的了。开庭的时候，他们都没有作为证人出庭。如果对方申请他们出庭的话，法院可以安排，但是，没有见到对方申请。我估计，当时证人也不愿意去，尤其是那个老先生。而且，当时的证据规则不像现在，很不规范。不过证人证言对方如果不认可，可以要求当庭质证。

在她起诉之前，她丈夫曾经让人给总经理说她工作的事，主要是（想搞清楚）工作上到底是咋回事，是不是我把你得罪了？但没有起到什么作用。总经理没有什么反应。

证据还有，她看病的假条，大家都签过字了，过了好一阵子了，然后说有问题，要罚她款，是总经理让罚的款。那些证据都是证言。我们诉的是（侵犯）人格尊严，但当时，法律上没有这些规定（指性骚扰）。后来，是报纸上把这个词放到上头了。先是《华商报》，后是中央电视台。《华商报》上是不是用这个词，我记不清楚了，我有这个剪报，扫描到电脑上给你发过去。（注：访者之后到莲湖区人民法院查阅该案卷宗，发现《华商报》关于该案报道的复印件，标题是“西安一女士状告领导性骚扰”。）

我当时担心的是时效问题。因为，这是个民事诉讼，那个老先生作证的内容发生在 1997 年，时间比较早，按《民法通则》规定，一般诉讼时效是两年。我当时最担心的是人家说这都是两年以前的事。其他证据都是鸡毛蒜皮的事，在工作中出现的问题，与人格尊严联系不上，法院是不受理的。但是对方没有提到时效问题。

问：你认为工作中的性骚扰侵害的客体是什么？

答：如果我现在遇到这种案子，还是挺为难的。如果走劳动仲裁，还是过不了关。劳动仲裁，你诉他啥呀？劳动仲裁首先一个，对象是单位，是雇主和雇员之间的关系。不是说让你加班了不给付工资，这是典型的劳动仲裁，这个案子诉什么说不清楚。

工作场所的性骚扰，对人格尊严、就业权的侵犯整个是捆绑在一起的，连同它的后果。是一个总的概念，都包括在性骚扰概念中了，通过工作中刁难呀，威胁来达到目的。当然，这个前提是要有性骚扰这个概念。

问：现在再有这样的案子，你还会代理吗？

答：我说不来。像这样的案子，如果有轰动效应，可能会好一点。如果我提前知道有轰动效应，我有可能会代理。但是，现在如果这样子的标的，我肯定不会代理。现在，这样标的比较低的案子，我会介绍给所里别的人。这个案子我当时是帮忙的，只给了我 500 块钱的交通费。这个案子就没有什么标的。当时提了赔偿精神损失 2 万（注：案卷中原告诉状中要求 3 万）。这个主要为了应付法院，加重请求的分量。当时根本没有想着赔偿，只是要赔礼道歉。有些事情比较复杂，但标的很小；有的事情很简单，像银行贷款，但标的大，一打就赢。这个案子2万元标的，也只收几百元代理费。普通的民事诉讼，如离婚、继承，都是交给新出道的人做。

问：就你办案的经验，你认为把性骚扰定义为是一种精神伤害，是否恰当，应该被如何定义；受害者应该从那些途径获得救济？

答：我认为，（性骚扰对当事人的损害）主要还是精神上的。我国的惯例，对精神损害，大部分是不支持的，一分钱都不给。我代理的案子中要求精神损害赔偿的没有一个成功的。法院审案子是有板有眼的，如果你要求赔2万，它会要求你证明为什么是2万，而不是5万，或1万8？如何量化？所以，要求精神损害赔偿都是不抱希望的，主要是为了加重分量。我都是劝当事人"算了，少交点诉讼费。"比如，要求返还1万元，赔精神损害500万，诉讼费就要几万元，如果要求赔精神损害1万，诉讼费也就几十块钱。

问：请你谈谈妇女法在性骚扰问题上还需要做出哪些调整或修改？

答：妇女法增加第四十条的好处是，终于有性骚扰这个法律概念了，这是一个突破。但是，就和我刚才说的人格尊严是一样，这一条还是比较原则。到底什么是性骚扰，还是没有规定到，应该是有一个比较细的东西。我认为，这是一个非常复杂的概念，我没有水平把这个概念阐述出来，不管是用哪种方法。性骚扰的构成上，是应该有后果的。但是，不同人的感受是不一样的。同样的一个行为，对一些人是非常轻松的，对另一些人是不能接受的。把这个概念表达出来，还是比较困难的。

手机短信，是认定性骚扰的有力证据，但是，童女士这个案子没有，那时，手机没有短信这个功能，很少有。

问：对被告单位，你有多少了解？

答：是陕西省新华书店，一个大的国有企业，其实，不是大，而是效益好，全国中小学教材都是那里经销。童女士现在做什么，我不太知道。原来那个总经理，不是光对她这样，对好多人都这样。她就是比较硬气一些。好多人都是忍气吞声，从了。（诉讼中我们）不可能让其他受骚扰的同事出来作证，一点可能都没有。所以，只能是让老一点的同事出来作证。

这个单位是一个非常正规的单位，制度肯定是有，但是与性骚扰有关的规章制度肯定没有，这是我的一个推测。现在，外资企业有可能有，内资企业不可能有，本来大家经常什么怪玩笑都开，如果那样子规定，是不是很奇怪？是不是针对谁的？其实，有些玩笑是正常的，很多女的也能接受。女的能不能接受和人（对方是谁）也有关系，这个人说了，会接受，那个人说了，就可能不接受。

问：最后请谈谈对法官运用法律的看法。

答：凭良心说，我觉得，当时收集到的证据完全可以证明这个事实的存在。法律没有问题，法官也不是能力的问题，主要是胆子不够大。法官要创造法律，咱们的法官老害怕办错案。当时媒体都非常关注，（法官）就是胆子太小了，没有魄力。看了判决书你会明显感觉到这个事情是存在的，但是证据不行。一个不明就里的人一看，会说“噢，对，这个人确实是受骚扰了，就是证据不行，官司没打赢。”法官原话是说，证据不够直接。

当时，判决书是我去领的。我（代理人）去领，法官问“上不上诉?”我说，“我回去跟她商量”，因为，上诉期是 15 天。

后来，她还是决定上诉。胜败应该都是在预期之内的，不过，这个结果她还是有些接受不了，她还是希望胜诉。为举证，我们下了很大工夫，挺难的，所以，还是希望能胜诉。上诉是她自己的决定。当时很多人，什么人都有，有记者，有西北政法的老师、律师朋友给我、给她打电话，坚决支持上诉。还有人写信给我要我转交给她，鼓励她往上走。中央电视台来西安采访的时候，这个案子还没有审。那时，她也不愿意接受采访，大家给她做工作，说，“这对法院判决有好处，能给法院点压力。”后来，她把上诉状交给中院，后来又撤了回来，还没有交上诉费嘛，所以二审没有立案。

专题三

关于性骚扰的女性主义理论与行动

唐 灿　黄 觉

追溯性骚扰的立法过程，以及当今主流话语关于性骚扰的观念转变，女性主义理论家以及女性主义运动在其中的杰出贡献居功至伟。女性主义对于性骚扰的观念意识形态转变和司法过程的推动与贡献，主要通过这样几个方面的努力：命名、政治化和开展维权活动，直接为受害妇女提供帮助。以下便对女性主义理论和女性主义运动在推动性骚扰立法和公众关于性骚扰的意识转变方面的努力分别加以介绍。

一、性骚扰的命名和定义

女性主义关于性骚扰研究的主要贡献之一是将性骚扰行为命名化，并对其实质加以定义。在“性骚扰”这个名词出现之前，在公共意识中，性骚扰仿佛并不存在。因为此前无论在法律还是社会生活中，还没有一个名词用以指代性骚扰这种现象。

1974年，在卡米塔·伍德（Carmita Wood）一案中，女性主义组织首次提出了性骚扰这个名词（见“美国性骚扰案例”）。性骚扰的命名使得公众第一次开始关注“性骚扰”事件。在这之后，康奈尔大学的女性主义活动者出资举办倾谈会（Speak - out），请妇女们讲述自己在工作中遭受性骚扰的经历。她们吃惊地发现，在这个名词的蒐集之下，原来很多人都有相同的痛苦经历。这些活动者因此开始设计并开展了第一个明确、公开的性骚扰调查。

1978 年，女权主义学者林·法雷（Lin Farley）出版了《性勒索：妇女在工作中遭遇的性骚扰》（*Sexual Shakedown*：*The Sexual Harassment of Women on the Job*）一书。在书中她对性骚扰的定义是："是一种未经授权的、不受欢迎的男性行为，这种行为把女性的性角色置于她作为职业人的功能之上"（Farley，1978，转引自 MacKinnon，C. A. and Siegel，2004：14 – 15）。她指出，对于大多数工作中的女性而言，性骚扰是一个普遍经历的现象。有些人为了维护自己的尊严不得不辞去自己需要的工作。从 20 世纪 60 年代末到 20 世纪 70 年代，大量的女性涌入劳动市场，使得这一问题尤为迫切。她还认为，性骚扰反映了一种社会秩序，它根据男女之间的经济依赖确定他们之间的性关系。在这种秩序中，婚姻和市场强化了女人作为一个阶层在社会上的从属地位（MacKinnon，C. A. and Siegel，R. B.，2004）。

1979 年，美国激进的女性主义者麦金农（C. A. MacKinnon）出版了她那本著名的关于性骚扰的理论专著《职业妇女的性骚扰》（*Sexual Harassment of Working Women*）。同法雷一样，麦金农也将妇女遭受的性骚扰置于更大的两性关系的政治经济环境中进行分析，认为性骚扰是普遍而又长期被忽视的问题，与男性控制女性的工作有关，女性为了求得生存不得不接受强迫性的性关系。对妇女的性骚扰，其反映的是男女在地位上的不平等。她认为，现有法律都没有真正触及这个决定女性社会地位的关键因素。麦金农第一次在法律上把性骚扰定义为一种性别歧视，就此为性骚扰提供了一个法律框架。她给那些致力于改善女性工作环境的女性主义者们提供了一个建议，以诉讼的方式来实现她们的平等目标。她认为事实上，女性主义者们推进性骚扰议题的法律先例和法律机制已经存在，有 1964 年《民权法案》第 703 项第 7 条（以下简称"第 7 条"）规定，还有 1972 年的《教育修正法案》第 9 条。这些都给性别歧视提供了支持性的法律依据（MacKinnon，1979）。在麦金农看来，必须承认性骚扰是违法的，只有这样才能使妇女获得经济平等和性上的自主。此书发表后，性骚扰成为女性主义者的一项重要议题。

麦金农：1968 年拿到学士学位，1977 年耶鲁法学院硕士毕业，1987 年耶鲁政治学博士毕业。麦金农是美国性骚扰理论的开拓者，有人甚至认为在她之后，“所有关于性骚扰的文字都不过是对麦金农的注释”（Margaret Crouch，转引自 Cochran III：49）。麦金农从社会等级的角度看待性骚扰，认为男性对女性的性骚扰反映了男性试图在社会的各方面维持其权力和特权的努力。她将性骚扰定义为“在不平等权力关系下强加于人的性要求。其核心是使用源自某一社会领域的权力，在另一社会领域中获得好处，或强行剥夺他人权利”（MacKinnon，1979）。她指出，性骚扰左右开弓，对妇女的社会地位造成双重伤害，一方面“利用妇女的就业地位对其采取性胁迫，另一方面利用其性地位对其采取经济胁迫”（MacKinnon，转引自 Cochran III：49）。麦金农也是最早对性骚扰行为进行分类的人，她将性骚扰行为归纳为“性交换”与“恶劣环境”两大类。她关于性骚扰的分类，关于“恶劣的工作环境”性骚扰的观点，在 1982 年被美国的司法系统在汉森诉邓迪市一案中接纳，巡回上诉法庭并进一步发展制定了判断恶劣环境性骚扰的 5 条标准（参见专题五　美国重要性骚扰案例）。

20 世纪 70 年代，美国的女性主义律师、理论家和活动家为了让法律承认性骚扰是“基于性的歧视”，做出了不懈努力。但直到 1986 年，美国最高法院才真正采纳了麦金农等人的观点，将性骚扰定义为一种性别歧视。

什么是性骚扰？在很长的一段时间里，在所有相关的诉讼案件中，在女性主义理论家和司法系统、公司政策中，关于到底什么是性骚扰，事实上一直没有一个特别明确的概念。工作场合的骚扰通常被定义为以下两种：（1）是一种交换物，用与性有关的行为来直接交换职业上的成就或者规避职业上的损失；（2）是一种女性被威胁或者被剥夺权利的恶劣的工作环境。

交换物是一种普遍被理解的性骚扰的形式，即女性（或男性）通过给予与性有关的行为来保全工作或者得到其他工作上的福利。然而作为一种微妙的性骚扰形式——“恶劣的工作环境”却引起很多的困惑不解，什么是“恶劣的工作环境”？该术语是麦金农在20世纪70年代创造的。这一概念在1986年之后，成为美国社会意识形态的一部分。美国最高法院在梅里特储蓄银行诉文森案的裁决中，将麦金农关于“恶劣的工作环境”的观点进一步完整化，指出：“就本案控诉而言，《指南》指出，‘不恰当的性举动如果主观上（purpose）或客观上（effect）对个人工作表现造成了无理干预，或者导致了威胁、敌意或冒犯的工作环境，该行为就构成了本《指南》所禁止的‘性骚扰’”。裁决还认为：（1）性骚扰投诉不一定建立在遭受经济损失或其他工作福利损失的基础上；（2）对性骚扰的认定也不能取决于受骚扰方是否接受了骚扰方的要求。

在具体运用上，1991年美国地区法院在裁定艾莉森诉布拉迪一案时，否定了在衡量性骚扰时通常采用的“正常人”的标准，因为“不带性别色彩的正常人标准”通常是建立在男性偏见之上的，没有考虑女性的经历和感受。法院替而代之的是采用了“正常女性”标准，用女性的主观感受作为判定是否冒犯或者性骚扰的准则。

二、性骚扰的政治化

从性骚扰和反性骚扰的历史来看，20世纪70年代是一个相对较短的时期。但是，这个时期代表着公众和法律对性骚扰认识的一个巨大转折。女性主义理论家们通过对性骚扰的重新解说，不仅在方法论上完成了从道德主义方法（moralist approach）向平等主义方法（equality approach）的转变，并且由此将性骚扰政治化，成功地将反性骚扰的一些基本概念、理论和政策纳入美国主流的意识形态，成为美国司法制度和政治正确性的组成部分。

麦金农曾评论过道德主义和平等主义这两种不同的解释方法：传统的方法把道德而不是平等放在核心的地位。在传统的框架里，如果说到性骚扰，总会涉及道德法则和人的私生活。这种方法认为，性骚扰属于个人行为，所涉及的是个人品德的好与坏这种道德范畴，与政治和其他公领域的概念和法则无关。但是法律提供了一种新的答案，性骚扰是性歧视，也就是说它是以性别为基础的不平等的行为。道德是用对或错的标准来判断人们的行为，平等则是看社会中各个人群的相对地位和权利，价值判断的标准平等与否，而不是人的做派、体面、宗教、风俗等等……（MacKinnon，2004：274－277）。

把性骚扰的本质从道德引向社会和性别不平等，这在对社会不平等非常敏感的美国社会，完成了使其政治化的过程，这很大程度上要归功于麦金农等激进的女性主义的努力。

第二次世界大战后，随着妇女参与劳动的比例逐步提高，性别歧视和性骚扰问题变得越来越突出。伴随着20世纪60年代黑人民权运动和学生的反战运动，妇女运动也出现了一个新高潮，即所谓第二波妇女运动。这一波妇女运动虽然有着平等、解放的统一目标，但对这一目标的理解及达到目标的道路却不尽相同。自由主义的女性主义（liberal feminism）强调个人选择和平等权利及待遇，他们并不质疑现存社会结构，而是主张妇女加入这一结构，与男性取得同等地位。社会主义的女性主义（socialism feminism）尽管对资本主义提出了尖锐批评，但仍然强调妇女在经济上的不平等地位，实际上强化了自由主义女性主义通过进入劳动力市场获得平等的道路。激进的女权主义则将重点放在父权社会造成的结构性不平等之上，提出“个人的就是政治的”口号，强调男女在各方面，“在家庭和卧室，以及职场和会议室”（Cochran III，2004：44）的权力不对等。各派女性主义观点的差异，同样反映在对性骚扰的性质、起因和对策的理解中。

自由主义女性主义从个人主义的角度出发，强调性骚扰的原因是性别定见、偏见和个人不轨行为的产物，她们认为这些不平等只是一个错误，让社会认识到，纠正就行了。因而她们提出了以教育和法律为主的对策；社会主义和激进的女性主义则强调结构性不平等，特别是权力差异，强调男性对女性的控制，因此他们认为必须从根本上改变现有的文化和社会结构，才能解决性骚扰问题（Cochran III，2004：43 - 44）。法雷首先对性骚扰赋予了“微观政治”的色彩，她说，在“父权制”的“微观政治”框架里，性骚扰行为能够得到完善的理解（参见 MacKinnon，C. A. and Siegel，R. B.，2004）。麦金农则评论说，不管是左派还是右派，传统的性道德可能都谴责滥用权力，但是都不批评权力的存在和权力的不平等分布。私人领域中的不平等权力总是受到保护，总是有人反对平等法进入私人领域，而这恰恰是性和性不平等发生的地方（MacKinnon，2004：276 - 277）。麦金农和激进的女性主义显然比自由主义的女性主义更为激烈和更具颠覆性，她们的理论视角导致了她们所主张的行动方式，这就是诉讼，通过积极反抗的形式来改变男性主导的话语，改变性别间不平等的社会制度和文化结构。麦金农等激进的女性主义者确实对美国的法律和社会制度产生了巨大的影响，她们的观点先后被各个派别的女性主义者，也被美国的司法界所接受，直至发展成为美国社会的一整套反性骚扰的法律和规章制度，成为美国的主流意识形态，也在其后影响到了大西洋彼岸的欧洲。

三、女性主义运动推动司法进程的实践和努力

性骚扰一直是美国20世纪70年代活跃的妇女运动和民权运动的主题之一。在20世纪70年代以后，在援助受害妇女、推动司法进程方面，女性主义者主要开展了以下的活动和努力。

1. 建立妇女组织，开展维护妇女权益的活动

1964年《民权法案》第7条通过之后，政府并没有做进一步的努力，督促和监督反就业性别歧视条款的执行，第7条有成为一纸空文之嫌。为了应对这一状况，1966年，一些妇女成立了全国妇女组织（National Organization for Women，NOW），试图细化和扩大“就业中的性别歧视”的含义，维护职场妇女的利益和尊严。

女性主义者采取了“提高意识小组”（consciousness - raising groups）的办法，将妇女组织起来，向她们提供倾诉的平台。“提高意识小组”风行一时。当时影响较大的有：红袜子（Redstockings）、16号房（Cell 16）、女性主义者（Feminists）、康巴西河集体（The Combahee River Collective）、纽约激进妇女（New York Radical Women）等（Baker，2008：13）。这些组织发表宣言，出版通讯，创作音乐和艺术，开办妇女书店、妇女救助中心，用各种方法表达和宣传妇女权利。在高涨的运动中，越来越多的妇女逐渐意识到自身的经济机会和身体自决权利，反性骚扰运动有了良好的基础（Baker，2008，13 - 14）。

1974年，年轻的女性主义者林·法雷（Lin Farley）尝试将提高意识小组与康奈尔大学关于妇女和工作的课程结合起来。1975年，在康奈尔大学人事项目（Human Affairs Program）的支持下，工作妇女联合会（Working Women United，WWU）应运而生。康奈尔大学一位因不堪忍受性骚扰而失去工作的职员，卡米塔·伍德，在申请失业保险的过程中得到了法雷和劳动妇女联合会的帮助。

"性骚扰"这一概念也产生于这一过程。尽管伍德最终没有得到失业保险，但这次努力使公众第一次开始关注"性骚扰"事件。康奈尔大学的女性主义活动者出资举办倾谈会（Speak - out），请妇女们讲述自己在工作中遭受性骚扰的经历，她们吃惊地发现，原来很多人都有相同的痛苦经历。这些活动者还设计并开展了第一个明确、公开的性骚扰调查。

1977 年，三位女性主义者在波士顿成立了反对性胁迫联盟（Alliance Against Sexual Coercion, AASC）。WWU 和 AASC 从此成为美国最积极的反性骚扰妇女组织。

1978 年密歇根州劳工部的"妇女与工作"办公室和密歇根大学劳动与工业关系研究所召集劳工组织、学术机构、政府部门和妇女组织的代表开了一次会，讨论职场和教育中的性骚扰问题。会后成立了密歇根职场性骚扰特别工作小组。工作小组编纂了《工作中的性骚扰》宣传册，广泛散发。在工作小组的努力下，密歇根州成为全美国第一个在州立法中包含反性骚扰内容的州。

2. 直接为受害妇女提供帮助和法律援助

在早期的性骚扰诉讼中，女性主义律师曾为提起诉讼的妇女提供了巨大的帮助。早在 1970 年 1 月 31 日，女性主义组织"女性平等行动联合会"（Women's Equity Action League）就向劳动部对美国所有大学和学院提出了集体投诉（class - action complaint）。原告起诉说这些学术机构存在对女性员工的性歧视。在接下来的几年内，通过一系列统一规划的运动，成百上千的类似原告起诉某些具体的学校机构，声称他们从对女学生的入学批准程序到给女教授的低工资等种种方面反映出了对女性的歧视。

1975 年科恩诉博时洛姆公司性骚扰一案，科恩（Corne）曾求助于女性主义律师希瑟·西格乌斯（Heather Sigworth），并在诉讼期间得到就业机会平等委员会的大力支持。委员会于 1975 年 1 月 17 日向法庭提交了一份义正词严的摘要。这是该委员会首次出面支持性骚扰案。

1976 年威廉姆斯诉萨克斯比一案，威廉姆斯在诉讼期间得到华盛顿黑人妇女组织（Organization of Black Women，OBAW）的声援。该组织向法庭递交了支持威廉姆斯的“法庭之友”意见，并在报纸上撰文揭露黑人妇女的弱势状况（Baker，2008：19）。1979 年初春，该组织还号召华盛顿的工作妇女站出来揭露工作中的性骚扰现象，有几位妇女提出了性骚扰投诉。当时的华盛顿市长马里昂·巴利（Marion Barry）成立了一个性骚扰特别小组（Sexual Harassment Task Force），归在华盛顿妇女委员会之下。特别小组举行会议和论坛，提高性骚扰意识，开展广泛的调查，记录性骚扰案例，并提出解决问题的方案。

1976 年 9 月 30 日，纽约市电话局的付费笑话节目发布了一条当时典型的办公室秘书黄段子。“办公室女员工”的纽约分会上门抗议，结果付费笑话节目中不得不彻底取消了和秘书相关的黄段子（Cochran III，2004：45 - 47）。

1977 年汤姆金诉公用电气公司案中，汤姆金（Tomkins）则求助于女性主义律师那丁·陶波（Nadine Taub）。陶波是纽沃克（Newark）拉特格斯（Rutgers）法律学校教授，并且是该校妇女权利诉讼诊所主任。早期性骚扰案中其他几位原告的律师，或为民权律师（“巴恩斯诉考斯托”案中巴恩斯的律师 Warwick R. Furr II，“威廉姆斯诉萨克斯比”案中威廉姆斯的律师 Michael Hausfeld），或为就业歧视律师（“米勒诉美利坚银行”案中米勒的律师 Stuart Wein）。与之相对的被告律师则处于明显强势，不是政府律师就是出自著名大律师事务所（Baker，2008，18）。虽然汤姆金案经历了种种挫折，但巡回上诉法庭最终认定了性骚扰行为的发生（参见专题五　美国重要性骚扰案例）。

麦金农参与的有关性骚扰的案件中，包括亚历山大诉耶鲁大学案件。在此案件中，她提出了在教育界的性骚扰违反了 1972 年的《教育修正案》第 9 条的看法。1977 年 6 月，4 名女学生和 1 名男助教，在美国康涅狄克地区法院对耶鲁大学起诉，说有好几个教员有性侵犯行为。程度从流氓语言到强迫的性交。此后，5 名耶鲁大学学生就性骚扰一案被判败诉又提出上诉，认为大学违反了 1972 年《教育修正案》的第 9 条 1681 款。他们认为，根据这一条款，耶鲁应该制定处理性问题的特别程序。但是大学管理人员认为建立一个性骚扰委员会是完全没有必要的事。法庭驳回 5 人起诉，未立案，理由是没有可提供给法庭的证据。但是最后只有 Price（交易分数）的起诉被受理，这是这类案件中的第一例。

1986 年梅里特储蓄银行诉文森案，大部分陈述书出自妇女组织。妇女组织毫不含糊地站在文森一边。妇女司法辩护基金会（Women's Legal Defense Fund）率领 18 个维权组织，纽约工作妇女学院（Working Women's Institute WWI）率领西北地区的 14 个妇女权利组织声援原告。纽约女律师协会（Women ' s Bar Association）在"法庭之友"陈述书中指出，"性骚扰实质性地阻碍了妇女获得平等就业的机会"，认为不论从实际角度还是从法律角度，管理人员所行使的是雇主的权力，因而雇主应对所辖范围内的性骚扰事件负责（Cochran III, 2004：101）。29 位国会议员（6 位共和党人和 23 为民主党人）和加利福尼亚、康涅狄格等 18 个州也分别提交了"法庭之友"陈述书，支持雇主对性骚扰事件承担责任。18 个州的陈述书的作者中，不乏美国政坛的重量级人物，如明尼苏达州总检察长休伯特·汉弗雷第三（Hubert Humphrey III）、康涅狄格州总检察长约瑟夫·利伯曼（Joseph Lieberman）等等。

在文森一案之前，女性提起性骚扰诉讼多半困难重重，罕见有胜诉者。但是女性主义者们并没有气馁，她们通过各种方式声援受害者，积极主张建立反性骚扰的制度形式。对女性主义者的这些司法实践和社会行动，最为一锤定音的评论，出自凯瑟琳·麦金农笔下。她在 2002 年的一篇文章中写道："妇女的痛苦冲破公众的沉默，她们公开宣称性侮辱是对其平等权利的剥夺，奋起抵抗，而社会运动演变为制度变革，制度变革又引发更多的社会运动"（转引自 Cochran III，2004：193）。1991 年年底，麦金农应邀担任威廉姆·史密斯（William Kennedy Smith）强奸案的评论员。她利用这一机会重申自己的观点：强奸是男性社会迫使女性就范的手段，因此与阻止黑人行使宪法权利的私刑没有什么区别。

3. 对性骚扰开展深入调查和研究

20 世纪 80 年代，学者、律师取代 AASC、WWI 等妇女组织，成为反对性骚扰的主力，反性骚扰的运动就此进入水平更高和更深入的阶段。这些律师、学者们主要是从学理和法律上下工夫，关于性骚扰的文献在 1986 年最高法庭对梅里特储蓄银行诉文森案作出判决后，达到了一个高潮。这些文献所侧重的当然是学术和法律，其视角之宽，远非 20 世纪 70 年代的文献所能企及。关于性骚扰的调查和研究不限于女性主义者，社会科学界也参与进来。20 世纪 80 年代关于性骚扰的社会科学研究主要集中在两个方面：性骚扰的普遍性，人们对性骚扰的感知和态度。1980 年，《哈佛商业评论》和《红皮书》联合对前者的 7000 名订户做了调查。大多数答卷者对何为性骚扰有一致的看法，但是对性骚扰的发生频率女性比男性有更多的认知。1981 年，《首都大学法律评论》（*Capital University Law Review*）做了一期性骚扰专辑。随后，《社会问题学刊》（*Journal of Social Issue*）和《全国妇女主任、管理者和顾问协会会刊》（*Journal of the National Association for Women Deans, Administrators, and Counselors*）也分别于 1982 年冬季和 1983 年冬季出版了性骚扰专辑。

1985 年，社会科学家芭芭拉·顾泰克（Barbara Gutek）将自己的一项研究扩展为专著——《性与职场》（*Sex and Workplace*）。书中指出，调查发现 53% 的妇女至少有过一次被骚扰的经历，她还发现女性和男性对性骚扰的感受不同，女性比男性更容易将职场性行为称作骚扰。在另一项研究中，顾泰克和英格尔·詹森（Inger Jensen）发现持传统观念的女性比用女性主义界定性别角色的女性更容易遭受性骚扰。因此她们提出，“只有改变人们普遍的性角色观念，才能真正改变人们对性骚扰受害者的态度”（Baker, 2008：159）。1987 年，业绩制保护委员会（Merit Systems Protection Board）进行了第二次大型调查，发现性骚扰发生率与 1981 年相比没有太大变化。1988 年，军队中开展的一项大型调查揭示了军队中性骚扰泛滥。

20 世纪 80 年代末，有学者指出了性骚扰研究的缺陷：概念不够明晰、具体，研究方法差异很大。同时有人提议性骚扰研究应该开拓新领域，如培训干预的有效性和组织应对模式。此时，出现了对受害者反应、应对行为、性骚扰对受害者的打击和影响等方面的研究。

4. 通过大众媒体，提高全社会反性骚扰的意识

1975 年 8 月，WWU 开始发行其第一份通讯——《工作中的痛苦》（Labor Pains），帮助妇女应对中作中的问题和困难，鼓励妇女参加 WWU 的活动，各抒己见。WWU 的活动引起了媒体的关注。《工作中的痛苦》第一期出版前后，《纽约时报》刊登了艾尼德·奈米（Enide Nemy）的文章，并为全美数家大报转载。文章对性骚扰进行了严肃、翔实、全面的探讨，在美国妇女中产生了热烈反响。1976 年 1 月，《华尔街日报》（Wall Street Journal）刊登了玛丽·布莱拉夫（Mary Bralove）的文章，讲述性骚扰受害者的遭遇，并讨论了相关法律和规章。同月，妇女杂志《红皮书》（*Redbook*）在读者中做了一次性骚扰调查，9000 余名参与调查的读者中，90% 以上的人称自己曾在工作中至少遭遇过一次不受欢迎的性关注。这一年，莱蒂·柯琴·博格莱宾（Letty Cottin Pogrebin）在一本发行量非常大的刊物《淑女之家》（*Ladies' Home Journal*）上发文，文中使用了“性骚扰”这一概念，使得这一概念得以广泛传播。

1977 年《女士杂志》（Ms Magazine）举办了一次性骚扰倾谈会，并发表封面报道。

1977年密歇根州曼弗尔德诉詹姆斯·T. 巴恩斯和公司（Munford v. James T. Barnes and Co.）案在媒体广泛报道，此案当事人应邀参加了电视和广播的谈话节目，因而广为人知。最终导致1980年该州广泛禁止性骚扰（Baker, 2008：126）。20世纪70年代末，几乎所有妇女杂志都刊登文章讨论性骚扰问题。威廉姆斯案、邦迪案等性骚扰案例被媒体广泛报道。这些报道引起了埃尔·路易斯·李普斯基斯（Al Louis Ripskis）的关注。此人是联邦住房与城市发展部（Department of Housing and Urban Development, HUD）的中级官员，也是《冲击力学刊》（*Impact Journal*）的主编。《冲击力学刊》是住房与城市发展部的同仁刊物，专门揭露、批判时弊。李普斯基斯在该刊1979年5~6月号就性骚扰对读者做了一项不记名调查，共回收63份完整问卷，并接到103位妇女的电话，称在本部曾受到过性骚扰。调查结果于1979年7月27日公布，旋即引起纽约州民主党众议员詹姆斯·M. 汉雷（James M. Hanley）的注意，导致了美国历史上第一次为性骚扰举办国会听证会（见“美国反性骚扰法律的产生和发展”）。1980年，办公室打字员凯伦·努斯鲍姆（Karen Nussbaum）成立了一个名为“朝九晚五”（9 to 5）的妇女组织，帮助办公室的女职员维护其权利和尊严。后来她在参加反战运动的简·方达的帮助下，拍摄了一部名为《朝九晚五》的电影，以轻松的喜剧形式表现办公室女职员得不到尊重的状况。方达在片中扮演了主角，影片获得商业上的巨大成功（Cochran III., 2004：46）。

媒体对性骚扰判案、性骚扰法规的发布等问题进行广泛的报道，为围绕这一问题的争论提供了平台，并提高了公众对这一问题的认识。1979年和1980年经过媒体对国会听证会及EEOC《指南》的报道，以及各种不同意见在媒体上的发表，WWI和AASC说它们接到大量组织和个人的请求，希望得到这方面的信息（Baker, 2008, 119）。

女性主义反性骚扰行动后记

1981 年之后，随着里根上台后实行保守主义政策，削减了 EEOC 经费，撤销了 EEOC 下属的政策执行办公室（《指南》就是这个部门制定的），并且撤换了一批官员，如 EEOC 的主席由女性主义黑人妇女诺顿换为公开反对平权行动的白人男性克拉伦斯·托马斯。同时，里根还尽力阻挠另一个促进平等就业的机构——联邦合同合规项目办公室（FOCCP）的正常运作，反性骚扰的运动遭到激烈的反弹，甚至有一些妇女，如右翼组织鹰论坛（Eagle Forum）主席菲利斯·史拉夫莱（Phyllis Schlafly），出面指责反对性骚扰运动是无事生非，并将性骚扰的责任推到受害妇女身上。受到起诉的骚扰者和承担连带责任的雇主，也形成一股强大的抵制力量。这之后，围绕性骚扰出现了激烈的争论。反对禁止性骚扰的人认为性骚扰事件被夸大了，对 20 世纪 70 年代的一些调查，如 WWI 1975 年的调查和《红皮书》1976 年的调查提出了质疑。玛丽·梅耶（Mary Ceoli Meyer）在与人合著的书中说性骚扰是纯粹个人的事情，而不是主要影响女性的社会问题；另一些人则认为提出性骚扰投诉的妇女主要是因为关系破裂而施行报复。这两种观点的代表人物是菲利斯·史拉夫莱。第三种观点则将性骚扰的责任推到妇女身上，认为妇女的着装和行为导致了性骚扰。在汉雷听证会（见“美国性骚扰案例”）上作证的妇女，几乎都受到这样的质疑。左派也有人反对禁止性骚扰，主要是担心性骚扰投诉导致工人阶级的分裂，或者被用来针对工会领导。最有代表性的案例是克拉克（Clark）大学班斯特（Ximena Bunster）的案例。班斯特是流亡美国的智利著名人类学家，而她投诉的对象西德尼·M. 派克（Sidney M. Peck）是克拉克大学社会学/人类学系主任，著名左派社会活动家。班斯特称派克多次开带有性意味的玩笑，有时当着系里学生和其他同事的面。经过多次毫无结果的非正式交涉，班斯特决定对派克提出正式投诉，而派克则动员了他多年从事社会活动而建立起来的网络，反指班斯特是受了学院的指示，指控所针对的其实是他的左派政治活动家身份。班斯特也获得一班人马的支持，筹资、宣传毫不逊色，对派克的指控除性别歧视，又增加了种族歧视。斗争甚至延展到社会学年会。经过数年争辩，直到1981年方才以班斯特的胜出而告结束（参见 Baker，2008：147－52）。不过随着大型科学研究的展开，如业绩制保护委员会1980年的大型调查、《哈佛商业评论》（*Harvard Business Review*）1981年对1800位公司管理人员进行的调查，以及业绩制保护委员会1987年开展的后续调查，第一种论调不攻自破。

在公共辩论中，权力关系和妇女的就业权问题渐渐浮出水面。如史拉夫莱就指责政府的反性骚扰措施是混淆了男女两性的不同身份认同，诱导“妻子进入劳动力，母亲把照料的职责交给机构”（转引自 Baker，2008：145）。而琳达·戈登（Linda Gordon）则针锋相对地指出性骚扰的结果，是把妇女留在家中，“强化了公共空间归男人的传统”（转引自 Baker，2008：145）。AASC也指出，性骚扰的根源在于不把妇女当作同事加以尊重。至今，围绕着性骚扰和反性骚扰的行动，美国社会仍有种种争论。但是大的趋向是，性骚扰越来越成为公众，以及各种就业制度和司法社会制度大力喊打的一种恶行。

参考文献：

1. Baker, Carrie N. 2008. *The Women's Movement against Sexual Harassment.* Cambridge University Press.

2. Cochran III, Augustus B. 2004. *Sexual Harassment and the Law: The Mechelle Vinson Case.* University Press of Kansas.

3. MacKinnon, C. A. 1979. *Sexual Harassment and Working Women—A Case of Sex Discriminition*, Yale University Press.

4. MacKinnon, C. A. and Siegel, R. B. (Edited). 2004. *Directions in Sexual Harassment Law*, Yale University Press, New Haven & London.

专题四

美国反性骚扰法律的产生与发展

黄　觉　唐　灿

一、美国反性骚扰运动的背景

反性骚扰运动是美国20世纪70年代多种社会运动交互作用的产物——妇女运动、民权运动、劳工运动、同性恋权利运动和性革命。性革命导致了性道德和性行为的变化，对性的态度变得较为开放和肯定。而反强奸运动和“被殴妇女运动”（Battered Women's Movement）则强调妇女有对性说不的权利和免遭身体暴力的权利。妇女健康运动和生育权运动强调妇女有掌控自己身体的权利。妇女运动反对性的物化和对妇女的剥削，而女同性恋权利运动强调妇女有选择其他妇女作为性伙伴和生活伙伴的权利。总之，妇女运动和民权运动提出不论性别、种族都应有平等就业的机会。这些运动使妇女有获得经济独立和性自主的希望。（参见 Baker, 2008, p. 177）

（一）对反性骚扰运动起到主要影响的三个重要因素：政治机会、动员力量、框定（framing）过程

• 政治机会：在民权运动和妇女运动影响下，联邦政府和许多州政府都设立或强化了就业机会平等办公室、民权机构、人权委员会和妇女地位委员会，以此推进公民权利平等和就业机会平等。

•动员力量：借力于民权运动、妇女运动、劳工运动及其动员力量和资源，美国民间社会开始创建组织——如工作妇女学院（Working Women's Institution）、反性胁迫联盟（Alliance agaisnt Sexual Coersion）、全国妇女组织（National Organization for Women）等，发动集体行动。

•框定过程：提供统一的框架解读性骚扰问题，并对问题进行社会建构。利用妇女运动和民权运动的理念，将性骚扰问题视为侵害妇女公民权利的性别平等问题。提出从人身平等、机会平等、性自主和身体完整性的角度解读性骚扰，视性骚扰为对妇女经济利益和身心健康的严重侵害。（参见 Baker，2008，pp. 178 – 179）

（二）反性骚扰运动的三个主要支柱：民权运动、妇女运动、蓝领女工

•民权运动：有色人种妇女为反性骚扰运动做出了突出贡献。早期的性骚扰案大部分是黑人妇女提出的。联邦地区法庭（Williams vs. Saxbe）、联邦上诉法庭（Barnes vs. Costle）和最高法庭（Meritor Savings Bank vs. Vinson）的第一起“第 7 条”[①] 胜诉案，教育界胜诉的第一起性骚扰案（Alexander vs. Yale University）、同事骚扰案（Continental Can Company，Inc.，et al，Petitioners，Respondents v. State of Minnesota）和联邦上诉法庭的恶劣环境骚扰案（Bundy vs. Jackson），都是由黑人妇女提起诉讼。20 世纪 70 年代第一批 6 起性骚扰案中，有三位原告是年轻的黑人妇女（Diane Williams，Paulette Barnes，Margaret Miller）。1980 年另一位黑人妇女提出的性骚扰诉讼案（Munford vs. James T. Barnes and Co.），不仅在密歇根州引发了大规模的反性骚扰运动，而且最终导致出台了第一个且最激进的反性骚扰州法律。黑人妇女中不仅出现了独胆英

① 1964 美国制定《民权法案》，其中第 7 条（Title VII – Prohibits sex discrimination in employment）明确禁止职业中的性歧视。

雄，也创建了许多妇女组织，集体反抗性骚扰，如华盛顿特区的黑人妇女活动家组织(Organization of Black Activist Women)在威廉姆斯案中提交的“法庭之友”报告影响深远。帕米拉·普莱斯(Pamela Price，亚历山大诉耶鲁大学案原告之一）得到耶鲁大学非裔美国人文化中心（Afro - American Cultural Center）和第三世界妇女委员会(Council of Third World Women)、全国黑人律师大会(National Conference of Black Lawyers)、黑人妇女政治行动组织(Black Women Organized for Political Action)的支持。20 世纪 80 年代，有色人种妇女组织［墨西哥裔美国妇女全国协会(Mexican American Women's National Association)、黑人妇女律师全国协会(Black Women Lawyers' Association)、波多黎各妇女全国大会(National Conference of Puerto Rican Women)、黑人妇女全国委员会(National Council of Negro Women)等］对性骚扰公共政策的形成发挥了重要作用。

对反性骚扰贡献最大的两位政府官员是美国就业机会平等委员会(Equal Employment Opportunity Commission)主席诺顿和法官罗宾森（Spottswood Robinson)。前者担任美国就业机会平等委员主席期间，积极推进反性骚扰法规的建立。后者则对几个关键案件（如巴恩斯诉考斯托案、班迪诉杰克逊案和文森案）的判决，对这方面的立法进程和历史进程产生了重大影响。两位官员都是黑人，都有民权运动的背景。

麦金农在《工作妇女的性骚扰》（*Sexual Harassment of Working Women*)一书中指出，性骚扰同时也是严重的种族骚扰（MacKinnon, 1979)。法学教授金伯雷·克兰肖（Kimberlé Crenshaw）指出，早期性骚扰案中黑人妇女比例奇高，揭示出“性骚扰的种族化”（转引自 Baker, 2008, pp. 180 - 184)。

•妇女运动：一些妇女组织（如工作妇女联合会［Working Women's Uinion］和反性胁迫联盟）的创始人都是妇女运动活动家，她们用女性主义分析框架解读性胁迫，并用妇女运动的策略、工具和资源提高公众对性骚扰的认识。最早关注职场性骚扰问题的学者林·法雷（Lin Farley）和她的同事凯伦·索维涅（Karen Sauvigné）、苏珊·梅耶（Susan Meyer），都曾参加过诸如“纽约激进女性主义者”（New York Radical Feminists）、“女同性恋者女性主义解放”（Lesbian Feminist Liberation）（参见 Baker，2008，p. 184）等激进的妇女组织。反性胁迫联盟的创建者曾参加反强奸运动。她们借用女性主义理论，认为性骚扰是性胁迫的一种形式，并借用社会主义女性主义的理论，从资本主义、种族主义、父权制的交互作用理解妇女面对性骚扰的弱势。

参加过妇女运动的女性主义律师对反性骚扰的斗争做出了很大的贡献。她们在 20 世纪 70 年代努力通过法庭扩大妇女权利。希瑟·西格沃斯（Heather Sigworth）律师是“全国妇女组织”的创始人之一，那丁·陶伯（Nadine Taub）律师主持拉特格斯（Rutgers）法律学校的“妇女维权诉讼诊所”（Women's Rights Litigation Clinic）。

20 世纪 80 年代，许多妇女组织加入了反性骚扰运动，其中不仅有全国性的大型妇女组织，如“全国妇女组织”、“全国妇女政治团”、“办公室职员全国协会”等，也有一些规模较小的地方组织，如华盛顿的“新应对”公司（New Responses，Inc.）、底特律的“妇女司法中心”、克里夫兰的“职业妇女组织计划”等（Baker，2008，p. 185）。

• 蓝领女工：蓝领女工工作级别低，常处于传统的男性工作岗位，因此屡屡遭受仇视和暴力，以及身体上的骚扰、工作中的刁难。最早的三个就恶劣环境性骚扰提起诉讼的案件里，有两个案件（Brown v. City of Guthrie，22 Feb. Empl. Prac. Cas. BNA 1627，W. D. Okla. 1980；Minnesota v. Continental Can Company，297 N. W. 2d 241，Minn. 1981）的原告是蓝领女工。蓝领女工及其组织（如“工作妇女联合会”［Working Women United］）不仅向法庭提起性骚扰诉讼，也广泛开展提高意识活动，通过参加政府的性骚扰听证

会和在重要性骚扰案件中提交法庭之友意见，影响公共政策。（参见 Baker, 2008, pp. 185－187）

到 20 世纪 90 年代，美国大部分雇主制定了反性骚扰政策，有些雇主还对雇员进行培训，提高他们的反性骚扰意识。但是，二十多年来，美国性骚扰事件的发生率并没有明显下降，性骚扰仍然被很多人视为个人性行为，而不是滥用权力。受到骚扰的妇女依然被认为需要为骚扰承担责任。

二、美国反性骚扰运动的立法道路

美国在反对性骚扰的运动上，走了一条“法律—法规”的道路（Zippel, 2006）。借民权运动之力，美国早在 1964 年就在《民权法案》（Civil Rights Act）中加入了反对性别歧视的内容。但此后却没有再继续制定具体的反性骚扰的独立法律。对性骚扰的认识、抵制和制裁，一直是在保护人权和反对包括性别歧视在内的各种歧视的框架下，在女性主义运动的推动下，通过受害妇女的个案，在法庭上逐步形成和发展的。在习惯法框架下，通过判例和援引，美国的司法系统对性骚扰形成了精微的认识，并发展出一整套判决标准。在法庭判决的推动下，相关组织，如就业机会平等委员会(Equal Employment Opportunity Commission, EEOC)和公司、机构纷纷制定了规章制度，提高职工的反性骚扰意识，防止职场性骚扰的发生，并对职场性骚扰受害者提供了上诉渠道和补偿机制。

美国在性骚扰立法方面走出这样一条道路，有其历史和社会原因。

首先，由于众所周知的历史和文化原因，美国特别强调个人权利和平等（Zippel, 2006）。20 世纪 50 年代和 20 世纪 60 年代，黑人运动、妇女运动发展得如火如荼，对公民权利的强调成为社会的普遍诉求。女性主义理论家和活动家利用美国司法制度的开放性和 1964 年《民权法案》第 7 条中关于反对包括性别歧视在内的各种歧视的内容，成功地使美国社会接受了“性骚扰是一种性别歧视”的观念，将性骚扰政治化。从此性骚扰不再是受害者羞于言说、旁观者不屑言说的个人私事，而是被视为男女权力结构的反映，是对受害者基本人权的侵害。

其次，美国采用判例法，开放性成为其司法体系的一个突出特征。依循既往判例较之独立立法更为简便易行，因此女性主义从策略上选择了这条道路。新立法需提交议会通过，也就是需要一个团体的共识。而法庭判例则更多地依靠法官个人和人数有限的陪审团的认识。通过法庭发表意见，逐步改变人们对性骚扰的认识和态度，显然是一条更便捷更有效的道路（参见 Zippel，2006，p. 67）。再次，美国的女权组织对国家抱不信任的态度，认为国家和司法制度“没有能力公正地应用和执行法律”，因而担心“国家盗用和篡改其目标”，于是索性主张不制定新法律（Zippel，2006，p. 16）。“反性骚扰联盟”则更倾向于通过运动做出改变。他们也不信任政府，认为政府的观点和分析与女性主义并不一致，政府关心的是管理和人事，因而政府在制定政策的过程中并不询问受害妇女的感受，也不为受害妇女提供任何直接服务。而联邦政府的介入，只能使得其他的思路更加难以实施。“反性骚扰联盟”不仅不喜欢官僚化的干预，也不喜欢过于依赖司法的干预。他们认为依赖司法的道路有几大弊病：第一，注重个案，忽略群体行为，不能改变导致性骚扰的社会行为；第二，注重程序，忽略了对受害者造成伤害的骚扰本身；第三，司法官僚常常不能公平对待穷人和有色人种；第四，司法道路造成经济歧视，因为当事人必须有钱雇佣律师。20世纪70年代，“反性骚扰联盟”和“工作妇女学院”这样的妇女组织引领着关于性骚扰的公众舆论，但到了20世纪80年代，唱主角的就逐渐成为政府官员和专家了（参见 Baker，2008，pp. 131－132）。无论如何，女性主义道路的一个重要结果，是受害妇女亲自发出了自己的声音，她们的视角在法庭判例中得到同情和体现，以抽象立法所无法产生的力量推进了全社会对性骚扰的认识。

要说明的是，过度强调以法律途径解决性骚扰问题，特别是将性骚扰案作为性别歧视案处理，使得性骚扰进入了一个争议很大的不利框架，当事人常常得不到满意的结果，特别是那些没有法律资源的妇女。官僚机构和法律机构处理性骚扰案的程序又慢花费又大，充满争议，妇女常常感到在这一过程中再次受到伤害。将性骚扰限定在法律框架内，限制了妇女的斗争手段，常常使得她们无计可施。法律手段的确对解决个人问题弥足珍贵，但也常常破坏集体行动的根基（参见 Baker，2008，pp. 189 – 190）。

三、国家行动对性骚扰立法的推进过程

（一）《民权法案》

1964 年，美国通过了《民权法案》修正案，法案第 7 条为就业机会平等，其中 § 703 明确禁止在就业中因种族、肤色、宗教信仰、性别或出生国而进行歧视。此后“第 7 条”成为美国司法制度中性骚扰判决的法理基础。（参见专题五　美国重要性骚扰案例）

> § 703（a）：雇主行为
>
> 雇主在雇佣过程中出现以下行为，视为非法——
>
> （1）以种族、肤色、宗教信仰、性别或出生国为由，拒绝雇佣某人，或以此为由开除某人，或在补偿、雇佣条件、工作福利等方面对某人进行任何歧视；或
>
> （2）以种族、肤色、宗教信仰、性别或出生国为标准，限制、隔离或划分雇员或工作申请者，以致剥夺或可能剥夺其个人工作机会，或对其雇员身份造成其他不利影响。

这一条款首次在美国以法律的形式规定职场中的性别歧视为非

法行为。有趣的是，这一条款的形成并不是妇女运动的直接成果，而是黑人民权运动的“副产品”。在黑人民权运动风起云涌的背景下，随着二战后越来越多的妇女进入职场，妇女在职场中的权利问题日益浮出水面。促进职场妇女权利的各种努力，始于肯尼迪政府。1960 年，肯尼迪一上任，就成立了“妇女地位总统委员会”，任命艾琳娜·罗斯福（Eleanor Roosevelt）为委员会主席。1963 年，该委员会发布了报告，指出职场中普遍存在歧视妇女的情况。这一年，国会通过了《同工同酬法案》（Equal Pay Act）。同年 6 月 11 日，肯尼迪总统就公民权利对美国人民做了广播电视讲话，提议通过立法“更好地保护选举权”，并“使全体美国人有权获得向公众开放之设施的服务——旅馆、饭店、剧院、零售商店及类似设施”。肯尼迪遇刺后，新总统林登·约翰逊提出尽快通过保护公民权利的《民权法案》。1963 年 11 月 27 日在其对国会的首次讲话中，约翰逊总统说：“肯尼迪总统长期致力于推进公民权利法案，尽快通过这一法案，将是对他最好的纪念和颂扬”（Johnson，1963）。1964 年制定的民权法案曾引发激烈的争论。反对派主要由两部分人组成：保守派和南方政客。前者担心该法案对私营部门的雇佣行为进行限制，将导致政府对私领域的过分干涉，后者则一心希望保持南方一贯的种族隔离格局。而法案中关于性别歧视的内容，则是在弗吉尼亚州反对《民权法案》的参议员霍华德·史密斯的提议下加入的。对于这一提议的动机，历来众说纷纭。尽管史密斯一贯站在支持妇女权利的立场上，但仍有人认为，史密斯之所以有此提议，是希望借力于反对赋予黑人和妇女平等权利的议员，阻挠法案的通过。阿拉巴马州众议员卡尔·艾略特（Carl Elliott）事后评论道：“史密斯才不在乎什么妇女权利……他不过是想把投票搅黄……总会有些男人从骨子里不喜欢妇女权利”。据议会记录，史密斯提出这一补充案后，引起一阵嬉笑（Gold，1981）。但《民权法案》和其中关于妇女权利的条款，还是在议会获得通过。由于上述原因，条款中关于性别歧视的规定非常粗糙，没有具体细则，也并未将性骚扰纳入性别歧视（Stein，1999，p. 32）。尽管如此，这样的法律框架仍为日后反性骚扰法的形成提供了一个不可或缺的背景条件，成为美国在反性骚扰立法方面领先于欧盟及欧洲各国的一个决定性因素（参见 Zippel，2006，pp. 26 – 28）。

（二）《就业机会平等法案》

为了保证《民权法案》的实施，1972 年美国成立了专门的就业机会平等委员会。该委员会由总统直接任命的独立的 5 人小组领导，负责接受个人提出的就业歧视投诉、执行相关法律、颁布解释性指南。遭受歧视的雇员须在歧视行为发生后的 180 天之内，先向该委员会提出投诉，经过委员会的调查和听证，确认所投诉行为属实，可进行调解，并于 30 天后向投诉者发出“有权诉讼”的信函。投诉者可以接受委员会的调解，亦可在收到“有权诉讼”信函后向法院提起诉讼（Cochran III，2004，p. 22）。

《就业机会平等法案》后来编入《美国法典》（United States Code），即为第 42 卷第 21 章第 6 节（就业机会平等）（U. S. C. 42）。它对 1964 年《民权法案》中关于就业平等的内容做了进一步细化和补充。1964 年《民权法案》中关于反对就业歧视的条款，不适用于联邦政府，而 1972 年的法案则将这种保护扩大到联邦政府、州政府和地方政府的雇员。1978 年，《公务员改革法案》进一步明确禁止在联邦就业中的 12 种歧视行为，其中包括基于性别的歧视。1980 年，伊利诺伊州成为美国第一个在政府雇员中禁止性骚扰的州。

（三）《教育修正案》

1972 年《教育修正案》第 9 条（Title IX of the Educational A-mendments Act of 1972），是对 1965 年《高等教育法案》的修正案。其中第 9 条明令禁止在接受政府资助的教育项目中的性别歧视行为。这一条款与 1964 年《民权法案》第 7 条相类似，但后者仅对公司雇员有效，《教育修正案》中的条款则将保护范围扩展到政府资助的教育项目在招生、录取和各种在校活动。之所以制定这样一个条款，是因为当时女生在受教育方面受到严重歧视，在录取、获得奖学金等方面，都存在明显的劣势。该修正案后被编入《美国法典》第20卷第38章1681—1686。

1987年《民权恢复法案》（Civil Rights Restoration Act of 1987）对1972年《教育修正案》做了进一步修正，扩大了禁止就业歧视的适用范围，把大学等机构纳入遵守范围。

（四）国会首次性骚扰听证会

1979年初春，华盛顿的黑人妇女组织（the Organization of Black Women）号召华盛顿妇女起来揭露工作中的性骚扰。好几位妇女提出了性骚扰投诉，引起了当时任华盛顿市市长的马里昂·巴利（Marion Barry）的注意。他在华盛顿妇女委员会下设立了性骚扰特别小组（Sexual Harassment Task Force），做提高意识、宣传普及的工作，也做性骚扰案的调查和记录。巴利市长接受了性骚扰特别小组的建议，于1979年5月颁布了一份行政命令，禁止性骚扰，并就此制定程序。《冲击力学刊》的主编李普斯基斯注意到这一切，在该刊1979年5~6月号就性骚扰对读者做了一次不记名调查，共回收完整问卷63份，接到103位妇女的电话，称自己在本部曾受到过性骚扰。调查结果于1979年7月27日公布，旋即引起纽约州民主党众议员詹姆斯·M. 汉雷（James M. Hanley）的注意。汉雷议员是住房部下属邮政与公务员调查委员会的主席。他发起了一项针对政府部门的性骚扰调查，提请三个联邦机构的负责人关注性骚扰问题。他让人事管理办公室（Office of Personnel Management, OPM）主任艾伦·K. 坎贝尔（Alan K. Campbell）针对性骚扰制定示范政策和投诉程序，供所有联邦政府部门使用，并为州政府、地方政府和私营雇主提供示范。他还让就业机会平等委员会主席艾琳娜·霍尔默斯·诺顿（Elianor Homles Norton）制定防范性骚扰指南，以便委员会能够更好地处理投诉，并向第 7 条适用的私营雇主提供指导。他还让考绩制保护委员会（Merit Systems Protection Board）主席鲁斯·T. 普罗科普（Ruth T. Prokop）对联邦政府办公场所的性骚扰进行调查。除此之外，汉雷议员还就性骚扰调查举行了国会听证会。这是美国历史上第一次为性骚扰而举办的国会听证会。汉雷议员在听证会上指出性骚扰是不容忽视的严重问题，是滥用权力。他所领导的委员会向听证会提交了一份调查报告（Sexual Harassment in the Federal Government，1980 年 4 月 30 日发布），陈述联邦政府部门性骚扰的状况，并提出解决问题的方法。报告显示，性骚扰受害者多为受过大学教育的年轻未婚女性员工。骚扰者则多为年纪较大的已婚男性。男性性骚扰受害者则多为少数民族或低级雇员。这是第一个针对性骚扰的大型科学研究，证明性骚扰是联邦政府职场中的一个严重问题。调查以客观数据向法庭证明性骚扰已在工作场所泛滥成灾。许多重要的妇女组织，如“妇女法律辩护基金”（Women's Legal Defense Fund）、“新应对”、华盛顿特区妇女委员会下属性骚扰特别小组、“工作妇女—办公室职员全国协会”（Working Women - National Association of Office Workers）、底特律“妇女法律中心”（Women's Justice Center）、美国公民自由联盟（American Civil Liberties Union）、“全国妇女组织”等，参加了听证会，并揭露了职场性骚扰的严重状况。曾深受性骚扰之苦的戴安娜·威廉姆斯（Diane Williams，参见 Williams v. Saxbe，U. S. District Court，District of Columbia，413 F. Supp. 654）也到听证会上现身说法。但也有一些议员不同意提交给听证会的报告，认为报告夸大其词，并坚持认为性骚扰是个人问题（参见 Baker，2008，pp. 112 - 116）。

这次听证会是联邦政府对性骚扰做出的反应中影响力度和宣传力度最强的。听证会后联邦政府就颁布了关于反对性骚扰的指导意见——《职场性骚扰指南》，这对此后的法庭判决起到了积极作用。但政府法规的最大意义，在于使反性骚扰成为合法话题，进一步提高了公众对这一问题的意识。这就是1980年就业机会平等委员会《职场性骚扰指南（定稿）》的出台背景。就在这一年（1979年），联合国通过了《消除对妇女一切形式歧视公约》。

（五）颁布《职场性骚扰指南定稿》

1980年11月10日，就业机会平等委员会依照汉雷听证会的要求，在《就业机会平等法案》的基础上，颁布了《职场性骚扰指南（定稿）》[Final Guidelines on Sexual Harassment in the Workplace（Guidelines），就业机会平等委员会1980年11月10日颁布，后编入美国联邦规章汇编29C. F. R. §1604.11（a）－（f）]，对性骚扰做了宽泛定义：

> 在下列三种情况下，不受欢迎的性要求、性利益索取，或其他带有性意味的语言和行为，均构成性骚扰：
>
> 1. 迫使对方接受有关行为，作为雇佣的明确或隐含的要求或条件；
>
> 2. 对方接受有关行为与否，成为影响个人就业的先决条件；
>
> 3. 有关行为具有以下目的或导致以下后果：
>
> a　不合理地干扰个人工作表现，
>
> b　造成令人不安、不友善或令人反感的工作环境。

《职场性骚扰指南（定稿）》超越了当时法庭的所有判定，指出不论公共部门雇主还是私营雇主，倘若其管辖范围内出现上级对下属提出强迫性性要求，或出现环境骚扰（恶劣环境），均需承担连带责任，除非雇主对骚扰事件进行了及时的调查和处理，并在机构内制定了规章和程序，保证所有员工了解性骚扰，并保证遭受骚扰的员工有投诉和得到救济的途径。《职场性骚扰指南（定稿）》指出，预防是消除性骚扰的最佳工具。雇主应采取一切必须的步骤，预防性骚扰的发生，如对受害者予以救济、强烈反对性骚扰、规定适当的惩罚措施、使员工了解自己依据1964年《民权法案》第7条对骚扰提出投诉的权利以及投诉方法、制定具体方法提高各方面对性骚扰问题的敏感度。

《职场性骚扰指南（定稿）》将性骚扰定义扩大到恶劣环境，产生了广泛影响。1980年5月，奥克拉荷马一家联邦地区法庭援引《职场性骚扰指南（定稿）》草案，宣布了第一个认定恶劣环境性骚扰为违反“第7条”的联邦法庭裁决［参见 Brown v. City of Guthrie, 22 Fair Empl. Prac. Cas.（BNA)1627］(W. D. Okla. 1980)。《职场性骚扰指南（定稿）》颁布两个月后，就在班迪案(Bundy v. Jackson, 641 F. 2d, 934, U. S. Court of Appeals for the District of Columbia）中获得明确认可，哥伦比亚特区巡回上诉法庭成为第一个主张“第7条”禁止恶劣环境性骚扰的联邦上诉法庭。《职场性骚扰指南（定稿）》对联邦机构和各州的政策产生了影响。例如，联邦合同合规项目办公室(Office of Federal Contract Compliance Program)在《指南》颁发前夕修改了自己的指南，以达到就业机会平等委员会的标准。康涅狄格立法机构和其他数州人权委员会依据就业机会平等委员会《职场性骚扰指南（定稿）》，宣布禁止性骚扰。最重要的是，《职场性骚扰指南（定稿）》促使雇主采取预防措施，并影响了这些预防措施对于性骚扰的界定。1980年始，就业机会平等委员会开始统计性骚扰投诉的数据。《职场性骚扰指南（定稿）》颁发后第一年内，委员会收到近千宗投诉（参见 Baker, 2008, p. 120）。

（六）1994年《联邦证据规则》(Federal Rule of Evidence)第412条

性骚扰案件的被告常常以原告衣着、做派、过去性行为等为借口，为自己的骚扰行为进行辩护。1986年最高法庭在文森案中明确指出，法庭不应纠缠于当事人平时衣着风格等细节，而忽视实质性的骚扰事实。1988年和1994年，国会两次修改了《联邦证据规则》第412条，明确规定“被害人过去性行为方面的名声或评价的证据，一律不予采纳”。

第412条　性犯罪案件；与被害人过去行为相关

(a) 不管法律有何其他规定，在被指控犯有美国法典第18编第109A章所规定罪行的刑事案件中，关于所谓被害人过去性行为方面的名声或评价的证据，一律不予采纳。

(b) 不管法律有何其他规定，在被指控犯有美国法典第18编第109A章所规定罪行的刑事案件中，关于所谓被害人过去性行为方面的证据，尽管不是涉及名声或评价的证据，除以下情况外，同样也不能采纳：

(1) 根据本条（c）（1）和（c）（2）规定可以允许和根据宪法要求可以允许的；或者

(2) 根据（c）规定被允许，并且属于下列证据：

(ⅰ) 证明与被告人以外的其他人曾有过性行为的证据，由被告人针对被告人是否对所谓被害人有性行为或伤害的争议而提供；或者

(ⅱ) 证明与被告人过去有过性行为的证据，由被告人针对所谓被害人是否同意与被告人进行被控犯罪的性行为的争议而提供。

(c) (1) 如果被指控犯有美国法典第18编第109A章所规定罪行的被告人根据（b）规定意图提供关于所谓被害人过去性行为方面的证据时，至迟需在确定的审判期日十五日前提出书面申请，要求在审判中出示此证据。如果法庭确认，此证据系新发现的，不可能通过正常工作而更早获得，或者与此证据相关的争议系最近从案件中产生，可以允许此书面申请在规定期限后提出，甚至在审判期间提出。根据本规定提出的书面申请，将送达所有其他当事人和被害人。

(2) 按照前项规定提出申请，需同时提出书面证明。如果法庭认为，提供的证明含有前 (b) 款规定的证据，将命令在会议室举行听证以决定是否采纳此类证据。在举行听证时，当事人可以传唤证人，包括所称被害人，以及提供相关证据。

依照第 104 条 (b) 款之规定，如果被告人寻求在审判中出示的证据的相关性取决于满足一定的事实条件，法庭在此听证会上或者此后为此目的安排的听证会上，应采纳与证明该事实条件是否已经满足有关的证据，并对此问题作出决定。

(3) 如果法庭在举行前项规定的听证会的基础上，确认被告人意图提供的证据具有相关性，而且这些证据可能具有的价值将大于不公正偏向的危险，可允许在审理时有限度地采纳这些证据。即法庭作出一项指示，明确限定可被提供的证据和所称被害人可被询问或交叉询问的范围。

(d) 在本规则中，“过去性行为”是指，除依据美国法典第 18 编第 109A 章规定构成犯罪的性行为以外的性行为。

(七)《民权法案》修正案

随着性骚扰案的增多，对性骚扰案的定性和认识也逐步完善，但是仍有许多遗留问题。旷日持久的文森诉梅里特储蓄银行案 (Vinson v. Meritor Savings Bank) 终于在最高法院尘埃落定，对性骚扰立法产生了巨大的推动作用。但事后吕贝卡·汉娜教授 (Professor Rebecca Hanner) 也提出了该案尚未解决的一些问题，如：如何判定具有性意味的行为是否受欢迎；该行为是否具有足够的严重性或普遍性，足以使诉讼成立；严重性或普遍性应该依照主观标准还是客观标准进行判断；在评估“严重性”或“普遍性”时应该采用“正常人”标准还是“正常女性”标准；受害人是否一定要遭受心理伤害才可立案；最重要的是，在何种情况下雇主应对主管、同事甚至客户的性骚扰行为承担责任（Cochran III，2004，p. 128）。1989 年，最高法院接受了八个性骚扰案例，八位原告全部胜诉。国会也通过霍普金斯案（Price Waterhouse v. Hopkins，490 U. S. 228，1989）重新规定了雇主在就业歧视案件中的责任，通过技术调整，减轻了原告的经济负担（Augustus，2004，pp. 129 - 130）。在这种背景下，国会 1991 年通过了新的《民权法案》修正案，该修正案对 1964 年《民权法案》第 7 条关于就业歧视的规定做了两项重大改进。首先，1964 年《民权法案》对于受害人赔偿，只规定了恢复原职和补发工资，而根据 1991 年的修正案规定，原告可获得受辱、感情痛苦和磨难、身体反应、医疗费用、职业声誉损失和因就业歧视导致的经济和非经济损失的赔偿。第二，就业歧视案中原被告双方均可要求陪审团参与审判，而此前就业歧视案的审判均没有陪审团参与。据统计，1988 年至 1992 年就业歧视案平均赔偿额为 181847 美元，1993 年猛增至 250000 美元。性骚扰案件也从 1991 年的 6892 起飙升至 1993 年的 12537 起（Cochran III，2004，pp. 130 - 131）。

四、性骚扰判例对司法进程的推动

在美国，首个以性骚扰为由提出歧视诉讼的案例，是 1975 年科恩诉博时洛姆公司案（Corne v. Bausch & Lomb，Inc.，United States Court of Appeals，Ninth Circuit - 562 F. 2d 55）。在此前的 1974 年，康奈尔大学女职员卡米塔·伍德公开披露自己受到性骚扰的遭遇，一些女性主义者在宣传和行动的过程中，为了清晰、有力地表达这样的经历，创造出了“性骚扰”这个词汇。（参见专题五　美国重要性骚扰案例，下同）

1977 年巴恩斯诉考斯托一案具有重要意义。在此之前，在多个性骚扰的诉讼判例中，性骚扰始终被认为是个人行为，而不构成性别歧视。其一，它针对的是个体而不是性别群体；其二，性骚扰被认为与公司规章无关，所以，法庭均不认为性骚扰的本质是性别歧视，因此也不适用于《民权法案》第 7 条，原告也因此而一次次败诉。但是在巴恩斯一案中，法庭首次认定性骚扰构成性别歧视。法官针对此案认为，性骚扰纯粹是因为原告的性别而导致的行为，职场中的强迫性性关系就是性别不平等。法庭对反性别歧视法律的含义进行了详细的阐发，指出了性别歧视的适用范围。并且提出，在原告有充分证据证明性别歧视的情况下，机构有义务提出相反证据，才能推翻原告的控诉。

1986 年的梅里特储蓄银行诉文森一案(Meritor Savings Bank v. Vinson, U. S. Supreme Court)在美国性骚扰立法过程中是一个分水岭，具有里程碑的意义。最高法庭有史以来第一次正式宣布性骚扰为歧视行为："毫无疑问，倘若上级因下级的性别而对下级进行性骚扰，该上级就在性别上施行了歧视"。大量的媒体报道引发了公众对性骚扰的态度和文化发生变化，同时也提高了公众和社会对性骚扰的敏感度。自此，美国以性骚扰起诉的案件大幅度增长。

在文森案之前，反性骚扰的法律也有小步的推进。1979 年米勒诉美利坚银行案(Miller v. Bank of America, 600 F2d 211, 1979, United States Court of Appeals, 9th Circuit)中，法庭判定，雇主无论是否知情，是否制定了反对性骚扰的公司政策，都须为公司内发生的性骚扰案承担连带责任。当然，对此的看法在很长时间内还不能统一。

1980 年亚历山大诉耶鲁大学一案，也将《民权法案》"第 7 条"关于性别歧视的适用范围扩大到了教育领域。自此，性骚扰案例开始向私营公司和联邦雇员之外的教育领域扩展。

1981 年班迪诉杰克逊案中，班迪提出，只要女性雇员遭受了性骚扰，即使雇主并未因其不从而剥夺其任何实际的工作福利，该雇主仍然违背了《民权法案》第 7 条。班迪指出"就业条件"包括心理和情感工作环境，法庭认为，“工作条件和就业福利”是一个非常宽泛的概念，包括禁止一切致使工作环境中充满民族或种族歧视的行为。此类“歧视性环境”案例与性骚扰有明显的关联。性骚扰将极具侮辱性的性别成见带入一般工作环境，并且造成对个人最大私密的故意侵犯。法官指出，间接的歧视也是违法的，因为这种歧视有可能是一种诡计，其意图制造歧视性的工作环境。

1988 年，简森案(Jenson v. Eveleth Taconite Co. , United States Court of Appeals FOR THE EIGHTH CIRCUIT, No. 97 - 1147)对性骚扰所导致的精神损失也做了界定：尊严受损、公开受辱和绝望等痛苦情绪。法庭第一次判决了精神损失赔偿。

1991 年艾莉森诉布拉迪案(Ellison v. Brady, 924 F2d 872, U. S. Court of Appeals for the Ninth Circuit)，法庭考虑了两个方面的问题：(1) 提出以“正常女性”标准取代不考虑性别差异的“正常人”标准，女性的感受成为判断情节严重与否的标准；(2) 雇主应当采取何种救济行为，才能免于为同事之间的性骚扰承担连带责任。

1993 年哈里斯诉叉车公司(Harris v. Forklift Systems, Inc. , 510 U. S. 17, U. S. Supreme Court)一案中，最高法庭扩大了恶劣工作环境的法律适用范围，指出只要雇员因其种族、性别、宗教、籍贯而在工作中受到干扰，不论是否造成实际的心理伤害，都构成歧视，都因此而违反了《民权法案》“第 7 条”。最高法庭还明确界定了判断是否构成恶劣工作环境的几个要素：歧视行为发生的频率和严重性；该行为构成人身威胁，还是仅仅为冒犯性的言语；该行为是否无理干涉到雇员的工作表现。

1998 年法拉格(Faragher v. City of Boca Raton, 524 U. S. 775)一案中，法庭明确规定了雇主的连带责任，在下列三种情况下雇主需要对管理人员的性骚扰行为承担责任：第一，骚扰行为发生在管理人员职务范围之内；第二，雇主将不可委任的职责交给了管理人员，而该管理人员的失职导致雇员受到伤害；第三，雇主与管理人员之间的委托代理关系为管理人员骚扰下级提供了机会，或助长了管理人员在这方面的能力。最高法庭如此判决的目的是推动组织机构积极采取措施，防患于未然，或者，至少在性骚扰事件发生之后尽快做出救济。

2006 年的桑德斯诉麦迪森广场花园(Anucha Browne Sanders v. Madison Square Garden, 525 F. Supp. 2d 364 [S. D. N. Y. 2007])案，以性骚扰案件导致巨额罚金而闻名。

2009 年克劳福德诉纳什维尔市政府(Crawford v. Nashville, 555 U. S. 2009)一案，最高法庭就接受内部调查员工的权利保护进行了规定：就性骚扰案配合进行内部调查的员工，应依据 1964 年《民权法案》第 7 条受到保护，免遭报复。

由于美国法律体制的特点，法庭判例在美国性骚扰相关立法的制定和发展中起了决定性的作用。本书专门萃集了美国性骚扰案的部分重要判例，收于专题五，以飨读者。

参考文献：

Baker, Carrie N. 2008. *The Women's Movement against Sexual Harassment*. Cambridge University Press.

Cochran III, Augustus B. 2004. *Sexual Harassment and the Law: The Mechelle Vinson Case*. University Press of Kansas.

Gold, Michael Evan. 1981. "A Tale of Two Amendments: The Reasons Congress Added Sex to Title VII and Their Implication for the Issue of Comparable Worth". Faculty Publications — Collective Bargaining, Labor Law, and Labor History. Cornell, http://digitalcommons. ilr. cornell. edu/cgi/viewcontent. cgi? article = 1010&context = cbpubs

Johnson, Lyndon Baines. 1963. *Let Us Continue*. Address to Joint Session of Congress. Delivered 27 November 1963. http://www. americanrhetoric. com/speeches/lbjletuscontinue. html

MacKinnon, C. A. 1979. *Sexual Harassment of Working Women: A Case of Sex Discrimination.* Yale University Press.

Stein, Laura W. 1999. *Sexual Harassment in America: A Documentary History.* Westport, Connecticut and London: Greenwood Press.

Zippel, Kathrin S. 2006. *The Politics of Sexual Harassment: A Comparative Study of the United States, the European Union, and Germany.* Cambridge University Press.

专题五

美国重要性骚扰案例

黄　觉

美国在性骚扰立法方面远远走在西方其他国家的前面（见表1《各国反性骚扰法制定时间》），对性骚扰的定义也有其特色（见表2《性骚扰的法律定义》）。由于其法律体制的特点，法庭判例在美国性骚扰相关立法的制定和发展中起了决定性的作用。我们在这里收集了20世纪70年代以来美国重要的性骚扰案例，从中清晰地看到性骚扰立法的发展脉络，以及社会对性骚扰认识的不断深化和细化。

表1. 各国反性骚扰法制定时间

	性别平等法	性骚扰法
美国	1964	（EEOC）1980
欧盟	1976	1990/2002
奥地利	1979	1992
比利时	1978	1992
丹麦	1978	——
芬兰	1986	1995
法国	1983	1992
德国	1980	1994
爱尔兰	1977	1998
意大利	1991	1996
卢森堡	1981	2000
荷兰	1983	1994

续表

	性别平等法	性骚扰法
葡萄牙	1989	－－
西班牙	1980	1989
瑞典	1979	1991
英国	1975	1995

表 2. 性骚扰的法律定义

美国 EEOC（1980）指南	在下列三种情况下，不受欢迎的性要求、性利益索取，或其他带有性意味的语言和行为，均会构成性骚扰： 1　迫使对方接受有关行为，作为受雇的明确或隐含的要求或条件； 2　对方接受有关行为与否，将成为影响个人就业的先决条件； 3　有关行为具有以下目的或导致以下后果： a 不合理地干扰个人工作表现； b 造成令人不安、不友善或令人反感的工作环境。
（欧盟）2002 年平等待遇决议（2002/73/EC of 23 September 2002）	骚扰：与某人的性相关且不受欢迎的行为，其目的或后果损害此人的尊严，或造就了令人不安、不友善、侮辱人格、损害尊严或令人反感的环境， 性骚扰：各种不受欢迎的且带有性意味的语言、非语言或身体行为，其目的或后果损害了人的尊严，特别是造就了令人不安、不友善、侮辱人格、损害尊严或令人反感的环境。 此决议中骚扰和性骚扰的含义，应被视为性歧视，因而遭到禁止。

续表

（德国）1994年联邦雇员保护法	第10条，保护雇员免受职场性骚扰法（雇员保护法）对性骚扰的定义： 性骚扰指各种故意的、以性为目的的行为，这些行为损害了职场雇员的尊严。具体地说，即： 在其他刑罚中规定为非法的性举动和行为， 在遭到对方明确拒绝时，依然做出此类其他行为或要求，带有性意味的身体接触，包含性内容的言辞，出示或展示黄色材料。

20世纪70年代和20世纪80年代前半期可以说是美国性骚扰立法的初级阶段。随着妇女参加劳动的人数急剧增加，性骚扰问题浮出水面，逐渐被视为性别歧视的一种形式。1986年梅里特银行诉文森案是美国最高法庭审判的第一起性骚扰案例，也是美国性骚扰立法的分水岭。此案之前，人们争论的焦点多集中于性骚扰本质，其究竟是个体的不道德行为还是构成性别歧视？何种行为构成性骚扰？以及被告所在公司或机构是否对骚扰者的行为负有责任？此案之后，社会上对性骚扰的性质和范围基本达成共识。此后，人们更加关注的是性骚扰的责任认定，以及不同职业领域中性骚扰法律的适用性。

文森案之后，媒体对性骚扰案例的报道也日益增多。有些案例虽然没有正式起诉，但经媒体铺天盖地的报道（如阿妮塔·希尔[Anita Hill]对最高法院法官克拉伦斯·托马斯[Clarence Thoma]的指控，以及克林顿和莱温斯基的纠纷），社会影响巨大，但对立法进程并没有什么推进作用。本书的目的在于通过判例追溯性骚扰立法的过程，因此没有收入这一类案例，特此说明。

1. 1971 **年斯普罗吉斯诉联合航空公司**（Sprogis v. United Air Lines, Inc., 444 F. 2d 1194, 1198, 7th Circuit, 1971）

【性别歧视案件，性别成为歧视的一个因素。】

原告玛丽·伯克·斯普罗吉斯（Mary Burke Sprogis）是美国联合航空公司的乘务员，1966 年 6 月 19 日被公司开除，原因是她违反了当时公司的一条规定：女乘务员禁止结婚。美联航的雇员中一直有男有女，其海外航线也有男乘务员。公司没有任何规定限制男性雇员的婚姻，对乘务员之外的女性雇员亦无此限制。1966 年 8 月，原告向就业机会平等委员会提出投诉，称公司开除她的行为违反了 1964 年《民权法案》第 703（a）（1）款（即“第 7 条”），构成了非法歧视。鉴于针对航空公司已有数起类似投诉，委员会将其暂时搁置，包括美联航在内的数家航空公司要求委员会出具书面意见，说明女性属于《民权法案》第 7 条和 U. S. C. § 2000e－2（e）规定的职业限制条件（bona fide occupational qualifications）。经过广泛听证，委员会于 1968 年 2 月 23 日作出裁决，认为女性并非航空乘务员的职业限制条件。1968 年 8 月，委员会裁定联合航空公司开除原告的行为的确违反“第 7 条”。两个月后，委员会告知原告有权将其原雇主诉至地区法庭。地区法庭认定原告于 1966 年 6 月 19 日因其婚姻遭联合航空公司解雇。联合航空公司只招收未婚女子为乘务员，但对机组男性成员则没有婚姻限制。法庭裁定美联航解雇原告为非法行为，判决航空公司恢复原告职位，包括恢复其工龄和工龄福利（seniority and longevity rights）。

2. 1974 **年卡米塔·伍德**（Carmita Wood）**案**

【此案并未提交到联邦法院，但在事件过程中，出现“sexual harassment”一词，这一表述对后来产生了重大影响，并成为描述一类行为的通用表达。】

卡米塔·伍德是位四十多岁的妇女，单身母亲，独自抚养两个孩子。她在康奈尔大学核物理系工作，先是担任实验助理，后来升任实验室管理岗位。工作期间，她长期受到系里一位知名物理学家的骚扰。伍德只好尽量与这位物理学家保持距离。长期的压力使她患上肩背痛的毛病，她的右手拇指开始颤抖和发麻。于是她申请调往其他系，未果。伍德只好提出辞职。辞职后，她先去佛罗里达州修养了一段时间，随后回到纽约州伊萨卡市申请失业保险。在陈述失业原因时，伍德因羞于述说事情的前因后果，因此只以“个人原因”敷衍，她的失业保险申请自然未获通过。

美国著名女权主义法学家林·法雷（Lynn Faley）到康奈尔大学举办关于性骚扰的研讨会时，伍德在讲堂上说出了她的故事，并得到女性主义组织的帮助。两位女性主义律师，苏珊·霍恩（Susan Horn）和毛莉·海恩斯（Maurie Heins），自愿帮助伍德申请失业保险，还计划举办一次恳谈会（speak - out），创造机会帮助受到性骚扰的妇女勇敢地说出自己的不幸遭遇。在设计恳谈会告示时，她们希望用一个词将这种经历表达清楚。有人提出“性恐吓”，有人提出“性强迫”，有人提出“工作中的性剥削”，但总觉得这些说法都没有把妇女们的感受完全表达出来。这时有人说出“骚扰”一词，得到一致赞许。于是有了“性骚扰”一词（参见Susan Brownmiller, 1999, pp. 96，280 - 281.）。虽然失业保险委员会认为伍德是出于个人原因提出辞职，因而最终拒绝批准她的失业保险申请，但这一事件将“性骚扰”摆到了公众面前，引起了社会的广泛关注。

3. 1975 年科恩诉博时洛姆公司（Corne v. Bausch & Lomb, Inc., United States Court of Appeals, Ninth Circuit - 562 F. 2d 55）

【第一起以性骚扰为性歧视的案件，但没有得到法庭的支持，因为法庭认为性骚扰纯属个人行为，无涉性别歧视。这是当时社会对性骚扰的普遍认识。】

珍妮·科恩（Jane Corne）和杰妮娃·德维恩（Geneva

DeVane）是博时洛姆公司的文书。其主管普莱斯（Price）经常以言语和身体向其提出带有性色彩的要求。科恩和德维恩不堪其扰，将之告到就业机会平等委员会（EEOC）。其后普莱斯对她们实施报复，迫使二人辞职。二人遂将公司和普莱斯一并告上法庭，指控其违背 1964 年《民权法案》第 7 条，进行性别歧视，侵犯了人权。法庭认定被告所述事实为真，但认为“普莱斯先生的性要求仅为满足个人冲动，与雇主政策无涉，公司亦不能从其举动中获得任何好处，”其举动纯粹出于“个人品性、偏好或修养”，公司并未在雇佣中发生非法的性别歧视，也未违背“第 7 条”。法庭判决指出，“（法庭）若依据‘第 7 条’对此类行为进行判决，则每次任一员工向另一员工提出暧昧或有性目的的要求，都可能引发一场联邦法庭诉讼。而雇主避免此类指控的唯一途径，是雇佣中性员工。”

4. 1976 **年威廉姆斯诉萨克斯比**（Williams v. Saxbe, U. S. District Court, District of Columbia, 413 F. Supp. 654）

【此案中，被告针对控诉提出的辩解与科恩诉博时洛姆公司案的被告辩解如出一辙：第一，性骚扰属个人行为，是针对个人而不是群体；第二，性骚扰无关公司政策或规章，因此不存在性别歧视之说。然而法庭首次认定性骚扰是性歧视，并提出在原告有充分证据证明性别歧视的情况下，机构有义务提出相反证据，才能推翻原告的控诉。担任此案法官的查尔斯·李彻（Charles Richey）虽不是女性主义者，但他一生特立独行，追求正义，以主张和维护个人权利著称，并力主在讨论法律时使用中性语言，抛弃惯用的男性霸权语言（参见 Baker, p. 24）。】

原告戴安娜·威廉姆斯（Diane Williams）1972 年 1 月 4 日临时受聘于美国司法部社区关系服务中心（Community Relations Service, CRS），任期一个月。在此期间，鉴于其工作表现，CRS 将其转为正式雇员，试用期一年，从 1972 年 1 月 4 日开始计算。

此间原告的直接上司是哈维·布林森（Harvey Brinson）。原告威廉姆斯与布林森先生一直保持良好的工作关系，直到布林森先生于1972年6月向她提出性要求并遭到拒绝。此后，布林森先生不断骚扰和侮辱原告，对其工作进行无理指责，向她封锁必要的工作信息致使她无法完成工作，对她的工作建议置之不理，拒绝承认她的专业工作能力，等等，不一而足。1972年9月11日，布林森先生告知原告欲将其解聘，理由是原告不能胜任其工作，并于9月21日正式递交了解聘通知书，解聘于9月22日正式生效。9月13日，原告向就业机会平等委员会提出了性歧视诉讼。被告为当时的美国司法部长威廉·萨克斯比（William Saxbe）和司法部社区关系服务中心主任等人。委员会官员经调查认为，原告有数种选择，包括召开听证会。威廉姆斯于是选择了听证会。听证会于1973年5月至6月间举行。1973年9月11日，听证会认为对威廉姆斯不存在性别歧视。1976年4月，被告先是向哥伦比亚地区法庭提出驳回诉讼的请求，继而提出即决判决（summary judgment）动议，威廉姆斯则先是要求法庭对案件进行重审，后改为要求法庭对机构记录（agency record）作最终裁决。法庭审读了机构记录，认为"记录中含有证明性别歧视的证据。并认为在机构层面，政府并未作出努力证明不存在歧视，反而将责任推给原告，要求其证明存在性别歧视。据此，本庭将案件发回机构进行进一步听证……依照哈克雷诉约翰森案(Hackley v. Johnson, 360 F. Supp. 1247, D. D. C. 1973)，政府应承担举证责任，证明不存在歧视行为"。第二次听证会认为机构没有完成举证的义务，指出原告的"直接上司对其进行恐吓、骚扰、威胁并最终将其解聘，是因其性别对其采取了歧视行为"。哥伦比亚地区法庭据此认为"原告有理由依据第42条§ 2000e－16（a）提出诉讼"。法庭认为，第7巡回上诉法庭于1971年在斯普罗吉斯诉联合航空公司(Sprogis v. United Air Lines, Inc., 444 F. 2d 1194, 1198)案中指出："国会反对各种基于性别成见区别对待男性和女性的行为"，但这并不意味着"只有'性别成见'才构成‘第7条’所规定的性别歧视。这条法律禁止‘以……性别为由……进行任何歧视’。鉴于此，这条法律显然并未将歧视局限于性别成见。”由是，该法庭认为被告“因为错误地领会了‘第7条’中性别被歧视的概念，因此对于法律所禁止的行为理解得过于狭窄”。对于被告以性骚扰无关办公室政策或规章，纯属个别人的行为为由，认为这种行为无关法庭，也无关《民权法案》第7条，哥伦比亚地区法庭指出，这种观点纯粹是站在被告的角度，并“担心法庭从此染指无数联邦机构雇员的社会生活”而形成的。首先，本案究竟是否涉及迫使CRS女雇员接受性要求的政策或行为，是否是无关就业的个人交往，必须由事实决定。倘若原告认为本案为第一种情形，便足以提出诉讼驳回动议。倘若这是原告上司的政策或行为，则也是机构的政策或行为，而这种政策或行为为“第7条”所禁止。其次，本庭认为原告有理由根据“第7条”提起诉讼的判决，并不会导致被告所担心的后果。法律所指并非雇员间的个人争端。然而，本案揭露出某机构某部门主管对雇佣提出了歧视性的条件，此系为法律所明文禁止。法庭认为原告有理由根据《美国法典》第42条§2000e－16（a）提出诉讼。

5. 1977 **年汤姆金诉公用电气公司**（Tomkin v. Public Service Electric & Gas Co., and Herbert D. Reppin, United States Court of Appeals, Third Circuit, 568 F. 2d 1044, 1977）

【法庭拓宽了对性别歧视的界定，认为某种行为只要妨害了当事人的就业权利，不论是针对个人还是群体，均构成歧视。】

原告亚德莉娜·汤姆金（Adrienne Tomkins）1971年受雇于公用电气公司纽阿克（Newark）分部，后稳步升职。1973年8月，原告成为被告之一赫伯特·瑞品的秘书。据原告称，1973年10月30日，汤姆金的主管以谈工作评价为由，约她到公司附近的一家餐馆共进午餐。午餐时，主管提出欲和汤姆金发生性关系，并称如此才能维持良好的工作关系，遭到汤姆金拒绝。事后，主管告诉汤姆金，她若是提出指控，别想从公司获得支持。第二天，汤姆金提出辞职。公司答应将她平级调到另一个岗位后，她答应留下。然而调动的结果是，汤姆金不得不接受另一部门的低级岗位。汤姆金认为公司职员骚扰她，使她遭受身心创伤。从此以后她常常旷工，并因此遭受经济损失。1975 年，公司解雇了汤姆金。之后，汤姆金向就业机会平等委员会提出了申诉，指公用电气公司对其实行就业歧视，并最终向地区法庭提起诉讼。法庭驳回了原告的上诉。法庭认为，"执行'第 7 条'主要是为了消除不公正和长期形成的偏见对充分就业形成的人为障碍。其目标是人尽其用，不论其种族和性别，而不是当性欲驱动下的人身攻击来自某位主管或发生在公司走廊而不是偏僻街巷时，为其提供联邦侵权补偿……不论男女，以主管职权谋取个人利益都是我们的社会经验中令人不快但经常发生的事实。此行为在相关惩罚条例中常认为非法，并可能引发民事侵权诉讼，但并不构成'第 7 条'所指的性别歧视……（男女之间）这种自然的性吸引力殊为微妙。倘若原告的观点流行开来，上级可能根本就无法和其男女下属随意聊天。关系和睦时的晚餐邀请，在关系破裂时可能就演变为一场官司……那时我们可能需要四千位联邦法官，而不是现有的四百多位（才能够应付无数此类案件）"（转引自 Stein, 1999, pp. 40 – 42）。汤姆金不服地区法庭的判决，于翌年向美国第三巡回法庭上诉。巡回上诉法庭参照哥伦比亚地区巡回上诉法庭对巴恩斯诉考斯托案（561 F. 2d 983, 1977）的判决、第四巡回上诉法庭对嘉比诉萨克斯商业产品公司案（552 F. 2d 1032, 1977）的判决，以及哥伦比亚地区法庭对威廉姆诉萨克斯比案（413 F. Supp. 654, 1976）的判决，驳回了地区法庭的判决。第三巡回上诉法庭认为，地区法庭"忽视了汤姆金上诉的主要原因，即其雇主在知情或能够推断的情况下，默许其主管将性要求作为其继续就业或提升的必要条件"。而在上述各案中，法庭对"个别或个人性质的性要求"与"直接影响就业的性要求"做了区分，并认为后一类行为违背了"第 7 条"。法庭就违背"第 7 条"

提出了两条必要条件：第一，提出了就业条件；第二，雇主直接或协助实施了上述条件，造成了性别歧视。法庭进一步明确指出，“将这些条件适用于本诉讼，我们认为倘若主管在雇主知情或显而易见的情况下，向其下属提出性要求，并以该下属应允其要求作为该下属工作评估、继续就业、提升或职业发展其他方面的条件，则构成对‘第7条’的违背。”法庭认为“地区法庭对什么是依据‘第7条’做出的基于性别的歧视理解过于狭隘。对‘第7条’的违背未必局限于‘某种性别特有的’特征……或指向某一性别全体成员的歧视……只需证明性别构成歧视中的重要因素，证明原告倘若‘是个男人，就不会遭此待遇’，就足矣。”

6. 1977年巴恩斯诉考斯托（Barnes v. Costle, US Court of Appeals for the District of Columbia, 561 F. 2d 983, 1977）

【本案对国会反对性别歧视的意图和反性别歧视法律的含义做了详细的阐发，并说明了性别歧视的适用范围。法官认为，此案受害人受到骚扰，纯粹因为其性别，而职场中强迫性的性关系造成了性别不平等。此案的判决在法律上迈出了重要的一步。】

原告宝莱特·L. 巴恩斯（Paulette L. Barnes）是一位黑人妇女，受雇于环境保护局就业机会平等处。该处主任道格拉斯·M. 考斯托（Douglas M. Costle）也是一位黑人。巴恩斯称，她开始工作不久，主任就不断提出性要求。原告称自己一直拒绝他的提议，希望与之保持纯粹的工作关系。主任此后经常单独或伙同其他人有意为难她，骚扰她，并剥夺其工作，最终致使机构终止了她的工作，而起因是她没有满足他的性要求。原告指出，“这一切都是因（其）性别而起”。巴恩斯起初试图通过非正式途径解决问题，但是毫无结果。于是她正式就被开除一事提出投诉，但她并未以性别歧视的名义，而是以种族歧视的名义。这次投诉未获成功。巴恩斯又向文官委员会（Civil Service Commission）求助和投诉。巴恩斯的律师要求上诉和复审委员会（the Board of Appeals and Review）

重新审查记录，以便提出性别歧视的证据。这一要求遭到委员会的拒绝。此后，巴恩斯向地区法庭提起诉讼，状告考斯托违反《民权法案》第7条和民权法第五修正案，对她进行性别歧视。但法庭仅仅重新审阅了行政记录，便同意了被告提出的即决判决动议，裁定所谓歧视行为不包含在《民权法案》之内。法庭认为，原告提出的主管因其拒绝在下班后与之发生性关系而对其采取的报复行为，并不属于1972年《就业机会平等法案》所规定的歧视行为。原告诉讼的实质在于她遭到歧视，但歧视的起因并非她是女性，而是她拒绝与上司发生性关系。这种冲突的主要起因是不和谐人际关系的种种微妙。原告上司的行为固然不可原谅，但并不构成原告因性别而面临就业障碍。地方法庭据此裁定此案不存在性别歧视行为。于是巴恩斯继续向哥伦比亚地区巡回上诉法庭提出上诉。上诉法庭认为，国会通过1964年《民权法案》第7条的意图，是通过法律禁止非政府雇主“因……性别对某人在……工作条件或就业福利方面进行任何歧视”。然而，这项立法建立之初，没有进一步规定禁止的范围，也未作解释。这一条款是反对派企图阻挠法案通过时，在最后关头作为其他禁制令的附属而提出的。《民权法案》通过之后的8年中，国会始终未对这一条做补充立法，或做进一步的解释。然而，1972年《平等就业机会法案》对1964年《民权法案》做了很好的补充。显然国会十分关注就业中的性别歧视，试图以对待其他种类歧视的同等力度打击性别歧视。教育和就业内务委员会（the House Committee on Education and Labor）的报告强烈提醒说，尽管法律已经通过有8年之久，仍需巨大的努力才能提高妇女在就业中的地位。参议院劳动和公共福利委员会（the Senate Committee on Labor and Public Welfare）的报告也提出亟须努力消除性别歧视。多项研究表明，性别歧视与种族歧视具有高度相关性，二者具有相同的特点。自《民权法案》通过之后，13年来，《民权法案》“第7条”已多次被援引，用以打击各种男女不平等的就业措施，包括各种无理测试、歧视性年资系统、举重要求（weight -

lifting requirements，指对雇员抬举重物的能力作出规定），以及仅针对某一性别的身高、体重标准。毫无疑问，国会禁止以性别为由“在雇佣条件和工作福利上”对任何个人的歧视。1972 年《就业机会平等法案》将 1964 年《民权法案》赋予私营企业雇员的反性别歧视权利，扩大到联邦雇员。据此，法庭认为本案所说的歧视行为显然是因为原告的性别。《民权法案》第 7 条禁止对妇女就业实行有别于男性雇员且与其工作表现无关的条件，这早已是不争的事实。倘若本案原告不是女性，就不会有人要求与之发生性关系。原告的上司从未向男性员工提出过类似要求。因此不能从原告的遭遇中排除性别因素，而这种遭遇明显构成《民权法案》第 7 条所禁止的性别歧视。当然，反对就业中的性别歧视的法条并不局限于仅因雇员性别而做出的区别对待。但只要性别是造成歧视的实际因素，就足以构成性别歧视。

法庭同时指出，雇主对于本机构内发生的性骚扰事件，应及时调查、补救，并应制定规则，预防性骚扰的发生。在本案中，倘若原告能够证明其上司在她投诉过程中故意误导她，在其工作安排上故意为难她，并伙同其他主管为其工作制造困难，以便阻止她提出投诉，并因其投诉而对她实行报复，则雇主应承担连带责任。

7. 1979 年米勒诉美利坚银行（Miller v. Bank of America，600 F2d 211，1979，United States Court of Appeals，9th Circuit）

原告玛格丽特·米勒（Margaret Miller）是黑人妇女，受雇于美利坚银行。她在证词中指出，她在公司的表现一贯为“上乘”，但因为拒绝了其上司提出的性要求而遭到解雇。她的上司还称她为“黑妞儿”（black chic）。她于是以种族歧视和性别歧视向就业机会平等委员会投诉，委员会向她发了同意起诉美利坚银行的信函。在地方法庭的审理过程中，美利坚银行提出雇主已制定了反性骚扰政策，且原告没有利用公司的内部政策，因而雇主在此案中不应承担连带责任。地方法庭接受了被告方的辩词。上诉法庭则认为，即使雇主已经制定了反对性骚扰的政策，仍需对公司里发生的性骚扰事件承担责任。巡回上诉法庭的法官以出租车公司为例，指出如果出租车公司的司机在路上撞到行人，不论雇主是否为其提供过安全驾驶培训，不论公司是否有严禁玩忽职守的政策，也不论该司机的行为是故意还是非故意，雇主都必须承担连带责任。因此，巡回上诉法庭认为，如果负责雇佣、解雇、规训、提升员工的管理人员被投诉有性骚扰行为，尽管公司有禁止这类行为的政策，雇主仍应承担连带责任。第9巡回上诉法庭首次提出不论雇主是否知情，是否制定了反对性骚扰的公司政策，都须为公司内发生的性骚扰案承担连带责任。米勒案后，法庭对于雇主责任的看法并不统一，仍有许多法庭以各种理由拒绝判定雇主为其雇员的性骚扰行为承担连带责任。

8. 1980年亚历山大诉耶鲁大学(Alexander v. Yale University, 631 F. 2d 178, 1980, U. S. Court of Appeals for the Second Circuit)

【本案律师首次提出1972年《教育修正案》第9条（Title IX of）禁止教育歧视适用于性骚扰。】

耶鲁大学的五位女生，罗尼·亚历山大（Ronni Alexander）、玛格丽·莱弗勒（Margery Reifler）、帕米拉·普莱斯（Pamela Price）、莉莎·斯通（Lisa Stone）和安妮·奥利华留斯（Ann Olivarius），向康涅狄格州地区法院起诉耶鲁大学，称耶鲁大学拒绝处理女生对男教员和男职员提出的严重性骚扰投诉，因而违反了1972年《教育修正案》第9条。罗尼·亚历山大指称其长笛教师凯斯·布莱恩（Keith Brion）不断向她提出性要求，并强迫与她发生性关系，迫使她放弃学习长笛，从而也放弃了以此为职业。她向耶鲁大学提出投诉，但如石沉大海，始终没有得到答复。玛格丽·莱弗斯称受其曲棍球教练的长期骚扰，对学业造成影响。她欲向有关当局提出投诉，但苦于没有合法程序。帕米拉·普莱斯称其老师雷蒙德·杜华尔（Raymond Duvall）向她提出性要求，并以此作为给她“A”等成绩的条件。她拒绝了，因此那门课她只得了“C”。她认为这个评分不公平，没有反映她的学业成绩，而是她拒绝老师性要求的结果。她向耶鲁大学当局提出投诉，但大学当局没有对此事进行调查，并说对此毫无办法。莉莎·斯通称与另一女生谈论后者遭受性骚扰而投诉无门的经历，由此“情绪低落”，失去了“求学所需的宁静”，并且“害怕与耶鲁的权势男性交往”。安妮·奥利华留斯称自己遭受性骚扰后，耶鲁大学拒绝调查，因此她只得自己花钱费力进行调查。在调查过程中，她受到相关人的威胁和恐吓，而耶鲁大学的官员丝毫没有为她提供任何保护。五位女生因此向法院起诉耶鲁大学，请求法庭裁定耶鲁大学关于性骚扰的政策和行为违背了第 9 条，并请求法庭责令并监督耶鲁大学建立相关机制，接受、调查并裁决性骚扰投诉。地方法庭驳回了除普莱斯以外其他四位女生的上诉。法庭认为斯通和奥利华留斯不能举证说明自己被排斥在联邦政府资助的任何教育项目和教育活动之外，也未能举证说明自己被剥夺了这类项目和活动所带来的益处，而第 9 条不能扩展适用于氛围和间接感受的伤害，因而原告无法证明自己被剥夺了第 9 条所赋予的权利。法庭认为亚历山大尽管遭受了性骚扰，但她已经毕业，日后重拾长笛课程的假设也就失去了意义。法庭认为莱弗斯虽然声称受到骚扰，但并未向耶鲁的任何人投诉，因而无法证明耶鲁有意剥夺了她的权利，仅凭雇主责任这个概念不能依据第 9 条适用基于骚扰的性别歧视。普莱斯于是提出集团诉讼请求，但是她的请求被驳回。法庭经过审理认为，普莱斯所说的性骚扰并未发生，她的“C”等成绩纯属对她的学业评判。法庭虽然承认耶鲁大学的反性骚扰程序不够健全，却并未责令耶鲁制定新程序。第二巡回上诉法庭驳回了原告的上诉请求，支持地区法庭的裁决。

9. 1981 **年班迪诉杰克逊**（Bundy v. Jackson，641 F. 2d，934，U. S. Court of Appeals for the District of Columbia）

【确定恶劣环境性骚扰也是性别歧视，是对《民权法案》第 7

条的违反，并明确规定了雇主的责任。此案和同时期的另外两个案例（Brown v City of Guthrie, 22 Feb. Empl. Prac. Cas. BNA 1627, W. D. Okla. 1980; Minnesota v Continental Can Company, 297 N. W. 2d 241, Minn. 1981）开了重要的、影响深远的先例，成为公众关于性骚扰的讨论的焦点，大大提振了女性主义者的士气。】

原告桑德拉·G. 班迪（Sandra G. Bundy）是哥伦比亚特区矫治部（District of Columbia Department of Corrections）的职业康复专家（vocational rehabilitation specialist）。自1972年开始，班迪收到并拒绝了被告戴尔伯特·杰克逊（Delbert Jackson）——原告的同事，诉讼时任矫治部主任——的性要求。两年后，班迪的两位上级，阿瑟·伯顿（Arthur Burton）和詹姆斯·盖尼（James Gainey），也向她提出性要求。这种情况直接影响了班迪的工作。自1974年6月始，伯顿不断将班迪叫到他的办公室，要求班迪在工作日下午到他的公寓去，并询问班迪的性喜好。盖尼成为班迪的直接上司后，也向班迪提出性要求，提出要带班迪去汽车旅店，并要求班迪和他一起去巴哈马。班迪向二人的上级劳伦斯·司怀恩（Lawrence Swain）投诉二人，司怀恩对此一笑置之，并说"任何头脑正常的男人都会想要强奸你"，接着就要求班迪到他的公寓与之发生性关系。由于拒绝与其上级发生性关系，班迪的工作提升受到阻碍。班迪于是向就业机会平等官员做了非正式咨询，并要求会见司怀恩的上级克劳德·伯金（Claude Burgin）。1975年2月18日，班迪与伯顿及伯金谈话，向伯金反映伯顿和盖尼对她的性骚扰以及由于其拒绝二人而导致无法提升。伯金却说班迪未能得到提升的原因，是她的工作没有做好。会谈后，班迪向机构的就业机会平等委员会主管阿奎拉·吉尔莫（Aquila Gilmore）提出非正式性骚扰投诉。但吉尔莫反而说这样的投诉很难举证，并警告她不要诬告他人。吉尔莫并未向当时任矫治部（Correction department）主任的戴尔伯特·杰克逊汇报此事。杰克逊安排于4月14日与伯金、伯顿和班迪面谈此事，但当时已任机构人力管理部主管的吉尔莫和业务部副主任查尔斯·罗杰斯（Charles Rogers）也参加了会谈。此二人的出现出乎班迪的意料，并使她羞于讨论性骚扰事件。于是这次会谈只讨论了班迪升职的可能及其所谓的工作不称职。此后，班迪向机构的就业机会平等委员会提出了正式投诉，但杰克逊并未就此事展开正式调查。1976年7月，班迪得到工作“称职”的评价，并获得提升。但进一步的提升仍然困难重重。1977年8月3日，班迪向地方法庭提起诉讼。地方法庭经调查，发现原告所属机构“向女雇员提出不恰当性要求的做法已成为常规，成为家常便饭，是就业中的常态”，而机构主任未能认真对待原告提出的投诉。但法庭拒绝了原告提出的确认赔偿要求或禁令救济（declaratory or injunctive relief），认为性骚扰本身并不构成“第7条”和U. S. C. 42 2000e－2（a）（1）（此条对非法雇佣行为做了明确规定）所规定的“在工作条件或就业福利方面”的歧视。法庭同时拒绝原告提出的因延迟提升而产生的赔偿金要求，指出雇主有独立、合法的理由延迟并拒绝提升。1980年，班迪向美国哥伦比亚特区巡回上诉法庭提出上诉。巡回上诉法庭认为地区法庭错误地解释了“第7条”关于确认赔偿和禁令救济的规定，对工作提升问题所做的分析也不恰当。巡回上诉法庭指出，巴恩斯一案的判决中已经清楚表明，根据“第7条”，性别歧视不仅仅指对某一性别或某一性别中的部分人群作区别对待。只要性别成为区别对待的不正当理由，这种区别对待就构成性别歧视。因此，班迪显然因为其性别而遭受了歧视。并且，依据巴恩斯一案，不难断定骚扰已经成为班迪雇主的“标准运作程序”。巴恩斯一案建议，倘若雇主制定了相应政策，并对主管人员的骚扰行为不知情，或是采取了及时有效的措施纠正此种行为，则无须承担责任。而雇主戴尔伯特·杰克逊本人尽管并没有利用其职权骚扰班迪，却在完全知情的情况下，没有采取任何措施阻止主管人员的骚扰行为，甚至不对此进行调查。根据巴恩斯一案，尽管受害者仅有班迪一人，雇主仍需承担因其性别而对其进行歧视的责任。班迪在本案中还提出，只要女性雇员遭受了性骚扰，即使雇主并未因其不从而剥夺其任何实际的工作福利，该雇主仍然违背了“第7条”。这对于法庭来说是一个新问题。班迪指出“就业条件”包括心理和情感工作环境，她毫无疑问受到了带有性别成见的侮辱和侮辱性的提议，这些使她感到焦虑和无助。法庭援引了哥德堡（Goldberg）法官对罗杰斯诉就业机会平等委员会（Rogers v. Equal Employment Opportunity Com'n, 454 F. 2d 234, 5th Cir. 1971）一案的裁定。该裁定认为，“工作条件和就业福利”是一个非常宽泛的概念，包括禁止一切致使工作环境中充满民族或种族歧视的行为。此类“歧视性环境”案例与性骚扰有明显的关联。性骚扰将极具侮辱性的性别成见带入一般工作环境，并且造成对个人最大私密的故意侵犯，如何能够不为法律追究？歌德堡法官指出，间接的歧视也是违法的，因为这种歧视有可能是一种诡计，其意图是制造歧视性的工作环境，最终伤害雇员中的少数群体。因此，哥伦比亚地区巡回上诉法庭认为有必要拓展巴恩斯案的裁决，否则雇主只要不将拒绝性骚扰的女员工开除，也不对她采取能够坐实的报复，就有可能对女性雇员进行性骚扰后依然逍遥法外。由于妇女处于就业等级的底层，除了像班迪这样寻求法律援助，她们对性骚扰几乎没有抵抗之力。法律或许能让某位妇女证明自己因为拒绝骚扰而失去了工作或经济利益，但如果其雇主以职务提升或经济收益之外的方式进行报复，法律就彻底无能为力了。也就是说，只要性骚扰做得足够强力、小心，足够突然或者一厢情愿，使得妇女的拒绝不起作用，或者对其拒绝不予理睬，而在形式上保留其职位，她就可能被视为从未受到性骚扰（参见 C. MacKinnon, 1979, pp. 46－47）。在这种情况下，要求雇员证明她曾经“拒绝”甚至毫无意义。倘若雇主并不指望雇员对其言语或动作做出回应，只要她默默忍受，那么妇女甚至无处表达她的拒绝。她对这些既不能接受也不能拒绝，她只能忍受。而雇主则能够不动声色地、有效地迫使雇员忍受性恐吓，使之成为其就业的一项“条件”。而妇女则面临“残酷的三元悖论”——要么忍受骚扰；要么无望地反抗，在法律意义和实际意义上都不大可能成功，只会使得其愈加无法容忍；要么辞去工作，得不到任何法律救济，而且下一个工作很可能仍要遭遇新的骚扰。班迪证明自己的确深受性骚扰和雇主纵容的歧视性工作环境之害。根据“第7条”，其权利受到了侵害。根据就业机会平等委员会1980年颁布的《职场性骚扰指南》（定稿）(*Final Guidelines on Sexual Harassment in the Workplace*)，巡回上诉法庭判定机构主任提请全体雇员关注性骚扰，并告知全体雇员，性骚扰违反1964年《民权法案》第7条、就业机会平等委员会《指南》、哥伦比亚特区市长明确颁布的法令，以及本机构规章。机构主任还应设立并公布一个计划，使得遭受骚扰的雇员能够立即、私密地向主任投诉。主任应及时采取一切必要措施，调查并纠正任何骚扰，包括向骚扰一方提出警告并给予恰当的处分，同时应在机构内制定其他措施，广泛地预防性骚扰。巡回上诉法庭判决机构恢复班迪的职位并对其给予经济赔偿。

10. 1982 **年汉森诉邓迪市**（Henson v. City of Dundee, 682 F. 2d 897, 1982, U. S. Court of Appeals for the Eleventh Circuit）

【本案明确提出判断恶劣环境的五条标准】

芭芭拉·J. 汉森（Barbara J. HENSON）1975年始受雇于邓迪市警察局，任调度员。警察局共有5名警官。汉森的工资由联邦政府通过《全面就业培训法案》（Comprehensive Employment Training Act, CETA）支付。警察局还有另外5名像汉森这样通过该法案参加工作的调度员，其中一位女职员通常和汉森上同一班，其他4位都是男性。汉森称在警察局服务的两年里，她和那位女同事受到邓迪市警察局长约翰·塞尔格伦（John Sellgren）的性骚扰。并说这导致她最终于1977年1月28日提出辞职。1977年5月，汉森向就业机会平等委员会对邓迪市提出性骚扰投诉。1978年1月31日，委员会批准其上诉权。同年3月，汉森向佛罗里达中区提起诉讼。在案件审理过程中，汉森试图证明自己遭受了三种类型的性骚扰。

首先，塞尔格伦制造了恶劣的工作环境。她和她的同事迪克斯证明，塞尔格伦两年间多次当众向她们提出侮辱性的性要求，并恶语相向。汉森还称，塞尔格伦除此之外，还多次要求与她发生性关系。然而地区法庭不允许汉森的律师呈交塞尔格伦也向迪克斯提出性要求的证据。汉森还说，她曾于 1976 年向邓迪市市政经理（city manager）简·伊顿（Jane Eden）投诉过塞尔格伦的行为，但伊顿没有采取任何措施阻止塞尔格伦。其次，汉森提出，她 1977 年 1 月 28 日提出的辞职，实际上是基于性别的解雇，违反了“第七条”。她说，1977 年 1 月 18 日，塞尔格伦以将食物带入调度室因而违反办公室规章为由，对她停职两天。汉森指出，这条规则以前从来没有真正执行过，她认为这是塞尔格伦向她提出警告，如果不接受他提出的性要求，就要将她解雇。因此她声称自己的辞职是出于无奈。最后，汉森指出，因为她拒绝了塞尔格伦的性要求，后者就不同意她到当地警察学院学习。她说塞尔格伦说得很清楚，如果她同意与之发生性关系，他就帮助她获得市政经理的批准，进入警察学院。汉森和迪克斯都证明，在此期间，两位 CETA 男性调度员被送入警察学院学习。其他证人和两位男雇员的就业记录证明了此事。此外，市政经理证明汉森符合进入警察学院的条件，如果塞尔格伦向他提出汉森本人有此意向，他会批准汉森进入警察学院学习。地区法庭判决汉森败诉的理由是：（1）汉森提出的恶劣工作环境不能单独构成对“第 7 条”的违反，除非塞尔格伦对汉森造成了实际损害；（2）地区法庭不认为汉森的辞职是迫于恶劣工作环境，法庭发现汉森与警察局的一名警官罗伯特·欧文斯（Robert Owens）有染，而欧文斯于 1977 年 1 月被迫辞职。法庭认为这才是汉森辞职的真正原因；（3）地区法庭的法官不相信塞尔格伦因为汉森没有满足自己的性要求而阻止后者进入警察学院。法庭发现两名男性 CETA 雇员并未到警察学院学习，并且认为塞尔格伦从未向迪克斯提出过性要求。于是原告提出上诉。美国第 11 巡回上诉法庭在审理过程中，提出了判定恶劣工作环境的 5 个因素：

（1）雇员属于受保护的群体。其他性别歧视案例中也有这样的要求。所有雇员，不论男女，都属于这一范畴。

（2）雇员受到不受欢迎的性骚扰。因为就业机会平等委员会的规章早已对性骚扰行为有了界定，并且此前已有多起性骚扰案例，所以这一条也不难判定。

（3）骚扰行为是以性别为基础。依据“第 7 条”而提出的歧视诉讼，其实质是雇员或求职者因为某种被禁止的标准而遭受不利待遇。此前已有一系列此类案件。原告要证明自己由于遭受性骚扰而处于恶劣的工作环境，就必须证明倘若自己是另一种性别，就不会成为骚扰对象。

（4）所投诉的骚扰行为涉及就业的“约定、条件或利益”，包括就业者的心理健康。如果某种行为有一定的普遍性，对就业条件产生了影响，并导致了侮辱性的工作环境，这种行为就构成性骚扰，可依据“第 7 条”提起诉讼。职场性骚扰对心理状态的影响程度，尚需根据各方面的情况综合判断。

（5）雇主责任制。原告若提出雇主应对原告上级或同事导致的恶劣环境负责，则必须证明雇主知情或应该知情，但没有及时采取救济行为。原告若向上级主管投诉过骚扰行为，或证明骚扰行为相当普遍，则能够证明雇主的知情。第 11 巡回上诉法庭认为，在本案中，汉森提供了确凿的证据，证明了违反“第 7 条”所需具备的一切因素，因此败诉的判决是错误的。汉森有权要求地区法庭重新审理其案件。

11. 1986 **年梅里特储蓄银行诉文森**（Meritor Savings Bank v. Vinson, U. S. Supreme Court）

【这是美国最高法院判决的第一起性骚扰案。在上诉到最高法庭之前，此案和 20 世纪 70 年代败诉的性骚扰案有些区别：20 世纪 70 年代败诉的案件，多因为法官认为性骚扰并不违反“第 7 条”，不构成歧视行为。而哥伦比亚地区法庭审理文森案的哈特

(Hart) 法官认为性骚扰违背了“第 7 条”，但他认为本案原告所控诉的性骚扰行为证据不足，无法证明其真实存在。这种区别从一个侧面反映出人们对性骚扰的认识发生了转变。】

1974 年 9 月 9 日，19 岁的黑人女青年米歇尔·文森（Mechelle Vinson）由于一个偶然的机会，在西德尼·L. 泰勒（Sidney L. Taylor）的帮助下，受雇于华盛顿特区“首都城市联邦储蓄和信贷协会”（Capital City Federal Savings and Loan Association，后几经合并，更名为梅里特储蓄银行）的西北分部做见习出纳员，在泰勒手下工作。四年后，经过数次提升，她成为总收付员和分部副经理。一开始，泰勒对文森非常友好，关照有加，使文森感到温暖。1975 年 5 月中旬的一天，泰勒和文森下班后到一家中国餐馆吃饭，泰勒向文森提出性要求，被文森拒绝。泰勒便以解雇相威胁。文森害怕失去工作，跟随泰勒到一家旅馆，在泰勒的强迫下与其发生性关系。此后，泰勒经常向文森提出性要求，并在工作时间对她动手动脚，甚至当着其他同事的面出言轻佻。1978 年 9 月 22 日，文森向哥伦比亚地区法庭提起诉讼，状告泰勒违反“第 7 条”，对她实行性骚扰，并将银行一并告上法庭。1978 年 11 月 1 日，文森向银行投递了辞职信，银行于当日将文森除名。文森说，泰勒还对其他职员进行性骚扰，并篡改她的缺勤记录，威胁她的生命，迫使她请长期病假。但泰勒否认文森指控的所有行为，并反指文森的起诉是对他进行报复，因为他拒绝了文森的性暗示，并且在工作中二人出现分歧。被告一方还从银行找来几位证人，说明文森平日衣着、言行就不够端庄。1980 年 1 月 21 日，哥伦比亚地区法庭开庭审理这一案件。1980 年 2 月 26 日，法官宣布了对本案的判决。由于原告从未按照银行内部程序对泰勒提出过性骚扰投诉，也从未向银行任何官员对泰勒提出投诉，也从未向 EEOC 提出过类似投诉，法官认为原告对被告的性骚扰起诉证据不足。因此，他裁定“原告不是性骚扰受害人，在 1974 年 9 月 9 日到 1978 年 11 月其受雇于‘首都’期间，也未遭受性骚扰。”“即使原告在其受雇于‘首都’期间与泰勒确有亲密关系或性关系，这种关系也是原告心甘情愿的，与其在‘首都’继续工作或者获得晋职或提升，毫无关联。”法庭还认为，银行对泰勒的行为并不知情，因而不应承担雇主连带责任。

1980年11月10日，文森向哥伦比亚地区巡回上诉法庭提起上诉。1982年2月16日，哥伦比亚地区巡回上诉法庭的三位法官组成听证小组，听取文森诉泰勒案的口头辩论。这三位法官是较为保守的斯堡茨伍德·罗宾森（Spottswood Robinson），和第一起恶劣环境性骚扰胜诉案的法官J. 斯凯里·怀特（J. Skelly Wright），以及第一起认定交换性性骚扰违背“第7条”案件的法官爱德华·S. 诺斯罗普（Edward S. Northrop）。然而直到1985年1月25日，巡回上诉法庭才做出裁决。

到巡回上诉法庭对文森案做出裁决时，法庭对性骚扰的认定和判例又有了新的进展，通过班迪案确认了恶劣环境性骚扰。巡回上诉法庭的法官认为，地区法庭的法官在裁决此案时，只考虑文森与泰勒的关系是否直接影响到文森的就业和提升，即是否构成交换性性骚扰，而未考虑“泰勒是否制造或纵容了带有强烈歧视性的工作环境，不论投诉的雇员是否因歧视而损失了任何有形的工作福利，”亦即地方法院法官没有把恶劣环境性骚扰考虑进来。

关于文森是否同意泰勒提出的性要求，巡回法庭的法官意见认为，EEOC对性骚扰的定义落在“不受欢迎”上，并未将骚扰行为限制在身体或其他方式的强迫性上。如果因为受害人屈服了便认为这种关系是自愿的，而自愿的关系——不论担心失去工作的一方是否欢迎——便不构成性骚扰，那么受害一方就只能陷入班迪案中指出的那三种残酷选择：要么接受，要么拒绝，要么辞职。甚至会出现更为残酷的第四种选择：被迫接受且没有任何通过法律途径寻求公正的希望。因此，法庭在考量本案时，不应纠缠于文森的衣着和个人作风，而应该搞清楚雇员对骚扰者的忍让是否成为其继续就业的一个条件。

关于雇主责任，因为没有先例可供援引，巡回法庭的法官便从解释现有法律条文入手，进行判断。“第 7 条”指出应承担连带责任的包括雇佣人数达到或超过 15 人的雇主及此类雇主的“任何代理人”。EEOC《指南》更是明确规定：“根据‘第 7 条’的一般原则，雇主……应对其本人及其代理人和管理人员的性骚扰行为承担责任，不论雇主是批准还是禁止所投诉的行为，也不论雇主对这些行为是否知情或是否理应知情。”据此，巡回上诉法庭认为文森的举证足以根据“第 7 条”提出性骚扰起诉，并将此案发回地方法庭重审。

巡回法庭的裁决对被告一方造成重创，被告方决定向最高法庭上诉。但是最高法庭接受上诉的可能性微乎其微，每年大约只有百分之五（后来进一步降低为百分之一）的上诉请求得到最高法庭的批准（参见 Cochran III, 2004, p. 87）。为了尽量争取获准上诉的机会，被告想出一条妙计，要求哥伦比亚地区巡回上诉法庭的全体法官集体重新听证。该法庭的法官以其自由主义倾向和敢于创新而闻名，尽管 20 世纪 80 年代里根任总统后向该法庭任命了几名保守主义倾向的法官，但被告在重新听证中获胜的机会依然微乎其微。而且该法庭每年接到的重新听证申请，只有约十分之一获得批准（参见 Cochran III, 2004, p. 87）。但被告的目的是利用申请重新听证的机会，让著名的保守主义法官罗伯特·博克（Robert Bork）对巡回法庭的裁决发表反对意见，以引起最高法庭的注意。这一招果然奏效。尽管哥伦比亚地区巡回上诉法庭以 7:3 的票数驳回了重新听证的请求，但博克法官痛批了法庭裁决。1985 年 10 月 7 日，最高法庭向银行发出了上诉许可令（writ of certiorari）。最高法庭希望以此为契机，在一个快速发展的法律领域正本清源，统一标准（参见 Cochran III, 2004, p. 91）。

文森案引起了多方极大的关注，法庭收到好几个组织提交的“法庭之友陈述书”（amicus curiae brief）。这些组织从自身的利益出发，对文森案发表意见，表现出截然不同的立场。以美国政府和就业机会平等委员会为代表的一方，虽然承认恶劣环境性骚扰构成了违反“第7条”，但他们更多站在银行一方，认为性骚扰与性暴力是两码事，性要求属于个人私事，不应将不合时宜的性要求一概视为性骚扰。在雇主责任上，美国政府和就业机会平等委员会的陈述书更是坚定地站在银行一方，反对在这一方面采取严格的标准，并对提出应区别对待性交换与恶劣环境，认为雇主应对前者承担责任，而对后者，雇主只有在知情而放任的情况下，才需要承担责任。与美国政府和就业机会平等委员会站在同一立场的，还有商会、波士顿大学董事会和一个名为“平等就业顾问委员会”（Equal Employment Advisory Council）的雇主私人协会（参见 Cochran III, 2004，pp. 98 – 100）。

更多的陈述书出自妇女组织。妇女组织毫不含糊地站在文森一边。妇女司法辩护基金会（Women's Legal Defense Fund）率领18个维权组织、纽约职业妇女学院（Working Women's Institute）率领西北地区的14个妇女权利组织，以及纽约女律师协会（Women's Bar Association）在法庭之友陈述书中指出，“性骚扰实质性地阻碍了妇女获得平等就业的机会”，并认为不论从实际角度还是从法律角度，管理人员所行使的是雇主的权力，因而雇主应对所辖范围内的性骚扰事件负责（Cochran III, 2004，p. 101）。29位国会议员（6位共和党人和23为民主党人）和加利福尼亚、康涅狄格等18个州也分别提交了法庭之友陈述书，支持雇主对性骚扰事件承担责任。18个州的陈述书作者中，不乏美国政坛的重量级人物，如明尼苏达州总检察长休伯特·汉弗雷第三（Hubert Humphrey III）、康涅狄格州总检察长约瑟夫·利伯曼（Joseph Lieberman）。

经过法庭辩论和法官集体讨论，1986年6月10日，最高法庭宣布了由任奎斯特法官（Justice Rehnquist）执笔的法官意见。

最高法庭有史以来第一次正式宣布性骚扰为歧视行为：“毫无疑问，倘若上级因下级的性别而对下级进行性骚扰，该上级就在性别上施行了歧视”（转引自 Cochran III，p. 114）。但是最高法庭法官意见也认为不能将职场的一切行为都视为骚扰。非法的性骚扰“必须具有一定的严重性或普遍性，以至于影响了［受害者的］就业，制造了侮辱性的工作环境” （转引自 Cochran III，2004，p. 115）。法官意见支持文森的观点，认为泰勒对文森的行为“不仅是无孔不入的骚扰，而且是最严重的犯罪行为，因而足以提出‘恶劣环境’性骚扰的指控”（转引自 Cochran III，2004，p. 115）。据此，最高法庭支持巡回上诉法庭驳回地区法庭判决的行为。此外，任奎斯特法官在意见书中特别指出，判定性骚扰的标准不是当事人是否同意发生关系，而是这种关系是否不受欢迎。

在雇主责任方面，最高法庭法官意见书不赞同巡回上诉法庭的观点，即认为只要管理人员发生性骚扰事件，雇主都必须承担连带责任。但意见书也不赞同银行的意见，即雇主只要制定了投诉程序和反歧视政策，就能免于承担连带责任。在雇主责任问题上，最高法院的 9 位法官出现了分歧。

最高法庭将案件发回地区法庭重审。数年后，1991 年 8 月 22 日，在地方法庭庭审之前，原、被告双方达成庭外和解。和解条件至今保密，不得而知。有人分析，银行方面愿意达成和解，是为了避免不久即将实行的 1991 年《民权法案》。新《法案》规定违反“第 7 条”因而构成对他人歧视的一方，可能被处以赔偿金和罚款。而原告一方愿意庭外和解，是因为不愿意再次当众——不仅是在法庭，而且当着众多媒体的面——揭开令人痛苦的伤疤（参见 Cochran III，2004，p. 126）。

文森案在美国性骚扰立法过程中是一个分水岭，具有里程碑的意义。

文森案之后，美国以性骚扰起诉的案件大幅度增长。1986 年之前，EEOC 每年接到的性骚扰投诉不到 10 起，而 1986 年上升到 624 起，1995 年更是多达 4626 起（Cochran III，2004，p. 168）。文森案虽然留下一些争论悬而未决，如是否应通过法律改变社会习俗和社会结构，法律在什么程度上能够改变社会行为，以及通过法律重塑社会关系有什么好处等（参见 Cochran III，2004，p. 166），但这起案件引起媒体的关注，大量的媒体报道的确引发了公众对性骚扰的态度和文化发生变化。参与这起案件的律师对这起案件的意义有极高的评价，纷纷认为这是职业生涯中可遇而不可求的经历，而法庭的结果惠及普通百姓。研究者更是高度评价这一案件的意义。达纳·卡兰德（Dana Kaland）和帕特里夏·盖斯特（Patricia Geist）认为，单独靠法律手段或组织手段都不能有效阻止性骚扰，帮助受害者，而这起案件将两条道路结合起来，取得了成功。杰弗雷·罗森（Jeffrey Rosen）曾批评性骚扰法对个人行为采取了过度反应，但他认为文森案提高了公众和社会对性骚扰的敏感度，因而使男性和女性在工作中能够互相尊重，更加文明、平等地相处。玛塔·卡马拉斯（Martha Chamallas）认为这起案件标志着"女性主义对法律的干预已经影响了职场男女交往的文化意义"。而最为一锤定音的评论，出自凯瑟琳·麦金农。她在 2002 年的一篇文章中写道："妇女的痛苦冲破公众的沉默，她们公开宣称性侮辱是对其平等权利的剥夺，奋起抵抗，而社会运动演变为制度变革，制度变革又引发更多的社会运动"（转引自 Cochran III，2004，p. 193）。

12. 1988 **年简森诉艾佛莱斯铁矿公司**（Jenson v. Eveleth Taconite Co.，United States Court of Appeals FOR THE EIGHTH CIRCUIT，No. 97－1147）

这是美国第一起集团上诉的性骚扰案。艾佛莱斯铁矿女工罗伊斯·E. 简森（Lois E. Jenson）、帕特里夏·S. 科斯玛奇（Patricia S. Kosmach）和凯思林·奥布莱恩（Kathleen O' Brien）代表本人和公司其他有相同遭遇的女雇员（共 16 人），因不堪忍受恶劣的工作环境而将公司告上法庭。简森 1975 年开始在明尼苏达州北部的艾佛莱斯矿工作。在矿上，她和其他女工不断受到男同事的侮辱，包括性骚扰、污言秽语、威胁和恐吓。矿上的工具间、午餐室、办公室、更衣室墙上和桌子上四处可见不雅涂鸦和招贴画。

1984年10月5日，简森向明尼苏达州人权部门提出投诉。1987年，明尼苏达州政府责令艾佛莱斯矿的共同拥有者、位于克利夫兰和俄亥俄州的奥格贝诺顿公司（Ogebay Norton Co.）向简森支付6000美元罚款和5000美元精神损失费，遭到该公司拒绝。1988年，律师保罗·斯普兰格（Paul Sprenger）代表简森和科斯玛奇提出诉讼，状告艾佛莱斯铁矿公司、艾佛莱斯拓展公司、奥格贝诺顿公司和奥格贝诺顿铁矿公司（合称艾佛莱斯矿业集团）违反2000e-2、"第7条"和《明尼苏达州人权法案》363.03附1（2）。1993年5月13日，地区法庭宣判矿业集团在提升高级工长和工长的职位中有性别歧视行为，并存在性骚扰。根据42 U.S.C. §2000e-5（f）（5）和《联邦民事诉讼规则》第53条，法庭指定了一名专家确定赔偿金和罚金。根据《明尼苏达州人权法案》，补偿金包括受害者的拖欠工资、遣散费和精神损失费，但对精神损失未做明确界定。本案专家为此案取得7469页证词，撰写了416页报告，将精神损失界定为不平、尊严受损、公开受辱和绝望等痛苦情绪，并裁决公司向部分原告支付精神损失赔偿，但无须支付罚金。然而原告不满于这样的结果，于1997年10月21日继续向第8巡回上诉法庭提出上诉。巡回上诉法庭的法官认为艾佛莱斯矿业集团的日常工作环境充满了对女性的敌意，性骚扰是"家常便饭"，男性掌控着"权力、职位和工作气氛"。巡回上诉法庭认为艾佛莱斯矿业集团存在的性骚扰现象残忍、持久，不可避免地损害了女工的自尊，使她们的精神和心理受到无法弥补的伤害。为此，上诉法庭责令地区法庭重新审理此案。1998年12月23日，15位被告与矿业集团达成协议，总共获得350万美元的赔偿。帕特里夏·科斯玛奇在这一天到来之前便含恨辞世。此案从开始起诉到巡回上诉法庭最终裁决，历经10年。巡回上诉法庭为此呼吁加快司法进程，指出如此漫长、痛苦的延宕只会使人民对司法解决望而却步，而不能通过法律使之获得公正。

13. 1991 年艾莉森诉布拉迪(Ellison v. Brady, 924 F2d 872, U. S. Court of Appeals for the Ninth Circuit)

【本案考虑了两个方面的问题：1. 如何判定某一行为情节严重、范围广泛，影响了雇员的就业条件，导致了恶劣工作环境，提出以“正常女性”标准取代不考虑性别差异的“正常人”标准；2. 雇主采取何种救济行为则可免于为同事之间的性骚扰承担连带责任。】

凯莉·艾莉森（Kerry Ellison）自 1984 年开始成为加利福尼亚州圣马修（San Mateo）国内收入署（Internal Revenue Service）的税务员。1986 年，与她同年入职的同事斯特灵·格雷开始一厢情愿地追求她，不断给她写情书，均遭到她的婉拒。艾莉森向上级报告了这种情况，上级决定将格雷从圣马修市调到旧金山市。但几个月后，在格雷的强烈要求下，国内收入署和工会同意格雷调回圣马修市。艾莉森得知此消息后，正式提出了性骚扰投诉，然而她的投诉被财政部驳回。财政部认为艾莉森的情况不符合 EEOC 规定的性骚扰模式。艾莉森于是向 EEOC 上诉，也被驳回。EEOC 认为机构已经对艾莉森所投诉的行为采取了足够的措施，防止格雷重复其行为。艾莉森于是向地方法庭起诉财政部长尼古拉·F. 布拉迪(Nicolas F. Brady)，但地方法庭驳回了她的起诉，认为她提出的表面证据不确凿，不足以支持其恶劣环境性骚扰的起诉。艾莉森进一步向巡回上诉法庭上诉。

第 9 巡回上诉法庭指出，单凭一两句不恰当的言辞，不能构成恶劣环境性骚扰，但是恶劣环境性骚扰也不意味着骚扰行为必须严重到给受害者造成心理创伤。格雷的行为已经影响到艾莉森的就业条件，并导致了侮辱性的工作环境。法庭认为，在判定性骚扰行为的严重程度时，应侧重考虑受害者的感受。如果仅仅考虑一个“正常人”（reasonable person）是否会做出相关行为，则可能无法阻止，甚至会无意间强化某种普遍存在的骚扰行为。因此，法庭应充分考虑男性和女性的不同感受。许多在男性看来无所谓的言行，却让女性觉得受到冒犯。考虑到性骚扰的受害者绝大多数为女性，法庭提出女性原告对于恶劣环境性骚扰的举证，只要在“正常女性”（reasonable woman）眼里严重到足以改变雇员的就业条件，就能够成立。由于无视性别差异的“正常人”标准常常向男性倾斜，普遍忽视女性的感受，因此“正常女性”标准不算给女性提供额外保护。有意识地从性别角度考察性骚扰问题，能够帮助女性在与男性平等的基础上参与职场。

关于雇主责任，法庭指出，根据 EEOC《职场性骚扰指南》，雇主对性骚扰事件采取的救济措施应该“及时并恰当”，并“经过合理考量，能够制止骚扰行为”。其合理性取决于救济措施能否有效制止骚扰行为。在本案中，政府为了让格雷撤销提交给工会的投诉而同意将他调回圣马修市，之前并未征求艾莉森的意见，说明政府在防止性骚扰的过程中，没有充分考虑受害人的感受。

据此，巡回上诉法庭驳回地区法庭的裁决，将案件发回重审。

14. 1993 年哈里斯诉叉车公司（Harris v. Forklift Systems, Inc., 510 U. S. 17, U. S. Supreme Court）

【最高法庭扩大了恶劣工作环境的法律适用范围，指出只要雇员因其种族、性别、宗教、籍贯而在工作中受到干扰，不论是否造成实际的心理伤害，都构成歧视，都因此而违反了“第 7 条”。】

特丽莎·哈里斯（Teresa Harris）自 1985 年 4 月至 1987 年 10 月间，在叉车公司担任部门经理。当时查尔斯·哈代任叉车公司总经理。在此期间，哈里斯多次因为性别受到哈代的侮辱。后者多次当众对哈里斯说：“你是女的，你懂什么”，“我们要个男的做租赁部经理”，并至少一次当众骂她“傻×娘们”。他还常常不顾她的反对，对她说“荤话”。哈代不止一次当着女雇员的面将东西扔在地上，令女雇员拾起。1987 年 8 月中旬，哈里斯不堪忍受哈代的言行，向他提出正告。哈代随之向哈里斯道歉，并保证今后不再有这类言行。在这种情况下，哈里斯同意继续留在叉车公司。但9月初，哈代故伎重演。10月1日，哈里斯辞去了叉车公司的工作，随后将哈代诉至田纳西州中部地区法庭，称哈代因其性别而制造了恶劣的工作环境。然而地方法庭认为哈代的言行并未对哈里斯造成严重的心理创伤，因而不构成恶劣环境。哈里斯上诉到第六巡回上诉法庭，上诉法庭维持地区法庭原判。哈里斯于是继续上诉到最高法庭。

最高法庭认为，“歧视性行为一旦因雇员的种族、性别、宗教、籍贯而对之造成恶劣工作环境，就违反了‘第7条’关于职场平等的一般规定……梅里特案是一起严重到令人发指的骚扰案，但并不是法律适用的界限。”最高法庭认为地区法庭以是否严重影响了原告的心理健康或造成严重伤害为标准对此案进行裁决，是错误的。“第7条”当然禁止严重影响正常人心理健康的行为，但并不限于此。最高法庭继而明确界定了判断是否构成恶劣工作环境的几个要素：歧视性行为发生的频率和严重性；该行为构成人身威胁，还是仅仅为冒犯性的言语；该行为是否无理干涉到雇员的工作表现。据此，最高法庭推翻了地区法庭的原判，并责令地区法庭根据最高法庭法官意见重审此案。

15. 1995 **年汤卡诉塞勒公司**（Tomka v. Seiler Corp., 66 F3d 1295, U. S. Court of Appeals for the Second Circuit）

【法庭对管理人员在性骚扰案中的个人责任做出了裁决。】

卡洛尔·汤卡（Carole Tomka）1987年7月担任塞勒公司的外派经理，负责管理公司向客户派出的环境维护（如保洁）员。她被派往新泽西州汤姆斯河（Toms River）嘉顿康复医院（Garden Rehabilitation Hospital），后因受到投诉，被公司调回“新项目与调查部（Starts and Surveys）”。1988年12月4日，她被派往罗切斯特市黎明戒毒和戒酒康复医院（Daybreak Drug and Alcohol Rehabilitation Hospital）以及希尔黑文老人院（Hill Haven Nursing Home）开展新项目。卢塞是罗切斯特地区经理，康洛伊是希尔黑文老人院外派经理，波隆斯基是一同被分派到罗切斯特的“新项目与调查部”同事。汤卡称卢塞、波隆斯基和康洛伊于1988年12月6日晚餐后对她进行了性攻击。此后，由于她对这次强奸提出了投诉，并称要提起刑事诉讼，塞勒公司于1989年2月将她除名。汤卡还说此前一年半，她不断遭受这几人的言语骚扰，并称塞勒公司平日就充斥着对女性歧视的态度，几位管理人员和雇员更是长期对她污言秽语。

1989年12月，汤卡向地区法院起诉了塞勒公司和三位当事人，指控罪名包括：（1）恶劣环境性骚扰和报复性除名；（2）同工不同酬；（3）威胁和故意伤害情感。并提出三位被告除承担职务（official）责任外，还要承担个人（individual）责任。1994年，地区法庭只受理了威胁和故意伤害情感一项指控，驳回了根据“第7条”提出的其他指控。地区法庭认为只有卢塞一人是汤卡的上级，因而恶劣环境性骚扰起诉只能针对卢塞一人，并要求汤卡提供工作环境与性行为之间的关联，即要求汤卡证明卢塞利用塞勒公司委任的职权实施强奸。汤卡无法提供这方面的证据，也无法证明她下班后与三位当事人共进晚餐，是卢塞的安排，或是遵守公司对全体雇员的规定。地区法庭还做出裁决，无论根据“第7条”还是《人权法案》，都无法令三位当事人以个人身份承担责任。

1995年，汤卡向巡回上诉法庭提出上诉。巡回上诉法庭认为，塞勒公司平日那些令人不快的言语、玩笑，已经构成侮辱性工作环境。

关于雇主连带责任，巡回上诉法庭依据文森案，提出这样的原则：如果被投诉的骚扰者是原告的上级，而该上级使用他的“实际而明显的权力进行骚扰”，或者，借助于现有的委托代理关系骚扰，则雇主需要承担连带责任。而如果被投诉的骚扰者是下层管理人员，或者原告的同事，雇主则无须承担连带责任，除非他没有提供合理的投诉渠道，或明知骚扰事件而不闻不问。三位当事人中，卢塞是地区经理，负有监管汤卡工作的职责和权力，因而可视为汤卡的上级。康洛伊虽然只是养老院的外派经理，在级别上与汤卡差不多，但康洛伊实际上掌管着汤卡的大部分工作，并有可能向上级做出对汤卡不利的汇报。有证据表明，卢塞用公司充值卡支付了1988 年 12 月 6 日晚餐的费用，证明此次晚餐属于公务，管理人员在其中使用了其“实际而明显的权力”。公司后来将汤卡除名，也符合报复行为的三条基本标准：（1）原告参加了被告知情的某种秘密活动；（2）发生了某种对原告不利的就业行为；（3）秘密活动与对原告不利的就业行为之间有关联。

汤卡不仅以职务身份起诉三位当事人，同时请求法庭裁决三位当事人以个人身份对性骚扰事件负责。这一请求无先例可援。根据“第 7 条”的定义，雇主指“有 15 位以上雇员、从事经营活动者及其代理人”。法庭对于“代理人”的理解产生了很大分歧。有些法庭认为“代理人”即指管理人员，因而管理人员个人应为其性骚扰行为承担责任。另一些法庭则认为这个责任应由雇主——实体承担。第二巡回上诉法庭认为，国会将性骚扰的责任局限于有 15 位以上雇员的雇主，亦即局限于雇主——实体。1991 年对《民权法案》进行修改之前，性骚扰案的赔偿也仅限于恢复原职。而这一决定显然只有雇主才能做出，这也说明国会的意图并非让管理人员以个人身份为性骚扰行为承担责任。

据此，巡回上诉法庭将驳回了地区法庭的裁决，并裁决当事人不得以个人身份承担“第 7 条”所规定的义务，但可以依据《人权法》对施行骚扰的管理人员个人提起性骚扰诉讼。

16. 1997 年克林顿诉琼斯（Clinton v. Jones, 520 U.S. 681）

1994 年 5 月 6 日，曾在阿肯色州工业发展委员会工作的鲍拉·琼斯（Paula Jones）向阿肯色州西部地区法庭起诉当时的美国总统克林顿和阿肯色州前州立警察署长丹尼·佛格森（Danny Ferguson）。琼斯称 1991 年 5 月 8 日，当时任阿肯色州州长的克林顿多次向她提出“让人恶心”的性要求。她拒绝了克林顿的要求，并因此受到她当时上级的惩罚。琼斯起诉之后，克林顿提出启用其总统豁免权，要求撤销起诉。地区法庭拒绝了这一请求，但同意将审判推迟至克林顿总统任期结束。克林顿于是向第8巡回上诉法庭提出上诉。上诉法庭支持地方法庭拒绝启用总统豁免权的裁决，但驳回了推迟审判的裁决。上诉法庭认为在法律面前人人平等，总统个人行为不适用豁免权。

17. 1998年翁卡里诉萨恩道纳海上石油服务公司等（Oncale v. Sundowner Offshore Services，523 US 75，1998）

这是美国第一起胜诉的同性性骚扰案件。约瑟夫·翁卡里（Joseph Oncale）是萨恩道纳海上石油公司墨西哥湾钻井平台的杂工。被告约翰·里昂斯（John Lyons）当时是吊车操作员，丹尼·皮蓬（Danny Pippen）是钻井工人，两人对翁卡里有监管权。布兰登·约翰逊（Brandon Johnson）是同组工人。三人多次当着组里其他工人的面，对翁卡里做出与性相关的侮辱性行为。翁卡里的上级没有做出任何救济行为，也不接受翁卡里的投诉。翁卡里于是向路易斯安那州西部地区法庭提起诉讼，称自己因为性别在就业中遭到歧视。地区法庭驳回了翁卡里的起诉，认为同性同事之间不适用“第7条”反对歧视的规定。翁卡里于是向第8巡回上诉法庭提出上诉。上诉法庭认为“第7条”反对性别歧视的原则，同等适用于女性和男性。上诉法庭指出，法律不能假定人不会歧视同一人群中的其他成员。“第7条”也不会仅仅因为原告和被告属于同一性别而禁止提出性别歧视的诉讼。巡回上诉法庭认为同性性骚扰同样适用“第7条”，因此驳回地区法庭的裁决，将此案发回重审。

18. 1998年法拉格诉博卡拉顿市（Faragher v. City of Boca Raton，524 U. S. 775）

【本案和下文的埃勒斯案都是关于性骚扰案件中的雇主连带责

任。最高法庭的目的是推动组织机构积极采取措施，防患于未然，或者，至少在性骚扰事件发生之后尽快做出救济。】

1985 年至 1990 年，贝丝·安妮·法拉格（Beth Ann Faragher）在大学就读。她利用暑期在博卡拉顿市公园和娱乐设施部海上安全司做海上救生员。此间比尔·特利（Bill Terry）、大卫·西尔弗曼（David Silverman）和罗伯特·戈登（Robert Gordon）是她的直接上级。1990 年，法拉格从该部门辞职。1992 年，法拉格向法庭起诉特利、西尔弗曼和博卡拉顿市违反了《美国法典》42 § 1983、“第 7 条”和佛罗里达州的法律。法拉格称特利和西尔弗曼经常在海边向她及其他女救生员“动手动脚”，说脏话，并以冒犯性的语言提及女性，由此导致了“性敌意的氛围”（sexually hostile atmosphere）。由于特利和西尔弗曼是市政府职员，其行为对法拉格的就业条件及福利造成了歧视，因此法拉格要求市政府支付象征性损害赔偿、诉讼费和律师费。

博卡拉顿市虽然于 1986 年制定并实行了反性骚扰政策，并于 1990 年做了在一份备忘录中提请全体雇员注意。但这项政策和备忘录却没有发到海上安全司，因此特利、西尔弗曼和戈登对此全然不知。法拉格和其他女救生员在经历了西尔弗曼的骚扰后，并未提出正式投诉，而是向她们敬重的上级戈登私下抱怨，但戈登并未留意，也未向特利汇报。地区法庭认为有三条理由裁定博卡拉顿市要为这起性骚扰案承担雇主连带责任：第一，骚扰行为非常普遍，市政府理应知情；第二，特利和西尔弗曼当时是政府职员，属于政府代理人；第三，戈登对性骚扰知情却不作为，这个责任市政府理应承担。

但是第十一巡回上诉法庭驳回了地区法庭的裁决。上诉法庭认为，根据文森案，雇主在下列三种情况下需要对管理人员的性骚扰行为承担责任：第一，骚扰行为发生在管理人员职务范围之内；第二，雇主将不可委任的职责交给了管理人员，而该管理人员的失职导致雇员受到伤害；第三，雇主与管理人员之间的委托代理关系为管理人员骚扰下级提供了机会，或助长了管理人员在这方面的能力。而博卡拉顿市政府不符合上述三种情况。

最高法院支持了地区法庭的裁决，指出管理人员以侮辱性和冒犯性的动作骚扰下属时，虽然没有直接以除名或提升为威胁利诱，但其监管权并未消失，而雇主比普通雇员有更多的机会和动力对其行为进行排查、培训和监督。因此，最高法院驳回了第十一巡回上诉法庭的裁决。

19. 1998 年伯灵顿工业公司诉埃勒斯【见“1997 年克林顿诉琼斯案”的解释】（Burlington Industries Inc. v. Ellerth，123 F 3d. 490）

【本案考虑的重点在于，倘若雇员遭受了性骚扰，但对其就业并未造成实际损害，能否在不证明雇主对管理人员的骚扰行为存在过失的情况下，要求雇主承担责任？】

金伯利·埃勒斯（Kimberly Ellerth）1993 年 3 月至 1994 年 5 月间在伯灵顿工业公司芝加哥分部任销售员。埃勒斯称，在此期间她经常受到其上级泰德·斯洛维克（Ted Slowik）的性骚扰。斯洛维克是公司的中层管理人员，有部分用人权（需要其上级签字同意）。斯洛维克有几次还威胁要剥夺埃勒斯的工作福利，但是并未实施。埃勒斯在此期间实际上还得到过一次提升。埃勒斯尽管知道公司有反性骚扰程序，但并未向任何人提出过投诉。埃勒斯称自己由于不堪忍受性骚扰而被迫辞职。地区法庭做出了有利于公司的即决判决。第 7 巡回上诉法庭驳回了地区法庭的裁决，但是在雇主责任的问题上出现了 8 种不同意见。最高法庭认为，遭受性骚扰的雇员，即使没有造成就业的实际损害，仍能在无须证明其雇主过错的前提下，要求雇主为骚扰事件承担责任。但雇主在这种情况下可以为自己申辩。由于骚扰者的威胁没有兑现，此案属于恶劣环境性骚扰。埃勒斯证明了骚扰行为的严重性，亦即证明了恶劣环境性骚扰的成立。最高法庭依据代理法的原则考虑雇主的连带责任。根据

《代理法重述（第二版）》（Restatment［Second］of Agency Law），仆人在其职权范围内造成的伤害，由主人承担赔偿责任。但雇主赔偿责任的基础不限于仆人的职权范围。如果雇主自身有过错，或者代理人在行为中利用了或借助于雇主赋予的权力，雇主也需要承担赔偿责任。职场侵权行为，不论是管理人员还是普通同事，都要利用雇佣关系中的邻近性和日常接触。如果管理人员对下属采取了对其就业产生实质性、有形影响的行动，则更进一步利用或借助了他的职权。但是在此案中，侵害者并未对受害者的就业造成实质性的、有形的损害。在这种情况下，限制雇主连带责任能鼓励雇主未雨绸缪，事先制定反性骚扰的政策，防患于未然，因此同样符合"第7条"的原则。因此最高法庭做了如下决定：如果雇员受到直接（或递升）上级的骚扰，雇主需承担对受害雇员的赔偿责任。如果侵害未造成实际损害，雇主可提出辩护。辩护中需要包含两个要素：（1）雇主恰当地预防并及时纠正了任何性骚扰行为；（2）原告没有合理利用雇主提供的预防和纠正机会，也未采取其他手段避免伤害。最高法庭据此将此案发回重审，以便使埃勒斯有充分的机会举证雇主的连带责任，而伯灵顿公司也有机会做出申辩。

20. 2006 年阿奴卡·布朗·桑德斯诉麦迪森广场花园（Anucha Browne Sanders v. Madison Square Garden，525 F. Supp. 2d 364［S. D. N. Y. 2007］）

【此案因公司为管理人员性骚扰事件支付的巨额罚金而著名。】

阿奴卡·布朗·桑德斯是纽约尼克斯公司的市场部副经理，后提升为市场和业务运作部高级副经理。工作头三年，她的工作表现受到好评，并多次获得奖金。2003 年，伊赛亚·托马斯（Isaiah Thomas）受雇成为篮球运作部经理。此后不久，桑德斯和托马斯在工作上发生矛盾。2005 年，桑德斯指控托马斯向她提出不受欢迎的性要求。内部调查报告认为托马斯应接受敏感性培训，并提议公司将桑德斯除名。桑德斯于是根据“第7条”提起诉讼，称自己受到性别歧视，并因性骚扰投诉而遭到报复。陪审团最终决定公司向桑德斯支付罚金1160万美元。

21. 2009年克劳福德诉纳什维尔市政府(Crawford v. Nashville, 555 U. S. 2009)

【最高法庭裁定就性骚扰案配合进行内部调查的员工，应依据1964年《民权法案》第7条受到保护，免遭报复。】

2002年，纳什维尔市迈特罗学校区（Metro School District）雇员关系部主任基恩·休斯（Gene Hughes）涉嫌性骚扰的传言不胫而走，当地政府为此展开调查。30岁的雇员维姬·S. 克劳福德（Vicky S. Crawford）在调查中指证休斯曾对她有过数次性骚扰行为。另外两名雇员也在调查中做出了类似指证。调查结束后，当地政府不仅没有处理休斯，反而将克劳福德和另外两名做出指证的雇员解聘。克劳福德以违反市政府“第7条”为名，先向EEOC提出投诉，继而向法庭提起诉讼。“第7条”反对报复的条款中规定，“雇主不得因雇员［1］反对本章规定的非法行为，或［2］提出投诉，及以任何方式协助、参与依据本章而展开的调查、在调查中作证，而将该雇员解聘”。前者称为“反对条款”，后者称为“参与条款”。地区法庭认为克劳福德并未提出任何投诉，而只是回答调查者的提问，因而不符合反对条款。又根据第6巡回法庭的判例，将参与条款限定为参与悬而未决的EEOC投诉的相关调查，裁定克劳福德也不符合参与条款。上诉法庭维持了地区法庭的裁决。最高法庭认为，雇员虽然没有主动发起投诉，但在回答雇主内部调查的问题时揭发歧视行为，也受反报复条款的保护。由于法律中对于“反对”一词没有特别界定，因此该词应以字典定义为准。因此，克劳福德可以适用反对条款。如果法律仅仅保护主动投诉歧视行为的雇员，而不保护在回答问题时用同样的言辞揭发同样行为的雇员，这样的法律是“滑稽可笑”的。据此，最高法庭驳回了巡回上诉法庭和地区法庭的裁决，将案件发回重审。

22. 2009 年菲茨杰拉德诉巴恩斯泰伯校委会（Fitzgerald *et vir* v. Barnstable School Committee et al.，555 U. S. 2009）

【最高法庭在本案中裁决，1972 年《教育修正案》第 9 条不排除 42 U. S. C. §1983. 父母可以依据第 14 修正案的平等保护条款起诉校委会。】

杰克林·菲茨杰拉德是巴恩斯泰伯校区雅尼斯西区小学的学前班学生。2000 年至 2001 年间，她在校车上被一位三年级生强迫撩起裙子。小杰克林将此事告诉了父母，父母反映到学校，但学校拒绝采取任何措施。菲茨杰拉德夫妇请求警察局调查，也遭到拒绝，理由是证据不足，刑事案件不能成立。菲茨杰拉德又写信给学校，要求校方在校车上安装摄像头，将有纪律问题的学生与学前班学生隔离，并禁止那个三年级学生乘坐校车。这些要求均遭到校方拒绝。菲茨杰拉德夫妇于是将校委会告上法庭，起诉他们违背了 1972 年《教育修正案》第 9 条和 42 U. S. C. §1983（剥夺权利的民事诉讼）。马萨诸塞州地区法庭驳回了 42 U. S. C. §1983 的起诉，对第 9 条的起诉进行了即决判决。第 1 巡回上诉法庭支持了地区法庭的裁决，提出违背第 9 条的诉讼必须满足 5 个条件：（1）被起诉的机构接受联邦资助；（2）骚扰行为具有严重性、普遍性和客观冒犯性；（3）骚扰行为剥夺了学生受教育的权利或福利；（4）机构对骚扰行为知情；（5）机构的故意漠视使得学生成为骚扰行为的受害者。并指出第 9 条已经提供了全面保护，因而排除了基于 42 U. S. C. §1983 提出的平等保护诉讼。最高法庭的法官一致裁决，第 9 条并未排除基于 42 U. S. C. §1983 提出的平等保护诉讼。父母可以依据第 14 修正案的平等保护条款起诉校委会。最高法庭驳回了巡回法庭的裁决，将此案发回重审。

参考文献：

Baker, Carrie N. 2008. *The Women's Movement against Sexual Harassment*. Cambridge University Press.

Brownmiller, Susan. 1999. *In Our Time: Memoir of a Revolution*. New York: Dial Press.

Cochran III, Augustus B. 2004. *Sexual Harassment and the Law: The Mechelle Vinson Case*. University Press of Kansas.

MacKinnon, Catharine A. 1979. *Sexual Harassment of Working Women*. New Haven and London: Yale University Press.

Stein, Laura W. 1999. *Sexual Harassment in America: A Documentary History*. Westport, Connecticut and London: Greenwood Press.

附录 1

人民法院审理性骚扰案件的若干规定（项目建议稿）*

起草人：薛宁兰　刘明辉　刘春玲

为保证人民法院及时、公正审理性骚扰案件，根据《中华人民共和国宪法》、《中华人民共和国妇女权益保障法》、《中华人民共和国侵权责任法》、《中华人民共和国民事诉讼法》和《中华人民共和国就业促进法》等有关劳动法律的规定，制定本规定。

第一条　【基本原则】

人民法院审理性骚扰案件，应当尊重当事人的人格尊严，防止受害人在诉讼中再次受到伤害。

第二条　【基本原则之二】

人民法院审理性骚扰案件应当充分发挥职权能动作用，保证案件得到公正解决，确保当事人诉讼地位实质平等。

第三条　【定义】

性骚扰是指违背他人意愿，以与性有关的语言、文字、音像、电子信息、肢体行为等方式实施的侵权行为。

有下列情形之一的是职场性骚扰：

（一）雇主、同事或者第三人等对劳动者、求职者实施性骚

---

* 本稿根据课题组 2007 年、2008 年《人民法院审理性骚扰案件的若干规定（专家建议稿）》修改而成。专家建议稿起草小组成员是：陈明侠、薛宁兰、于怀清、许尚豪、易蓓蓓。

扰，并以此作为劳动关系或者劳务关系成立、存续、变更、岗位分配、报酬、考核、晋升、降职、调动、奖惩等条件的；

（二）在劳动者执行职务过程中，对其实施性骚扰，造成敌意性、胁迫性或者冒犯性工作环境的。

第四条　【单位的义务】

单位应当建立性骚扰防治机制，并采取下列措施：

（一）依法制定明确的防治性骚扰规章制度；

（二）设置便于投诉或者举报的专门机构，负责受理投诉与调查工作；

（三）开展防治职场性骚扰政策宣传教育活动，定期进行防治职场性骚扰培训；

（四）接到性骚扰投诉或者发现性骚扰行为时，及时妥善处理；根据具体情形，采取对受害人的补救措施和对加害人的惩戒措施，并尽可能采取保密和防止报复措施。

本规定所指单位，是指在中华人民共和国境内的国家机关、事业组织和社会团体、各类企业、个体经济组织和民办非企业单位等组织。

第五条　【物质损害赔偿】

受害人因性骚扰而有财产损害的，行为人应当承担下列赔偿责任：

（一）受害人所支付的治疗费、误工费、护理费、营养费、交通费等；

（二）受害人因被调岗、调换工作地点、降低待遇、降级、撤职等造成的损失；

（三）受害人被解雇、开除、辞退或者被迫辞职的收入损失；

（四）性骚扰造成的其他损失。

第六条　【精神损害赔偿】

性骚扰受害人有权请求精神损害赔偿。

精神损害赔偿的数额根据侵害行为造成的后果确定。

第七条　【连带责任】

在面试及工作场所，求职者或者雇员遭受性骚扰的，单位与加害人共同承担连带赔偿责任。

单位能够证明履行了本规定第四条所列义务的，根据其履行情况可减轻或者免除赔偿责任。

雇员不利用单位预防纠正性骚扰机制又没有正当理由的，可以免除单位的赔偿责任。

第八条　【补救责任】

雇员因拒绝性骚扰而发生下列情形之一的，单位应当及时采取纠正等补救措施：

（一）被剥夺晋升机会的；

（二）被取消参加培训、旅游、参评先进等享受奖励或者福利资格的；

（三）被调换岗位或者工作地点、减薪、降级或者撤职的；

（四）被扣发奖金、提成或者被罚款的；

（五）被开除、辞退或者被迫辞职的；

（六）因报复而影响职位和待遇的其他情形。

第九条　【单位的惩罚性赔偿责任】

雇员因拒绝性骚扰而被开除、辞退或者被迫辞职尚未安排复职的，单位应当依《劳动合同法》第八十七条支付赔偿金。但雇员不利用单位防治性骚扰机制又没有正当理由的除外。

单位因过错致使性骚扰事件发生或者损害扩大的，应当向受害人支付惩罚性赔偿金。

单位向受害人支付的惩罚性赔偿金标准，不低于五万元人民币。

第十条　【提起诉讼】

性骚扰受害人可以性骚扰为由向人民法院提起诉讼，人民法院应当受理。

第十一条　【举证责任分配】

性骚扰案件的举证责任分配依据法律、法规及相关司法解释确定。

第十二条　【用人单位的举证责任】

用人单位提出已按照本规定第四条采取了预防和制止性骚扰措施的，由用人单位承担证明责任。

第十三条　【证据交换】

人民法院审理性骚扰案件认为确有必要的，应当组织当事人进行证据交换。

第十四条　【法院收集证据】

人民法院依当事人及其诉讼代理人申请，调查收集相关证据。必要时，人民法院应当主动收集证据。

人民法院在调查取证过程中，应当注意保护双方当事人的隐私。

第十五条　【瑕疵证据的可采性】

当事人提供的证据符合真实性与关联性要求，仅在来源或者形式上存有瑕疵的，可以作为认定事实的依据。

第十六条　【证人证言】

证人应当出庭作证，接受当事人及其诉讼代理人的质询。证人在人民法院组织双方当事人交换证据时陈述证言的，可视为出庭作证。

第十七条　【品格证据】

性骚扰案件中，有关受害人的性倾向和以前的性行为的证据原则上不得被采纳作为认定案件事实的依据。

第十八条　【证据认定】

人民法院在审理职场性骚扰案件时，如果用人单位和受害人提供证据的证明力基本相当的，应作出有利于受害人的判断。

第十九条　【证明标准】

受害人提供的证据达到了初步可信的程度，被控侵权人不能提供反驳性证据的，或者其所提证据不足以反驳受害人主张的，人民法院可以认定受害人主张的事实成立。

第二十条　【推定主张成立】

有证据证明一方当事人持有证据但无正当理由拒不提供，如果对方当事人主张该证据的内容不利于证据持有人的，人民法院可以推定该主张成立。

第二十一条　【受害人陈述的证明力】

被控侵权人对受害人的陈述不能提出充足证据反驳的，人民法院应当结合案件其他证据，合理确认受害人陈述的证明力。

第二十二条　【不公开审理】

人民法院审理性骚扰案件，原则上实行不公开审理。

当事人双方申请公开审理，或者一方申请公开审理另一方不反对的，人民法院可以决定公开审理。

第二十三条　【执行原则】

人民法院审理性骚扰案件，在裁判文书生效后，应当依职权移送执行。

对生效法律文书所确定的非财产内容，人民法院应当及时执行。

第二十四条　【司法建议】

性骚扰案件审理终结后，人民法院应当根据需要，向有关单位或者部门提出司法建议；有关单位或者部门应当采取措施，避免性骚扰事件再次发生。

人民法院还可以向有关单位或者部门提出司法建议，要求对性骚扰行为人进行批评教育或者给予行政处分。

第二十五条　【实施时间】

本规定自公布之日起实施。其他司法解释与本规定不一致的，以本规定为准。

附录2

《人民法院审理性骚扰案件的若干规定（项目建议稿）》释义①

起草人：薛宁兰　刘明辉　刘春玲　解燕芳

为保证人民法院及时、公正审理性骚扰案件，根据《中华人民共和国宪法》、《中华人民共和国妇女权益保障法》、《中华人民共和国侵权责任法》、《中华人民共和国民事诉讼法》和《中华人民共和国就业促进法》等有关劳动法律的规定，制定本规定。

第一条　【基本原则】

人民法院审理性骚扰案件，应当尊重当事人的人格尊严，防止受害人在诉讼中再次受到伤害。

【释义】

本条是审理性骚扰案件基本原则的规定。

人格尊严是一般人格权的内容之一，也是其中最重要的内容。它是指民事主体作为“人”所应具有的最起码的社会地位，以及应当受到他人和社会的最基本尊重。它是民事主体对自身价值的认识和在社会上享有最起码尊重的结合。

我国《宪法》第38条规定：“中华人民共和国公民的人格尊严不受侵犯。禁止用任何方法对公民进行侮辱、诽谤和诬告陷

① 本释义写作分工是：薛宁兰、解燕芳撰写第1、2、3、5、6、23、24条；刘明辉撰写第4、7、8、9条；刘春玲撰写第10～22条。薛宁兰负责对释义进行修改和统稿。

害。”我国《民法通则》第101条规定：“公民、法人享有名誉权，公民的人格尊严受法律保护，禁止用侮辱、诽谤等方式损害公民、法人的名誉。”我国《妇女权益保障法》第42条规定：“妇女的名誉权、荣誉权、隐私权、肖像权等人格权受法律保护。禁止用侮辱、诽谤等方式损害妇女的人格尊严……”我国《未成年人保护法》第5条规定：“尊重未成年人的人格尊严。”上述法律规定明确了人格尊严权是公民享有的基本权利。

由于性骚扰事件中的受害人在社会中仍然受到各方面的歧视和偏见，他们向法院起诉会受到来自社会、单位、家庭带来的压力。在法院审理阶段、证据交换阶段和当事人陈述时都会对受害人的生理和心理带来极大挑战。因此，法院审理性骚扰案件时应当尊重当事人的人格尊严，采取措施保护受害人。否则，不仅会对受害人造成再次伤害，也会影响类似案件中的受害人依法解决问题的决心。

本规定关于人民法院收集证据、不公开审理、单位义务、人民法院对单位和相关部门提出司法建议等内容，都是尊重和保护当事人人格尊严的体现。

第二条　【基本原则之二】

人民法院审理性骚扰案件应当充分发挥职权能动作用，保证案件得到公正解决，确保当事人诉讼地位实质平等。

【释义】

本条规定了审理性骚扰案件的第二项基本原则。

1. **公正**

能动司法的价值取向和司法的价值功能具有天然的叠合，即：最大限度地追求社会正义。能动司法的方向标就是最大限度地实现社会正义。司法正义不只是一种形式的正义，更是一种实质的正义。在当前司法实践中，性骚扰案件作为特殊民事侵权案件，存在立案难、取证难、执行难的现实问题，需要人民法院审理性骚扰案件时更加充分地发挥能动作用。人民法院在审理性骚扰案件中发挥职权能动作用主要表现在：（1）证据收集。除当事人及其诉讼代理人申请外，必要时人民法院应当主动收集证据。由于性骚扰具有突发性和隐蔽性，并且职场性骚扰占很大比例，这种行政权力的不平等使得受害人自己很难取得证据，需要法院提供帮助。（2）裁判文书的执行。人民法院审理性骚扰案件，在裁判文书生效后，应当依职权移送执行。对于生效法律文书所确定的非财产内容，人民法院应当及时执行。本规定在责任承担方面规定了单位责任、骚扰者的侵权责任，以及连带责任和补救责任；在赔偿损害方面，既有精神损害赔偿，又有物质损害赔偿；还规定法院在案件审理终结后应当提出司法建议。可见，依照本规定，性骚扰裁判文书的内容是多方面的，执行起来具有复杂性，单靠受害者的力量很难执行，所以需要法院发挥职权能动作用。

2. 平等

民事诉讼当事人在诉讼中地位平等体现在两个方面：一是诉讼当事人享有平等的诉讼权利；二是人民法院对诉讼当事人在适用法律上一律平等。当事人的诉讼权利和义务并不相同，但相互对等。① 本规定对单位的举证责任、瑕疵证据的可采性、证据认定、推定主张成立及受害人陈述的证明力等证据方面的规定有别于民事诉讼法。这充分考虑到性骚扰案件的特殊性，有利于实现当事人诉讼地位实质平等。由于两性在社会各领域的差异，女性和男性对性骚扰感受有很大差别，对性骚扰的界定也有所不同。我国《宪法》第48条第1款就男女平等问题明确指出：“中华人民共和国妇女在政治的、经济的、文化的、社会的和家庭的生活等各方面享有同男子平等的权利。”这是两性平等享有权利的原则性规定，具体到性骚扰案件的审理，法官要有社会性别意识，对性骚扰受害人予以倾斜保护和特别保护，以实现两性实质平等。

第三条　【定义】

性骚扰是指违背他人意愿，以与性有关的语言、文字、音像、

① 江伟　曾宪义　王利明：《民事诉讼法》，中国人民大学出版社2011年版。

电子信息、肢体行为等方式实施的侵权行为。

有下列情形之一的是职场性骚扰：

（一）雇主、同事或者第三人等对劳动者、求职者实施性骚扰，并以此作为劳动关系或者劳务关系成立、存续、变更、岗位分配、报酬、考核、晋升、降职、调动、奖惩等条件的；

（二）在劳动者执行职务过程中，对其实施性骚扰，造成敌意性、胁迫性或者冒犯性工作环境的。

【释义】

本条是对性骚扰的界定，第二款列举了职场性骚扰的两种主要形式，即交易性性骚扰和敌意工作环境性骚扰。

制定本规定遇到的首要问题就是如何界定性骚扰。起草人认为，构成性骚扰应从以下四方面衡量：

1. 主观要件

性骚扰是违背他人意愿的行为。所谓“违背他人意愿”，包含两种情形：一是行为受领人向行为人表示明确的拒绝；二是行为受领人虽然没有明确说“不”，但接受该行为违背其真实意愿，表面的“自愿”并非其内心真实的意思表示。性骚扰的主观性特征不是绝对的，它是一个带有客观限制的主观性概念。客观限制具体有二：（1）本质上是冒犯性的行为——如身体暴力、敲诈等，通常是被完全禁止的。因此，受害人无须证明这些行为是不受自己欢迎的，它们当然构成性骚扰。（2）对于那些无伤大雅的行为，即使对方觉得被冒犯，也不应认定为性骚扰。这可保护被指称实施性骚扰的人免于承担自己无法预知后果的行为所带来的责任。将“违背他人意愿”作为主观标准容易取证，便于受害人维护自身权益，也更能保证法院实现审理过程和结果的实质公正。

2. 行为的冒犯性

性骚扰者实施的是与“性”有关的行为。性骚扰作为一类特殊的民事侵权行为，其表现之一就是施害人的行为与性有关。只是在对“性”的界定上要采取广义的概念，不仅包括性行为，还包含黄色短信、淫言秽语等，只要是具有“性”内容，侵犯他人人格尊严，即构成侵权。

3. **行为方式**

性骚扰的行为方式多种多样，主要包括语言、文字、音像、电子信息、肢体行为等。司法实践中判定某一行为是否构成性骚扰，应根据行为发生时的前后情景，在冒犯行为和可接受行为之间做出选择。定义中关于性骚扰行为方式的规定也间接地指明了证据的主要种类，为受害人收集证据提供了法律依据。

4. **行为性质**

性骚扰是一类特殊的民事侵权行为。广义上，强奸、强制猥亵、侮辱妇女对女性也是一种骚扰，但我国刑法将这些行为界定为性侵害或性犯罪。最早提出性骚扰概念的美国女权主义法学家凯瑟琳·麦金侬将性骚扰定性为性别歧视，美国立法也将之作为性别歧视加以规定。然而，我国缺乏反歧视的法律体系和配套法规，也无相应的行政机构，并且我国不属于英美法系，判例不具有法律效力，难以通过判例方式不断扩大性骚扰概念的内涵和外延，以适应社会发展的需要。因此，将性骚扰定性为民事侵权行为更符合我国国情，也符合国际上对性骚扰本质的研究趋势。

本条第二款是对职场性骚扰的专门规定。相关调查表明，职场性骚扰日益成为侵扰劳动者，尤其是女性劳动者的社会问题。职场性骚扰与其他场合的性骚扰相比，对受害人尤其是女性造成的危害更为严重和深远。它不仅对受害人身心造成极大伤害，还会侵害其平等工作权，并极大地浪费社会资源。职场性骚扰可分为两类：交换型性骚扰和敌意工作环境型性骚扰。交换型性骚扰的施害人可以是雇主、同事，也可以是第三人。施害对象通常是劳动者或求职者，并且不以女性、同性为限，通常会有利益交换。对敌意工作环境型性骚扰而言，受害人只需证明工作环境的歧视十分严峻和普遍，影响到其正常的工作。虽然这一标准很难量化，但强调工作环境是否为敌意，取决于对一些情形的综合判断，例如：歧视行为发生的次数、行为的严重性、是否为身体威胁或口头冒犯、是否不合理地妨碍了受害人的工作，等等。

由于各国各地区历史、文化、社会环境与妇女地位的差异，法律对性骚扰定义的侧重点、具体内涵和外延也各有特色。

1975 年，美国联邦法院将性骚扰确定为“被迫和不受欢迎的与性有关的行为”，将它作为性别歧视加以禁止。1980 年，美国平等就业机会委员会颁布《工作场所性别歧视指南》，在 29C. F. R. Section 1604. 11 中，将性骚扰定义为：不受欢迎的性侵犯、要求给予性好处，或是其他口头或身体的性行为，符合下列条件之一的，即构成性骚扰：（1）明确或含蓄地表明接受这种行为是个人被雇佣的一项条件；（2）个人接受或拒绝这一行为将被用来作为做出影响此人的雇佣决定的基础；（3）这种行为的目的或效果在于不合理的干涉个人的工作表现或是创造一种威胁、敌意、攻击性的工作环境。① 这一定义首次明确了性骚扰的基本法律特征——不受欢迎性。

1996 年，国际劳工组织公约和建议书执行专家委员会在对第 111 号公约的特别调查中，对性骚扰做出如下定义：“任何侮辱性的或不适当的评头论足、玩笑、暗讽，对个人衣着、体貌、年龄、家庭情况等的评论，带有性暗示的居高临下或家长式的态度；任何不受欢迎、明示或暗示邀请或要求，不论其是否伴有威胁；任何色迷迷的眼神或其他与性有关联的身体姿势；任何不必要的身体接触，如摸、抱、抠、捏或攻击。”② 这一定义所指性骚扰包含三种类型，其中第二、三种类型的行为具有性的内容，而第一种类型的行为可以不包含性内容，只要是“侮辱性的”或“不适当的”言词即可。可见，性骚扰定义除包含具有性内容的行为外，也包括基

---

① 参见 29C. F. R. §1604. 11（a）（1990）。

② ILO," Equality in employment and occupation: Special survey on employment and occupation in respect of Convention No. 111"1996, Paragraph 39.

于性别的骚扰行为。

2002年，欧洲议会全会通过的《关于落实男女平等待遇指令》（2002/73/CE）首次界定了欧盟范围内共通的骚扰和性骚扰的定义，并要求各成员国在2005年10月5日前将指令的具体内容转化成国内立法。[①] 该指令对性骚扰的定义是：任何不是当事人所期待的、口头或非口头或身体的、具有一定内涵的、对人的尊严带来损害，并造成一种威吓性的、侮辱和羞辱性的、敌视的工作氛围的行为。该定义不再强调权力因素，这意味着任何人都可能成为性骚扰的行为人，既可以是上司，也可以是同事或下属，从而扩大了性骚扰主体的范围。2005年，英国修改1975年《性别歧视法》。该法第4A条规定：性骚扰是通过性行为滥用权力，在工作场所和其他公共场所欺凌、威胁、恐吓、控制、压抑或腐蚀其他人，这种性行为包括语言、身体接触以及暴露性器官等。此外，比利时、法国等国法律在性骚扰概念中也加入了性别歧视的内容。

上述国际社会关于性骚扰的定义具有相当的包容性，它们均以职场性骚扰为主要规范对象，涵盖了交易型和敌意工作环境型两种表现形式。这些定义还揭示出性骚扰行为的两个基本法律特征：不受欢迎性和冒犯性。

我国台湾、香港地区的法律也对性骚扰有界定。在我国台湾地区，2002年修订的“两性工作平等法”第12条将性骚扰定义为：“本法所称性骚扰，包含下列二款情形之一：（1）受雇者于执行职务时，任何人以性要求、具有性意味或性别歧视之言词或行为，对其造成敌意性、胁迫性或冒犯性之工作环境，致侵犯或干扰其人格尊严、人身自由或影响其工作表现。（2）雇主对受雇者或求职者为明示或暗示之性要求、具有性意味或性别歧视之言词或行为，作为劳务契约成立、存续、变更或分发、配置、报酬、考绩、升迁、

---

① 郑爱青：《欧盟及其主要成员国反性骚扰立法的主要内容》，载《妇女研究论丛》2006年8月增刊，第33页。

降调、奖惩等之交换条件。”① 2005年“性骚扰防治法”第2条规定：“本法所称性骚扰，系指性侵害犯罪以外，对他人实施违反其意愿而与性或性别有关之行为，且有下列情形之一者：（1）以该他人顺服或拒绝该行为，作为其获得、丧失或减损与工作、教育、训练、服务、计划、活动有关权益之条件。（2）以展示或播送文字、图画、声音、影像或其他物品之方式，或以歧视、侮辱之言行，或以他法，而有损害他人人格尊严，或造成使人心生畏怖、感受敌意或冒犯之情境，或不当影响其工作、教育、训练、服务、计划、活动或正常生活之进行。”② 这两部法律对性骚扰的界定存在明显区别：“两性工作平等法”所言性骚扰，仅限于工作环境场所发生的性骚扰事件，再者，此条规定性骚扰必须以受雇者与求职者为受害人，性骚扰即使发生在工作场所，如果被害人并非受雇者或求职者，也不属于本条所称性骚扰。所以，“两性工作平等法”对性骚扰的规定较“性骚扰防治法”的规定范围窄。

我国香港地区受英美法系传统的影响，对性骚扰的规定是基于异性之间的性别歧视，尤其是男性对女性的歧视。香港前立法局1995年通过的《性别歧视条例》将性骚扰定义为：“一方向另一方做出不受欢迎、与性有关的语言或举动，包括不情愿的身体接触、性贿赂、提出与性有关的行为作为给予某种利益的条件；不涉及身体接触的言语、图文展示、眼神及姿势等。性骚扰亦指带有性别歧视的偏见和言论。”③ 香港《公务员性骚扰投诉指引》对性骚扰的定义是：如对一名女性提出不受欢迎的性需要或获取性方面好处的要求，或对女性做出其不受欢迎的、涉及“性”的行径，并预期对方会感到被冒犯、侮辱或惊吓，就是对女性做出性骚扰。④ 除此

---

① 高凤仙：《性骚扰之法律概念探究》，《法令月刊》，第五十二卷，第四期。

② 高凤仙：《性骚扰之法律概念探究》，《法令月刊》，第五十二卷，第四期。

③ 李玲 董长青：《关于性骚扰立法的几点思考》，载《人民检察》2004年第3期。

④ 王雪梅：《社会性别视角下的性骚扰定义浅析》，载《妇女研究论丛》2006年第5期，第12页。

之外，香港地区平等机会委员会根据实践，将工作场所性骚扰的具体行为进行列举说明，将其分为10种主要情况并予以说明，为在实践中认定性骚扰提供了基本依据。

本条对性骚扰的界定，明确了性骚扰的概念和范围，为确立单位承担防范性骚扰的义务、证据的认定、责任的承担、裁判文书的执行，以及有效预防性骚扰等规定奠定了基础，并为社会各界共同防范性骚扰提供了指导。

第四条 【单位的义务】

单位应当建立性骚扰防治机制，并采取下列措施：

（一）依法制定明确的防治性骚扰规章制度；

（二）设置便于投诉或者举报的专门机构，负责受理投诉与调查工作；

（三）开展防治职场性骚扰政策宣传教育活动，定期进行防治职场性骚扰培训；

（四）接到性骚扰投诉或者发现性骚扰行为时，及时妥善处理；根据具体情形，采取对受害人的补救措施和对加害人的惩戒措施，并尽可能采取保密和防止报复措施。

本规定所指单位，是指在中华人民共和国境内的国家机关、事业组织和社会团体、各类企业、个体经济组织和民办非企业单位等组织。

【释义】

本条是有关单位防治职场性骚扰义务的规定。这是单位承担本规定第七条“连带责任”、第八条“补救责任”和第九条“惩罚性赔偿责任”的基础。理解本条需把握以下要点：

1. 单位防治性骚扰是一种“机制”。

此所谓“机制”，是指防治职场性骚扰工作系统的组成、职能以及各部分之间相互作用的过程和方式。外延包括：（1）防治职场性骚扰的政策及载体；（2）受理相关投诉、举报的机构设置及其职责；（3）机构的处理流程及注意事项，包括防止泄密报复制度等；(4）单位管理者（包括各个部门的主管）负有防治职场性骚扰的职责；（5）防治职场性骚扰的宣传教育和培训制度；(6）对职场性骚扰事件的处理措施，包括对受害人的补救措施和对加害人的惩戒措施等。

防止职场性骚扰是一个系统工程。该系统保持良性运转状态，不仅需要管理层具有先进理念，不断完善规章制度，需要团队协作主动增强执行力，还需要听取职工意见并鼓励职工积极参与。

2. **本条属于强制性规范。**

本条将这些义务定性为强制性规范。这就意味着对于此项义务，单位只能履行。它们既无选择余地，也不得以协议等方式加以排除，否则将承担“连带责任”、“补救责任”甚或“惩罚性赔偿责任”。

3. **四项措施不可或缺。**

本条列举的四项措施相辅相成，不可或缺。没有明确的防治性骚扰规章制度，就会使其他措施之间缺乏系统性和制度性依据；若只有明确的防治性骚扰规章制度，不健全组织机构并确保其有效运作、不落实持续性的教育和培训制度，就会导致规章制度因缺乏组织保障、执行力和群众基础而流于形式。

这套完备的有机联系措施不仅包括单位积极的作为义务，也包括其负有的消极的不作为义务。作为义务是指建章立制、设置专门机构、明确管理者的职责，不作为义务是指不得泄密，不得报复投诉或者举报者、证人，以及处理投诉或举报的管理者。四项措施兼具方可形成防治职场性骚扰的“机制”。

传统的投诉程序通常是向某个人投诉，这个人通常是投诉人的部门经理。但是这种“单一渠道”不适于对性骚扰的投诉。因为投诉人通常不愿和自己的顶头上司谈论令人心烦或尴尬的事情，她们更愿意向同性倾诉。如果部门经理是骚扰者，这种投诉机制便形同虚设。在许多国家，雇员受到骚扰时也可以找工会代表或企业委员会成员。鉴于大多数性骚扰事件的性质，调查人员中应当包括女性。印度最高法院考虑了这个方面的问题，在工作场所规章制度指导方针中规定，性骚扰投诉委员会主席和至少半数的成员应由妇女担任。

为便于雇员投诉和举报，单位应设置专线电话、传真、专用信箱，包括电子信箱等。对于特别而具体的处理程序，可以画出流程图，列举详尽的注意事项。

4. 强调依法制定规章制度。

用人单位的规章制度只有依法制定，方可避免管理者的专制和随意，才能作为开除、辞退“严重违纪”员工的依据。我国《劳动法》和《劳动合同法》均要求用人单位建立劳动规章制度时应依法进行。《劳动合同法》还指出，在制定、修改或者决定涉及劳动者切身利益的规章制度或者重大事项时，应当经职工代表大会或者全体职工讨论，提出方案和意见，与工会或者职工代表平等协商确定。最高人民法院 2001 年《关于审理劳动争议案件适用法律若干问题的解释》第 19 条指出：“用人单位根据《劳动法》第四条之规定，通过民主程序制定的规章制度，不违反国家法律、行政法规及政策规定，并已向劳动者公示的，可以作为人民法院审理劳动争议案件的依据。”

可见，用人单位的规章制度应具备三个有效要件：（1）通过民主程序制订；（2）内容不得与国家法律、行政法规及政策相抵触；（3）已向劳动者公示。实践中，不够明确的规章制度曾经引起纠纷。例如，某公司的规章制度中无“性骚扰属于严重违纪”的条款，但该公司以熊某的性骚扰行为严重违纪为由将其辞退，于是引发了一场诉讼。熊某要求复职，在劳动争议仲裁和一审中均被驳回。2009 年 7 月 29 日，成都市中级人民法院终审认为，被熊某骚扰的女同事在劳动仲裁和法院一审中，均出庭证明熊某对她进行骚扰的事实。作为女性，被骚扰者不会自毁清誉，诬陷熊某的可能性较小，受害者的证言可信度较高。可以认定熊某存在骚扰女同事的行为。承办法官从《员工奖惩条例》的“兜底条款”中找到了辞退依据："有其他未列举的严重违纪行为，且此种行为是指个人行为给公司造成恶劣的后果，或损坏公司利益，使公司形象受损，或纠正面谈后，仍多次重复的严重违纪行为。"据此维持了原判，由此推出一个性骚扰示范性判例。

假设本案被告的《员工奖惩条例》中没有"兜底条款"，法院判决将会是另一种结果。如果本案中的被告已经健全了防治职场性骚扰机制，就不会被送上被告席。随着反性骚扰法制的逐步完善，单位会面临越来越多的性骚扰投诉及索赔诉讼。因此，仅从规避法律风险、减少管理成本的角度出发，单位也应当承担相应的防治职场性骚扰的义务。

5. 明确了防治职场性骚扰义务主体的范围。

本条第 2 款诠释了"单位"的外延。它包括劳动法所调整的"用人单位"，即我国境内的所有企业、个体经济组织、民办非企业单位，如依法成立的会计师事务所、律师事务所等合伙组织和基金会等民办非企业单位，也包括被劳动法"视为用人单位"，以及公务员法和人事规章所调整的国家机关、事业组织和社会团体，但不包括私人雇主。

本条的主要立法依据是：《劳动法》第 3 条、《就业促进法》第 3 条、《妇女权益保障法》第 22 条、第 40 条。

职场性骚扰不只发生在工作中，也会发生在招聘面试过程中。据调查，性骚扰严重损害雇员身心健康。国内已出现员工不堪忍受上司性骚扰而自杀（获救）和导致精神分裂的事件。这已成为一种人为的职业危害。减少职业危害是劳动法的要求，因此，劳动法关于"劳动安全卫生"的规定，也是用人单位履行防治工作场所性骚扰义务的间接依据。

2005 年《妇女权益保障法》修正案第 40 条并没有规定"用人单位应当采取措施防止工作场所的性骚扰"，但在一些省市自治区修订后的妇女法实施办法中却有明确规定。例如，2006 年《湖南省实施〈中华人民共和国妇女权益保障法〉办法》第 30 条第 2 款规定："各单位应当采取措施预防和制止工作场所的性骚扰。"2008年修订的《江苏省实施〈中华人民共和国妇女权益保障法〉办法》第32条第2款规定："用人单位和公共场所管理单位应当通过建立适当的环境、制定必要的调查投诉制度等措施，预防和制止对妇女的性骚扰。"据统计，目前至少有20个省、直辖市和自治区的《实施〈中华人民共和国妇女权益保障法〉办法》，增设了单位防治工作场所性骚扰的义务。

第五条 【物质损害赔偿】

受害人因性骚扰而有财产损害的，行为人应当承担下列赔偿责任：

（一）受害人所支付的治疗费、误工费、护理费、营养费、交通费等；

（二）受害人因被调岗、调换工作地点、降低待遇、降级、撤职等造成的损失；

（三）受害人被解雇、开除、辞退或者被迫辞职的收入损失；

（四）性骚扰造成的其他损失。

【释义】

本条是关于受害人因性骚扰致使其财产等物质有损害时，行为人应当承担赔偿责任的规定。

我国《侵权责任法》第15条规定："承担侵权责任的方式主要有：（一）停止侵害；（二）排除妨碍；（三）消除危险；（四）返还财产；（五）恢复原状；（六）赔偿损失；（七）赔礼道歉；（八）消除影响、恢复名誉。以上承担侵权责任的方式，可以单独适用，也可以合并适用。"本条明确规定了赔偿损失作为承担侵权责任的方式。

本条规定承担的赔偿责任包括：

1. 受害人所支付的治疗费、误工费、护理费、营养费、交通费等。赔偿义务人对治疗的必要性和合理性有异议的，应当承担相应的举证责任。误工费根据受害人的误工时间和收入状况确定。误工时间根据受害人接受治疗的医疗机构出具的证明确定。受害人有固定收入，误工费按实际减少的收入计算。受害人无固定收入的，按照其最近三年的平均收入计算；受害人不能举证证明其最近三年的平均收入状况的，可以参照受诉法院所在地相同或者相近行业上一年度职工的平均工资计算。护理费根据护理人员的收入状况和护理人数、护理期限确定。护理人员有收入的，参照误工费的规定计算；护理人员没有收入或者雇佣护工的，参照当地护工从事同等级别护理的劳务报酬标准计算。护理人员原则上为一人，但医疗机构或者鉴定机构有明确意见的，可以参照确定护理人员人数。交通费根据受害人及其必要的陪护人员因就医或者转院治疗实际发生的费用计算。交通费应当以正式票据为凭；有关凭据应当与就医地点、时间、人数、次数相符合。

2. 受害人因被调岗、调换工作地点、降低待遇、降级、撤职等造成的损失。在交易型性骚扰中骚扰者通常以实现某种骚扰行为作为劳动关系或劳务关系成立、存续、变更、岗位分配、报酬、考核、晋升、降职、调动、奖惩等条件。因此，常常会出现受害人被调岗、调换工作地点、降低待遇、降级、撤职等处罚，对此造成的损失，施害人也应当承担赔偿。具体的赔偿标准按受害人受到处罚后和原来的待遇差进行计算。时间从受处罚之日开始计算，至恢复原来待遇之日止。

3. 受害人被解雇、开除、辞退或者被迫辞职的收入损失。在职场性骚扰案件中，如果受害人被解雇、开除、辞退或者被迫辞职，由此造成的损失按照受害人原先的收入进行计算。

4. 性骚扰造成的其他损失。除上述损失外，侵权人对受害人的其他财产损失，也应予以赔偿。

本条将财产损害赔偿标准具体化，法院能够简便快捷地计算，使受害人早日得到赔偿。

第六条 【精神损害赔偿】

性骚扰受害人有权请求精神损害赔偿。

精神损害赔偿的数额根据侵害行为造成的后果确定。

【释义】

本条是关于性骚扰受害人的精神损害赔偿请求权的规定。

随着我国《民法通则》的公布实施，精神损害赔偿成为一项新的民事法律制度。精神损害赔偿是权利主体因人身权益受到不法侵害，精神痛苦或精神受到损害而要求侵害人给予赔偿的一种民事责任。它是现代民法损害赔偿制度的重要组织部分。

在现代社会和现代法制条件下，对人身损害给予精神损害赔偿即抚慰金，已经成为普遍的制度。凡是侵权行为致受害人受到人身伤害，造成身体权、健康权、生命权侵害的，受害人或者受害人的近亲属，都可以依据国家的法律，请求赔偿抚慰金，填补因人身损害带来的精神痛苦；法官会斟酌实际情况，确定适当的抚慰金金额，既对受害人进行精神上的抚慰，也对加害人的违法行为进行制裁，并警戒社会，防范侵权行为发生。

本条对精神损害赔偿的规定，主要借鉴了最高人民法院2001年《关于确定民事侵权精神损害赔偿责任若干问题的解释》的有关条款，其第1条规定：“自然人因下列人格权利遭受非法侵害，向人民法院起诉请求赔偿精神损害的，人民法院应当依法予以受理：（一）生命权、健康权、身体权；（二）姓名权、肖像权、名誉权、荣誉权；（三）人格尊严权、人身自由权。违反社会公共利益、社会公德侵害他人隐私或者其他人格利益，受害人以侵权为由向人民法院起诉请求赔偿精神损害的，人民法院应当依法予以受理。”性骚扰是侵害公民人格尊严权的侵权行为。它对受害人的危害，首先是心理上的。受害人会出现精神恍惚、紧张、忧郁、自责、失眠等心理症状，甚至产生自杀倾向。受害人的精神损害还会进一步导致其财产损失。

关于精神损害赔偿数额的确定因素，最高人民法院《关于确定民事侵权精神损害赔偿责任若干问题的解释》第 10 条规定："精神损害的赔偿数额根据以下因素确定：（一）侵权人的过错程度，法律另有规定的除外；（二）侵害的手段、场合、行为方式等具体情节；（三）侵权行为所造成的后果；（四）侵权人的获利情况；（五）侵权人承担责任的经济能力；（六）受诉法院所在地平均生活水平。法律、行政法规对残疾赔偿金、死亡赔偿金等有明确规定的，适用法律、行政法规的规定。"我们认为，性骚扰行为具有突发性，不以故意为前提，确定精神损害的赔偿数额时考虑的因素不应完全与上述规定相同。性骚扰给受骚扰者带来的精神伤害具有持续性，有可能会导致精神疾病。在职场性骚扰案件中，受到性骚扰的人不仅需要治疗自己的精神伤害，还要面临被解雇、降级或者被迫辞职的风险。如果员工因为拒绝性骚扰被不公平地解雇或者降级，失去工资或者工资被降低的，也应该获得赔偿。由于雇主和侵害人对性骚扰导致的损害负连带责任，因此，在确定赔偿数额时无需考虑侵权人承担责任的经济能力。故本条规定：性骚扰侵权行为的精神损害赔偿数额根据侵害行为造成的后果确定。

本条规定性骚扰受害人的精神损害求偿权及其金额的确定方式，有利于保护受害人权益，为受害人提出精神损害求偿提供了直接依据。

第七条　【连带责任】

在面试及工作场所，求职者或者雇员遭受性骚扰的，单位与加害人共同承担连带赔偿责任。

单位能够证明履行了本规定第四条所列义务的，根据其履行情况可减轻或者免除赔偿责任。

雇员不利用单位预防纠正性骚扰机制又没有正当理由的，可以免除单位的赔偿责任。

【释义】

本条是单位承担连带责任的规定。本条与第四条相结合，构成"雇主责任"。

我国相关判例表明，性骚扰案件中的原告不论胜负，都要付出较高代价。他们举证难、胜诉难、赔偿少，会遭报复，承受偏见所形成的舆论压力，还会使家庭成员受到牵累。因此，规定单位承担连带责任，督促其履行防范义务，显得尤为重要。

单位对工作中的性骚扰承担连带责任，理由主要有：（1）雇主有义务也有能力为雇员提供没有性骚扰的工作环境，以消除就业歧视；（2）让雇主承担连带责任可以督促其主动采取防治措施；（3）雇主比性骚扰行为人更具有赔偿能力。

准确理解本条的含义及基本精神，需注意以下三点：

1. 单位承担的是“连带责任”，而不是“补充责任”或“替代责任”。

连带责任，是指两个以上须承担同一民事责任的主体，任何一方对违反法定或者约定义务行为的损害后果均应承担全部责任。连带责任人不享有赔偿请求的顺位利益，受害人既可以请求侵权责任人承担全额赔偿责任，也可以请求连带责任人承担全额赔偿责任，还可以同时请求两者承担赔偿责任。我国《侵权责任法》第13条规定：“法律规定承担连带责任的，被侵权人有权请求部分或者全部连带责任人承担责任。”第14条规定：“连带责任人根据各自责任大小确定相应的赔偿数额；难以确定责任大小的，平均承担赔偿责任。支付超出自己赔偿数额的连带责任人，有权向其他连带责任人追偿。”

本条规定表明，职场性骚扰的受害人既可以选择加害人做被告，也可以选择所在单位做被告，还可以将两者作为共同被告，请求加害人和单位承担连带赔偿责任。职场性骚扰侵害的客体，一是受害人作为自然人，其性的自主权受到侵害；二是受害人作为劳动者，在工作中没有得到安全保护，性的利益受到不安全职场秩序的侵害，其作为劳动者的工作环境权受到侵害。因此，承担侵权责任的主体既有性骚扰实施者，又有未保障职场安全的雇主。

依我国侵权责任法，加害人行为与雇主授权或者指示的雇佣活动之间有内在的紧密联系，是雇主承担连带责任的前提；而按照我国劳动法，无论加害人行为与雇主授权或者指示的雇佣活动之间有无内在紧密联系，由于“雇主对于性骚扰侵权行为的发生负有当然的注意义务，即提供平等、安宁的工作环境、保障雇员的人身免受不当的伤害、保证劳动者人格尊严不受侵犯”，只要单位不能证明其履行了防治性骚扰的义务，就要承担连带责任。这样规定有利于督促雇主全面履行防治职场性骚扰的义务，避免滥用权力或者失职。

2. 单位连带责任的减责与免责情形。

单位减责和免责的情形有两种：（1）单位提供的证据能够证明其已经全面履行或者部分履行了本规定第四条所列义务的事实，法官据此酌情判定单位免除或者减轻赔偿责任；（2）雇员未能利用单位提供的预防或者纠正性骚扰机制又没有正当理由的，可以免除单位的赔偿责任。例如，性骚扰发生后，受害雇员没有向单位负责受理投诉的专门机构投诉，致使单位没有及时发现并制止性骚扰行为，单位对因此扩大的损害后果不承担责任。

这在国外已有司法判例。1987 年，加拿大最高法院判定，当工头对其手下雇员进行性骚扰时，雇主应承担法律责任。雇主应对其雇员在雇用过程中的所有行为（在一定程度上与雇佣有关或相联的行为）负责。“在计算赔偿金数额时，可以考虑这一因素：如果雇主甲在得知性骚扰申诉后，立即有效地做出反应，制定规章制度，弥补损害、杜绝此事再次发生，而雇主乙则对此无动于衷，那么如果两个雇主均应承担法律责任，雇主甲的法律责任应当少于雇主乙。雇主对被告当事人，除谴责其行为外，还可将其解雇，法院通常认为，性骚扰是立即解雇的合法理由之一。”①

---

① ［加］A. E 奥斯特、L. 夏莱特著：《雇用合同》，王南译，中国对外翻译出版公司 1995 年版，第 27 页。

3. 对“雇主责任”存在的认知误区。

在我国的人力资源管理和司法实践中，对“雇主责任”存在认知误区。例如，2009 年，在以侵权人及其公司为共同被告的广州性骚扰案审理中，被告公司的代理人和承办法官意见便暴露出两类认知误区：（1）只要不是职务行为，公司就不承担责任；（2）只要公司的制度中有禁止性骚扰的规定，设置开放式办公室和受理投诉的机构，公司就不承担连带责任。

本案被告公司认为，只要不是职务行为，公司就不承担责任的抗辩貌似有理，但不能成立。依据我国劳动法第六章关于劳动安全卫生规定的精神，是不能免除未尽劳动安全卫生保障义务“公司”的连带责任的。况且广东省《实施〈中华人民共和国妇女权益保障法〉办法》第 29 条第 2 款规定：“用人单位和公共场所管理单位应当通过建立适当的环境、制定必要的调查投诉制度等措施，预防和制止对妇女的性骚扰。”其中“应当”一词意味着此属于强制性规范，只要单位违反此项法定义务，就应当承担法律责任。只是从立法技术上看，该条的法律结构不完整，缺乏相应的法律责任，只规定由法官行使自由裁量权。

承办该案的法官在审理后认为，原告所在公司在办公场所设置的布局上充分考虑了制止和预防性骚扰等行为发生的问题，因此，公司主张其已建立了适当的环境，制定了必要的调查投诉制度预防和制止员工对妇女的性骚扰，不应对被告 H 对员工的侵权行为承担连带责任的意见予以采纳。但从原告 L 受到 H 骚扰长达数月，多次向公司投诉未果反被开除的情形来看，该公司在处理投诉事宜方面存在严重问题，致使实施如此严重性骚扰行为的管理者，未受到应有的处罚——仅此一条就不具备免责情形。[①]

作为日资企业，该公司应当知道如果本案发生在其本土，自己

① 闫晓光：《广州女白领诉日籍主管性骚扰反被开除》，资料来源：大洋网，2009 年 12 月 19 日。

将承担哪些责任。例如，1998年，日本京都地方法院曾作出“平成10年1467号”判决，判决被告A银行为一名支店长性骚扰一名女职员的行为，连带赔偿6768960日元（50余万元人民币）。该案的情节远不如本案严重，不过是持续地邀请共进晚餐，被拒绝后抓住原告的手，进而有强吻和摸胸。原告向“课长”投诉后，“课长”授意加害人辞职。原告对此处理结果不满，才愤而起诉。法院依据《日本民法典》，判决两被告承担巨额连带赔偿责任。[①]

除日本法律外，菲律宾1995年《反性骚扰法》第5条也规定：[②] 与工作有关的环境、教育环境或培训环境的雇主或办公室负责人的法律责任：如果受侵害人告知与工作有关的环境、教育环境或培训环境的雇主或办公室负责人有本法案禁止的就业、教育、培训环境中的性骚扰行为发生，而与工作有关的环境、教育环境或培训环境的雇主或办公室负责人未立即采取行动的，由与工作有关的环境、教育环境或培训环境的雇主或办公室负责人就该类性骚扰行为造成的危害承担法律责任。

至于本案中的解雇理由，在反性骚扰制度完备的国家是不存在的。例如，德国2006年《一般同等对待法》（又译为《普遍同等待遇法》）第14条规定：“如果雇主未采取措施抵制劳动岗位发生的骚扰或性骚扰，或者采取措施明显不恰当，只要是自身保护所必需的，则被骚扰的雇员有权停止工作且其工资不减损。”[③]

为督促雇主全面履行法定义务，一些发达国家还规定了行政责任。例如，1997年日本修订《关于确保雇用领域男女具有平等机会及待遇等的法律》，增设防止性骚扰的内容。其第21条第1款规

---

① 资料来源：http：//rights - create. com/sh/hanketu2. shtml，访问时间：2009年12月18日。

② 菲律宾《反性骚扰法》，李莹译，载《妇女研究论丛》2006年8月增刊，第71页。

③ 德国《一般同等对待法》，严冬译，资料来源：http：//www. fanqishi. com/detail. asp？ID =37，访问时间：2011年8月10日。

定“雇主必须注意人员管理，保障工作场所有关性的语言和行为不伤害性地影响到女性的雇佣条件或工作环境，为此，雇主在人员管理方面必须为此目的始终采取适当的必要措施。”2006年，日本再次修订该法，将雇主的上述“注意义务”上升到“措施义务”。其第11条规定：“企业主为避免因在职场中发生与性的言行相关的被雇用劳动者受到其劳动条件下的不公正待遇，或者为避免该性的言行影响该劳动者的就业环境，必须根据与该劳动者商谈的情况，采取必要的体制上的完善及其他雇用管理上的必要措施。”“厚生劳动大臣根据前项规定，为要求企业主必须采取措施，督促其进行适当且有效的实施，规定必要的指南”。根据该法第30条，厚生劳动大臣对于违反上述规定的企业主，在依法劝告后，已接受劝告的企业主仍违反本法律相关规定的，可公布其违规行为。根据该法第33条，不依法向厚生劳动大臣提供报告或提供虚假报告者，处以20万日元以下的罚款。①

可见，在外国法中，并非只要不是职务行为，公司就不承担责任，也不能因公司制度中有禁止性骚扰规定、设置了开放式办公室和受理投诉机构，就一律认定公司全面履行了防治职场性骚扰义务，不承担连带责任。如果我国法院做出责令不履行防治职场性骚扰义务的单位与侵权人共同承担连带责任，将会引导国内人力资源管理者和法官走出上述认知误区，并对健全反性骚扰法制起到促进作用。

本条法律依据主要是：2005年修订的《妇女权益保障法》第40条、第58条，以及一些省、自治区、直辖市实施妇女权益保障法办法中有关“雇主责任”的条款。例如，2007年9月27日修订的《四川省实施〈中华人民共和国妇女权益保障法〉办法》第33条规定：“禁止以语言、文字、图像、信息、肢体行为等任何形式

① ［日］荒木尚志：《日本劳动法》（增补版），李坤刚译，北京大学出版社2010年版，第88～89页。

对妇女实施性骚扰。用人单位和雇主应当采取措施制止工作场所的性骚扰。”第47条规定：“违反本办法规定，对妇女实施性骚扰或者家庭暴力，构成违反治安管理的，受害人可以提请公安机关对违法行为人依法给予治安管理处罚，也可以依法向人民法院提起民事诉讼。构成犯罪的，依法追究刑事责任。在工作场所发生对妇女实施的性骚扰，造成妇女身体、精神、民誉损害，单位或者雇主有过错的，应当依法承担相应的民事赔偿责任。”

第八条　【补救责任】

雇员因拒绝性骚扰而发生下列情形之一的，单位应当及时采取纠正等补救措施：

（一）被剥夺晋升机会的；

（二）被取消参加培训、旅游、参评先进等享受奖励或者福利资格的；

（三）被调换岗位或者工作地点、减薪、降级或者撤职的；

（四）被扣发奖金、提成或者被罚款的；

（五）被开除、辞退或者被迫辞职的；

（六）因报复而影响职位和待遇的其他情形。

【释义】

本条规定了单位对职场性骚扰受害人的补救责任。

与其他场所性骚扰的法律责任相比，这是职场性骚扰特点决定的特殊责任形式。理解本条的内容和基本精神，应注意以下四点：

1. **“纠正等补救措施”的含义。**

此所谓“纠正”，是指“恢复原状”。例如，受害人要求复职的，单位应当安排复职。用“等”字属于开放性列举，包括补偿受害人遭到报复期间的精神和物质两方面损失。

2. **规定“其他情形”的意义。**

本条第六项所称“其他情形”，是“兜底条款”，可以防止所列情形过于琐细，而又漏掉其他情形弊端的发生。例如，美国曾发生性骚扰加害人以散布谣言的手段孤立投诉人的情形，雇主对此起码负有责令侵权人停止侵害、消除影响、赔礼道歉并恢复受害人名誉的补救责任。

3. **“被迫辞职”相当于“推定解雇”。**

所谓“推定解雇”，是指基于雇员被迫或者被引诱辞职的行为，推定雇主有解雇员工的故意，从而认定雇员的辞职行为属于雇主不公正解雇员工的一种方式。国外判例法对此有明确解释。在加拿大，“如果雇主故意制造一些为难条件，让雇员除辞职之外别无其他选择，便是推定解雇。”① 再如，一家公司通知本公司一位女医生，以后给她的助手当助手。公司明知，该医生根本不会同意，以此为借口迫使她主动辞职。法院命令公司赔偿医生的经济损失。最后，雇员的工作环境如果十分不友好，使得雇员不能正常工作。并且，雇主明知该情况，却拒不采取任何措施，法院也可认定这属于推定解雇。② 这种解雇方式表现为形式与内涵的背离，其形式显示出雇员自动辞职的表征，其内涵却是雇主变相解雇员工。一旦认定雇员自动辞职的行为属于雇主的推定解雇行为，雇主就应当承担复职责任。只有在雇员不同意复职的情况下，才改为支付经济补偿金或者赔偿金等责任形式。

在我国，性骚扰的受害人往往被迫辞职，在劳动力严重过剩的情况下，一些人很难再就业。可见，工作场所性骚扰已危及部分劳动者的生存权。尤其是一些单位以性骚扰等卑劣手段逼迫怀孕女职工自动辞职，既甩掉“三期”女职工的“包袱”，又无须支付解除劳动关系的成本。因为，不具备《劳动合同法》第38条规定的情形，自动辞职者是无权领取经济补偿金的。《失业保险条例》第14条也规定，自动辞职者无权领失业保险金。

我国《劳动合同法》第38条的基本精神，与国外“推定解

① ［日］荒木尚志：《日本劳动法》（增补版），李坤刚译，北京大学出版社2010年版，第110页。

② 同上注，第113页。

雇”制度相似，但没有“复职”的补救措施。本条规定：单位对因不堪忍受职场性骚扰而被迫辞职的员工，承担及时采取纠正等补救措施的责任。此处的“纠正等补救措施”是指“复职”，只要被迫辞职者同意复职，便不能以其他责任形式替代。

4. “及时”采取补救措施的意义。

此所谓“及时”，是指单位自知道或者应当知道之日起，尽可能快地采取补救措施。

雇主发现性骚扰行为已经改变了雇员的雇佣地位和待遇，甚至导致雇员失业的，必须及时采取补救措施。这是发达国家和地区反性骚扰立法的重要内容。我国台湾地区“性骚扰防治法”第7条第1款规定：“机关、部队、学校、机构或雇用人，应防治性骚扰行为之发生。于知悉有性骚扰之情形时，应采取立即有效之纠正及补救措施。”这可以避免损失扩大，减少纠纷和讼累。

相关研究表明，性骚扰的后果可能是毁灭性的。因为多数骚扰带有侵略性，往往伴有恐吓或者侮辱。受害人除患有无力感、自责、失眠、愤怒、紧张、忧郁等心理病症外，还会有头痛、背痛、呕吐、高血压、体重变化及疲劳等生理症状。通常，其症状会经历一个逐渐加重的过程，因此，纠正得越及时，损害后果就会越轻。这比金钱赔付更有意义，因为，如果受害人不堪忍受性骚扰而致精神分裂，就很难恢复，有的受害人甚至因此轻生。因此，单位及时采取有效的纠正等补救措施，可以避免造成无法挽回的损害后果。

本条的法律依据主要如下：

1. 劳动法的相关规定。《劳动合同法》第35条规定，协议变更应协商一致且采用书面形式。即使是劳动合同订立时所依据的客观情况发生重大变化，如单位转产、原项目已被取消等，致使劳动合同无法履行，也需要协议变更劳动合同。《劳动合同法》第40条授权单位在以下两种情况下，可以单方变更劳动合同：（1）劳动者患病或者非因工负伤，在规定的医疗期满后不能从事原工作需要调换的；（2）劳动者不能胜任工作，需要调整工作岗位的。用人单位提出解除劳动合同，包括“开除”、“辞退”雇员，应依据《劳动合同法》第39条、第40条、第41条和第42条的规定处理。

如果用人单位变更或者解除了劳动合同，既未与劳动者协商一致，又没有法律的授权，那么，只要劳动者提出申请，此种变更或者解除劳动合同的行为就会被仲裁机构或者人民法院认定为无效。

2. 公务员法的相关规定。属于公务员法调整范围的公务员，依据《公务员法》第13条享有“非因法定事由、非经法定程序，不被免职、降职、辞退或者处分”的权利。第97条规定，聘任制公务员签订聘任合同的，“聘任合同经双方协商一致可以变更或者解除”。

《公务员法》还规定，公务员的职级变化取决于对其德、能、勤、绩、廉的全面考核，“重点考核工作实绩”（第33条）。“定期考核的结果作为调整公务员职务、级别、工资以及公务员奖励、培训、辞退的依据”（第37条）。“公务员在定期考核中被确定为不称职的，按照规定程序降低一个职务层次任职”（第47条）。“任何机关不得违反国家规定自行更改公务员工资、福利、保险政策，擅自提高或者降低公务员的工资、福利、保险待遇。任何机关不得扣减或者拖欠公务员的工资”（第78条）。

本条所列受害人遭报复，影响其职位和待遇的情形，是法律禁止的行为。单位对此不仅应当承担补救责任，而且还可根据本规定第九条，承担惩罚性赔偿责任。

第九条 【单位的惩罚性赔偿责任】

雇员因拒绝性骚扰而被开除、辞退或者被迫辞职尚未安排复职的，单位应当依《劳动合同法》第八十七条支付赔偿金。但雇员不利用单位防治性骚扰机制又没有正当理由的除外。

单位因过错致使性骚扰事件发生或者损害扩大的，应当向受害人支付惩罚性赔偿金。

单位向受害人支付的惩罚性赔偿金标准，不低于五万元人民币。

【释义】

本条是单位承担惩罚性赔偿责任的规定。

第一款是对依照《劳动合同法》第87条支付双倍赔偿金情形的具体化。这种赔偿金本身带有惩罚性，有助于促使人力资源管理者做好离职面谈工作。一旦发现员工辞职的原因与职场性骚扰有关，应劝其留任至整个事件完全解决为止，以避免单位承担惩罚性赔偿金。

第二款是创新性规定。单位没有履行或者没有全面履行第四条规定的防治性骚扰义务，致使性骚扰事件发生或者损害扩大的，应当向受害人支付惩罚性赔偿金。如此规定的目的在于用经济制裁手段督促单位全面履行防治性骚扰义务，杜绝对投诉人、举报人、证人、处理投诉者的报复行为。

第三款规定的惩罚性赔偿金标准仅适用于第二款所列情形。本款将惩罚性赔偿金标准规定为“不低于人民币五万元”。这是最低限额而不是最高额的规定。旨在由法官根据单位主观恶性程度及损害后果判定相应的金额。对于过失性疏忽，未造成严重损害的，可以适用五万元的底线。一旦认定单位故意滥用权力，怂恿甚至强迫员工迎合客户或顾客的非礼要求，或者明知员工身处险境却持放任的间接故意心态，则不论其结果如何，单位均应承担高额的惩罚性赔偿责任。

在发达国家，雇主向性骚扰受害人支付的惩罚性赔偿金往往很高。例如，美国首例性骚扰集团诉讼案便以此方式迫使雇主采取措施制止性骚扰。1975年，单身母亲洛伊斯·詹森为了谋生，来到美国明尼苏达州最寒冷的北部——埃弗莱斯铁矿公司工作。在这个由男人主宰的环境中，她和其他女性同事不仅承受巨大的工作强度，而且每天都会遭到黄色笑话、仿真性器具以及污言秽语等令人震惊的性骚扰的侵害。1984年，洛伊斯决定起诉对性骚扰持冷漠态度的公司。这个官司持续14年之久。1997年9月，洛伊斯获得附带诉讼的赔偿3.25万美元。因为，她们首次起诉后，公司没有采取措施保护她们免遭报复，致使有人造谣、怂恿同事不理睬她。1998年12月，案件以和解方式结案。15名原告中，没有患创伤后应激障碍症者每人获5~15万美元赔偿。洛伊斯获75万余美元赔偿金。在原告方让步的情况下，公司共支付原告赔偿金350万美元、原告律师费628万美元。①

在我国，规定单位承担惩罚性赔偿责任的意义体现在以下两方面：

第一，鼓励性骚扰受害人寻求司法救济。职场性骚扰不同于其他场合的性骚扰，受害人会考虑如果起诉是否会对“工作”带来负面影响，自己是否有能力承担“丢饭碗”的后果，她/他们还会担心证据不足，顾虑法律流程复杂，女性比男性更担心被污名化。这些都使受害人抗争性骚扰的愿望与行动之间差异明显。

性骚扰案件除举证难外，受害人因此获得的补偿也非常有限。作为理性人，受害人必然考虑诉讼的成本与回报。我国现有性骚扰胜诉案的受害人普遍获赔金额过低。例如，2003年武汉职场性骚扰案件中，一审法院判决被告赔偿原告精神损失费2000元。被告不服提起上诉，二审法院最终撤销了这一判决，仅令上诉人对被上诉人赔礼道歉。再如，2002年，贵阳职场性骚扰胜诉案中，受害人因此致精神分裂，只获赔42.60元。如此低的赔偿额无法补偿受害人及其亲友的精神痛苦，也不足以对加害人及其所在单位起到惩罚和威慑作用。这难免使性骚扰受害人选择隐忍或者辞职，客观上怂恿了加害人，从而形成骚扰的恶性循环。因此，确立惩罚性赔偿责任可鼓励性骚扰受害人走上法庭。

第二，警示雇主不得滥用权力或者失职。美国首例性骚扰集团诉讼案表明，实行判例法的美国法律承认了恶意工作环境理论，认定工作场所的性骚扰可以构成性别歧视。如果雇主没有采取任何具

① [美] 克拉拉·宾厄姆、劳拉·利迪·甘斯勒：《洛伊斯的故事：一个改变美国性骚扰立法的里程碑案件》，纪建文译，法律出版社2004年版。

体措施阻止性骚扰，也应当承担连带赔偿责任。这使美国的所有企业都意识到，必须尽快制定相关规章制度，将之张贴在工作场所，并采取措施制止性骚扰的行为。因此，规定单位承担惩罚性赔偿责任的另一个出发点是，督促单位创造尊重个人尊严和人权的工作环境。

本条规定用人单位违法辞退员工支付赔偿金的法律依据是《劳动合同法》第47条和第87条。本条关于惩罚性赔偿金标准底线的规定，参照1999年《广东省实施〈中华人民共和国消费者权益保护法〉办法》第31条，该条规定：经营者以暴力或者其他方法公然侮辱或捏造事实诽谤消费者，搜查消费者的身体及其携带物品，侵害消费者的人格尊严或者侵犯消费者人身自由的，应当停止侵害、恢复名誉、消除影响、赔礼道歉，并给予五万元以上的精神赔偿。

第十条　【提起诉讼】

性骚扰受害人可以性骚扰为由向人民法院提起诉讼，人民法院应当受理。

【释义】

本条是性骚扰民事诉讼案由的规定。

通常，民事案件进入司法程序，首先要有案由。本条将“性骚扰”作为独立案由加以规定，目的在于解决实践中性骚扰案件的“立案难”问题。

目前，理论上对性骚扰行为侵害的民事权利性质的认识存在争议，有人认为性骚扰侵犯了被害人的性自主权，有人则认为性骚扰侵害的是名誉权，还有人认为性骚扰侵害了人格尊严权。因此，最高人民法院没有将“性骚扰”作为一个独立案由纳入《民事案件案由规定》之中。[①] 从人民法院已经审理的性骚扰案件看，立案案

① 最高人民法院2008年2月4日《民事案件案由规定》经修订后于2011年4月1日起施行。

由呈现出多样化的特点，直接影响了性骚扰案件的立案、法律适用和统一裁判。[①] 为解决这一难题，我们认为，根据性骚扰案件的特点及现实中审理性骚扰案件的需要，在司法实践中，应当明确将“性骚扰”作为一个独立的案由进行规定。

本条规定的法律依据主要是《妇女权益保障法》第40条、第58条。《妇女权益保障法》第40条明确规定，禁止对妇女实施性骚扰，第58条进一步规定，性骚扰受害人可以依法向人民法院提起民事诉讼。

第十一条　【证明责任分配】

性骚扰案件的证明责任分配依据法律、法规及相关司法解释确定。

【释义】

本条是关于性骚扰案件证明责任分配规则的规定。

性骚扰案件的原告举证难是一个世界范围内普遍存在的现象，我国也不例外。实践中发生的很多性骚扰案件，原告都因无法举证证明性骚扰行为的存在而败诉。证明责任如何分配成为处理性骚扰案件的一个核心问题。性骚扰案件中应当如何分配证明责任，实践中存在不同意见。针对性骚扰案件中原告举证难的问题，有人主张在性骚扰案件中实行“证明责任倒置”规则，认为如此才能对这类案件中的受害人提供充足法律保护；实践中，还有人提出证明责任转移的概念，即原告提出初步证据证明被告实施了性骚扰行为后，被告予以反驳，则证明责任将从原告处转移给被告承担。本条规定的意旨在于厘清相关概念，明确性骚扰案件中证明责任的分配

① 2001年西安性骚扰案的审理法院确定的案由并不是××权纠纷；2002年，贵阳性骚扰案的审理法院认定被告行为损害原告的生命健康权；2003年北京案原告的诉由是“多次干扰其在计算机行业就业”，似乎是就业权诉讼，后又改为“名誉权”纠纷；同年，受理武汉性骚扰诉讼案的法院以侵犯名誉权立案；2004年北京案的审理法院认定，被告行为侵扰了原告保持自己与性有关的精神状态愉悦的性权利；2005年重庆性骚扰案法院以“人格权”纠纷立案。

规则。

首先，性骚扰案件的证明责任分配不应实行倒置规则，理由主要有二：

1. 与确定证明责任倒置的基本法理不符。主张性骚扰案件实行证明责任倒置的专家学者的主要理由是：性骚扰案件的发生具有隐蔽性、突发性，原告难以举证。我们认为这样的理由与确立证明责任倒置的基本原理不符。证明责任倒置是针对特殊类型的侵权案件而制定的特殊证明责任分配规则。这一规则考量的因素是双方当事人证明能力的强弱、证明的难易、谁承担证明责任更有利于查明案件事实及更有利于实现程序上和实体上的公正。如果仅仅因为性骚扰案件中的原告难以举证就实行证明责任倒置，理由很难成立，也不公平。因为相对于原告举证证明性骚扰行为存在这一积极要件事实而言，要被诉方证明没有实施性骚扰行为这一消极的要件事实更难。确立证明责任倒置必须综合考虑以上各种因素，否则，便违背了立法确立证明责任倒置所追求的确保双方当事人负担均衡和实现公正的目的。

还有一些专家学者认为，性骚扰案件中的受害者大多为女性，并且多是职场中位居下属的人群，因而属于弱者，法律应向弱者倾斜，给弱者提供特殊保护。我们认为，这一理由也很难成立。首先，性骚扰案件的受害人并不都是女性；其次，如果说女性在社会上的地位比较弱，那么残疾人、老年人、未成年人，他们的地位可能更弱，是不是在以这些人为受害人的案件中都要实行证明责任倒置呢？这样的逻辑推理显然不能成立。

2. 性骚扰案件中实行证明责任倒置没有实际意义，不能真正解决原告举证难的问题。按照证明责任倒置理论，在实行证明责任倒置的特殊侵权案件中，也并非将按照一般分配原则分配给一方当事人的证明责任全部倒置给对方当事人，而是根据具体情况对侵权责任构成的部分要件事实予以倒置。在侵权责任构成的四个要件事实中，受害人通常必须首先证明有侵权行为的存在和损害结果的发生，然后由被诉人就其没有过错以及行为和损害结果之间没有因果关系进行证明。如果原告不能证明有侵权行为存在以及侵权行为给其造成了实际的损害，那么，其起诉将因缺乏诉的成立的基本要件而不被法院受理或被法院裁定驳回。如果将性骚扰案件视为特殊的侵权案件，对其处理实行证明责任倒置，那么，受害人也应当首先证明有性骚扰行为的存在和损害结果的发生，这两个要件事实是不能倒置的。能够倒置的只可能是加害人存在主观上过错的事实以及损害事实与行为人的行为之间有因果关系的事实。而在性骚扰案件中，恰恰是举证证明骚扰行为的存在是比较困难的。显然，将容易证明的要件事实实行倒置，不仅没有实际意义，也与设定证明责任倒置的基本原理相悖。

其次，证明责任转移只是行为意义上的证明责任的转移，而不能转移结果意义上的证明责任，因而并不能真正解决性骚扰案件原告举证难的问题。

证明责任有两种含义：一是行为意义上的证明责任，即对自己的主张提供证据加以证明的责任。此种意义上的证明责任具有可转移性，即，可以在原被告之间进行转换。最高人民法院《关于民事诉讼证据的若干规定》（以下简称《证据规定》）第2条第1款就是关于行为意义上证明责任的规定。该条指出："当事人对自己提出的诉讼请求所依据的事实或者反驳对方诉讼请求所依据的事实有责任提供证据加以证明。"① 证明责任的另一种含义是结果意义上的证明责任，即当案件事实真伪不明时，由承担证明责任的一方承担败诉后果。结果意义上的证明责任具有不可转移性，由法律预先规定由一方当事人承担。最高人民法院《证据规定》第2条第2

① 黄松有主编：《最高人民法院婚姻法司法解释（二）的理解与适用》，人民法院出版社2004年版，第405页。

款、第73条第2款就是结果意义上的证明责任的规定。①可见，对实践中提出的“证明责任转移”的概念应做正确理解。在性骚扰案件审理中，可以转移的证明责任只能是行为意义上的证明责任，而不是结果意义上的证明责任。在受害人对侵权责任构成的要件事实进行初步证明的基础上，被告予以反驳的，提出证据的责任即转移到被告一方。但是，被告方不承担说服法庭的责任，也即被告的抗辩不成立并不必然导致其败诉，被告是否败诉在于原告对要件事实的证明是否达到法定标准。综上可见，证明责任转移并不是一个新创设的概念，而是《证据规定》第2条所规定的内容，即行为意义上证明责任的转移。再者，由于转移的只是行为意义上的证明责任，故不能解决性骚扰案件受害人举证难的问题。

因此，我们认为，性骚扰案件中的证明责任分配，应当按照法律、法规以及最高人民法院的司法解释的相关规定确定。关于性骚扰案件受害人的“证明难”问题，可以通过本规定以下条款解决。

第十二条　【用人单位的证明责任】

用人单位提出已按照本规定第四条采取了预防和制止性骚扰措施的，由用人单位承担证明责任。

【释义】

本条是关于用人单位证明责任的规定。

本条是在第四条、第七条、第八条以及第九条关于单位的义务和责任的规定的基础上，对用人单位在诉讼中的证明责任的落实。

如果性骚扰受害人以实施性骚扰行为人和用人单位为共同被告，诉请单位与行为人承担连带责任，而用人单位抗辩称已履行第四条所列义务，请求法院判决减轻或者免除其赔偿责任的，为此，

---

① 最高人民法院《证据规定》第2条第2款规定：“没有证据或者证据不足以证明当事人的事实主张的，由负有举证责任的当事人承担不利后果。”第73条第2款规定：“因证据的证明力无法判断导致争议事实难以认定的，人民法院应当依据举证责任分配的规则作出裁判。”

用人单位应就自身履行义务情况承担证明责任。如果用人单位能够证明已履行本规定第四条所列义务，法院可根据其履行义务的情况，判决减轻或者免除其赔偿责任；反之，若用人单位不能证明已部分或全部履行本规定第四条所列义务，将不能被判决减轻或者免除赔偿责任。

证明责任的分配应当具有公平性。该公平性主要考虑的因素是双方当事人证明的难易、盖然性的高低、距离证据的远近，以及何方承担证明责任更有利于权利的保护和实现。由用人单位就性骚扰免责事由的成立承担证明责任，符合分配证明责任所要求的公平性，因为证明用人单位履行义务情况的证据资料就掌握在用人单位手中，是它容易获得的。

值得一提的是，用人单位对免责事由承担证明责任，并不是证明责任的倒置，而是证明责任的正置。按照大陆法系国家通行的分配证明责任理论——法律要件分类说的一般原则，[①] 侵权行为的加害人提出免责主张时，应对免责事由的成立承担证明责任。

第十三条 【证据交换】

人民法院审理性骚扰案件认为确有必要的，应当组织当事人进行证据交换。

【释义】

本条是关于性骚扰案件中证据交换的规定。

我国民事诉讼中的证据交换，是指在诉讼答辩期间届满，开庭审理之前，在人民法院主持下，当事人之间相互明示所持证据的行为或过程。[②] 最高人民法院《证据规定》第37、38、39、40条对证据交换的范围、条件、程序进行了规定。

---

① 法律要件分类说主张，应根据实体法所规定的法律要件事实的不同类别来分配证明责任。该说总的法则是：主张存在权利或其他法律效果的当事人，应当对该权利或法律效果的发生所必须具备的要件事实负证明责任。否认权利存在的当事人，应当就权利妨害、权利消灭或权利受制的法律要件事实负证明责任。

② 张卫平：《民事诉讼法》，法律出版社2004年版，第224~225页。

依《证据规定》第37条，证据交换程序的启动有两种方式：一是当事人申请经法院同意而启动；另一种是法院主动启动。由法院主动启动证据交换程序的案件，限于证据较多和复杂疑难这两类案件。

性骚扰案件存在受害人证明难的问题。通过证据交换，可以使当事人充分了解对方的证据，便于当事人进行证据整理，更好地进行证据抗辩。这可在一定程度上降低受害人的证明难度。但“证据规定”关于证据交换启动程序、法院启动证据交换案件范围的限定，客观上阻碍了性骚扰案件中证据交换的进行。一方面，它没有明确证据交换是一方当事人申请即可，还是必须双方协商一致申请；它也没有明确当事人申请证据交换是否需要满足一定的条件。另一方面，法院启动证据交换的案件限于证据较多和复杂疑难两类案件，范围过窄。有鉴于此，我们认为，性骚扰案件审理过程中，任何一方当事人提出证据交换申请的，法院都应当组织当事人进行证据交换；当事人没有提出证据交换申请，法院认为必要的，也应当主动启动证据交换程序，帮助当事人实现权利救济。

我国目前的证据交换制度吸收了国外民事诉讼中的类似制度，如美国的证据开示（discovery）制度。① 但我国证据交换制度还存

---

① 美国的证据开示制度是美国的《联邦民事诉讼规则》所规定的一种发现案件真实的方法。证据开示制度的相关条款赋予了双方当事人开示几乎一切相关资料的义务和权利。根据《联邦民事诉讼规则》规则26（2），对于不属于保密特权范围而与诉讼标的有关的任何事项均可以开示。开示证据的手段包括：庭外录取对方或对方的证人的证言（Deposition）、向对方发出书面质询书（Interrogatory）要求对方予以回答、要求对方提供文书和其他物品（Production of Documents and Things）、允许进入一方土地或产权进行检查（Permission to Enter Upon Land or Other Property）、进行身体或精神状况的检查（Physical and Mental Examination）以及要求自认（Request for Admission）等。证据开始是当事人的权利，也是义务，拒绝出示相关证据，将承担不利的法律后果，比如未经开示的证据将不被法庭采纳、支付对方通过其他途径获取应由对方开示而无正当理由未开示的证据所产生的合理费用、直接按照一方当事人的主张作出对没有正当理由不进行证据开示的一方不利的事实推定。

在很多不足，致使制度目的没有充分实现。不足之处主要体现在：第一，进行证据交换的案件范围没有完全放开，仅限于经当事人申请的案件和证据较多或者复杂疑难的案件；第二，没有赋予当事人进一步要求对方出示尚未出示的证据的权利和手段，也没有规定对拒绝出示证据的一方当事人的制裁措施，即没有强制性开示证据的规定。这些不足，还有待将来立法予以完善。

第十四条 【法院收集证据】

人民法院依当事人及其诉讼代理人申请，调查收集相关证据。必要时，人民法院应当主动收集证据。

人民法院在调查取证过程中，应当注意保护双方当事人的隐私。

【释义】

本条是关于法院调查收集证据的规定。

各国民事诉讼法既强调当事人负有证明责任，也规定法院收集、调取证据的情形和方式，我国也不例外。《民事诉讼法》和最高人民法院《证据规定》对此均有规定。我国法院依职权调取证据，有两种情形：一是当事人因客观原因不能自行收集证据的，可申请人民法院调查收集；二是法院认为审理案件需要的，可主动依职权调取证据。但在实践中，法院对当事人调查取证的申请往往以各种理由驳回，法院主动调查取证的更是鲜见。

性骚扰案件中，受害人的举证能力往往较弱。首先，这是由此类案件的特点决定的。性骚扰案件多发生在私密场所，具有隐蔽性，发生时现场往往没有目击者，言语和身体接触又很难留下证据，因此，带来当事人举证困难；其次，由于骚扰行为的实施者往往是受害者的上级领导或握有控制权的人，从而增加了受害人的举证困难。再者，由于相关制度如强制律师代理制度、强制证据开示制度等的欠缺，直接影响了受害人调查取证的能力和获取证据的途径和手段。为保证案件公正处理，我们建议，性骚扰案件尤其需要强调法院依职权进行调查取证。理由如下：

1. 性骚扰案件具有公益性。

通常认为，法院采取职权探知主义主动介入民事诉讼证据调查，主要针对一些特殊类型的案件，如婚姻家庭案件等。这类案件不仅关涉当事人利益，而且具有公益性质。因此，公权力介入，为当事人提供特殊保护的同时，也维护了社会公共利益。

相关调查显示，性骚扰行为在我国一定程度上存在，并且多是男性针对女性实施。这种行为在倡导男女平等，构建和谐社会的大环境里，是一个极不和谐的现象，严重阻碍男女平等的实现。从这个意义上看，性骚扰不只侵害当事人个人权利，还关涉公共利益。所以，在性骚扰诉讼中，对于证据的收集，当事人不仅可以申请法院调取其因客观原因不能收集的证据（如对以手机短信进行的骚扰，当事人可以申请法院到电信部门调取短信记录）；而且，必要时，法院也应当主动依职权调取证据。应该说，依现有法律和司法解释，这种处理是有依据的。真正需要转变的是法官的意识，使他们认识到性骚扰案件具有公益的性质。

2. 法院必要时依职权调查取证是民事诉讼制度的应有之义。

与其他纠纷解决机制相比，民事诉讼是法院依靠国家公权力解决纠纷。当事人诉至法院，盖因无法靠自力解决纠纷，期望借助公权力定分止争。民事诉讼程序制度的一个重要内容就是遵循公平原则（包括程序公正和实体公正），将法院的审判权和当事人的处分权进行合理的配置和分工。在证据的调查收集方面，如果一味强调当事人的证明责任，在其所举证据不能证明案情时，就很难保证裁判的公正。正确的做法是：首先应由当事人承担证明责任，在当事人有正当理由遭遇举证困境时，法院应依职权进行调查取证，查清案情。如此，方可保证裁判的公正性。在我国，性骚扰行为引发的大多为民事诉讼，其处理也应遵循这样的原则。

由于性骚扰案件多涉及当事人隐私，故本条第二款强调：法院在调查取证过程中，应当注意保护双方当事人的隐私，以避免当事人再次受到伤害。

第十五条 【瑕疵证据的可采性】

当事人提供的证据符合真实性与关联性要求，仅在来源或者形式上存有瑕疵的，可以作为认定事实的依据。

【释义】

本条是关于来源或者形式上存有瑕疵的证据可采性的规定。

诉讼中的适格证据，一般具备三个特征，即关联性、真实性和合法性。合法性是有效证据的基本特征。民事诉讼中证据的合法性，是指人们适用特定证据认定案件事实时，必须符合法律规定的要求，不为法律所禁止。据此，非法证据将不具有可采性，即将被排除。这是法律为保护更大利益而作出的价值选择。

然而，合法与非法之间不是非此即彼的关系。就民事行为而言，在合法行为与非法行为之间存在一个“灰色区域”，即当事人的行为与法律规定的要件不相符或不完全相符，或者在现行法中找不到合适依据，但又不违反法律的禁止性规定。[①] 民事诉讼当事人的一些取证行为就具有这样的特征，比较典型的是通过秘密录音、拍摄进行取证。我们认为，对于通过这些行为所取得的证据，不能简单地用合法与非法来划分，否则将导致司法实践中绝大多数这样的证据被视为非法证据而予以排除。对非法证据的排除规则只是诉讼制度的一环，必须服从整个诉讼制度的价值选择，即正确裁判，实现公平。

本条所言“瑕疵证据”可定义为：当事人收集证据的手段、程序或者证据表现形式有缺陷，但取证行为并没有违反法律的禁止性规定，也没有侵害他人合法权益的证据。对性骚扰案件当事人提交的证据，经审查认为具有关联性、真实性，但只在来源和形式上存在瑕疵的，可以被采纳为认定案件事实的依据。这可以避免因过分注重程序正义而忽视实体正义，也与现行司法解释的相关规定不相冲突。

---

① 黄明耀：《民事诉讼证据的合法性》，载《现代法学》2002 年第 3 期。

目前，我国民事诉讼中与瑕疵证据相关的司法解释有两个。1995年最高人民法院《关于未经对方当事人同意私自录制其谈话取得的资料不能作为证据使用的批复》（以下简称《批复》）指出："证据的取得必须合法，只有经过合法途径取得的证据才能作为定案的根据。未经对方当事人同意私自录制其谈话，系不合法行为，以这种手段取得的录音资料，不能作为证据使用。"2002年最高人民法院《证据规定》第68条规定："以侵害他人合法权益或者违反法律禁止性规定的方法取得的证据，不能作为认定案件事实的依据。"

《批复》将录音取得的证据资料的合法性标准限定在经对方同意。未经对方同意私自录制的，不具有合法性，不能作为证据使用。审判实践中，一方当事人同意对方录制其谈话的情形因不合情理而鲜有成例。对于偷拍、偷录材料，即使法官对其真实性、关联性确信不疑，但囿于《批复》的限制性规定，也不能采纳其作为认定案件事实的依据。因此，《证据规定》第68条是对《批复》的修正和完善。它重新确立了非法证据的判断标准和排除规则，对审判实践中采纳瑕疵证据留下了制度空间。

性骚扰的发生通常具有隐蔽性，少有人证，有时当事人只能通过偷拍、偷录的方式获得证明性骚扰行为存在的证据。人民法院审理性骚扰案件时，应当遵循《证据规定》的上述规定。对于受害人通过偷拍、偷录等方式获得证明骚扰行为存在的证据，经审查，只要没有对他人的合法权益（如隐私权）造成侵害或者没有违反法律的禁止性规定（如擅自将窃听器安装到他人住处进行窃听），就不应将其视为非法证据，应将其作为认定案件事实的依据。如果对方当事人对证据的合法性提出异议，但对证据的关联性和真实性没有异议的，该证据也可以单独作为认定案件事实的依据。这可在一定程度上解决性骚扰案件中受害人举证难的问题，为救济受害人权益提供制度支持。

第十六条 【证人证言】

证人应当出庭作证，接受当事人及其诉讼代理人的质询。证人在人民法院组织双方当事人交换证据时陈述证言的，可视为出庭作证。

【释义】

本条是关于证人出庭作证义务以及证人在证据交换时陈述证言视为出庭的规定。

本条的法律依据主要是《民事诉讼法》第70条、《证据规定》第55条。本条目的在于强调证人出庭作证是证人的法定义务。

依民事诉讼法，证人证言要成为有效证据，证人出庭作证、接受当事人质询是前提。在我国现有社会环境下，证人出庭率很低，直接影响到对案件事实的正确认定和对案件的公正裁判。为充分保护性骚扰案件当事人的权益，法院在审理性骚扰案件时，应强调证人出庭作证的义务。

强调证人出庭作证，主要为保障当事人的质证权。实践中，证人出于各种原因，不愿或不能在开庭审理时到庭作证，故本条作出灵活规定，证人在人民法院组织双方当事人交换证据时陈述证言的，可视为出庭作证。如此，既保障了当事人的质证权，也兼顾了对证人权益的保护。

第十七条 【品格证据】

性骚扰案件中，有关受害人的性倾向和以前的性行为的证据原则上不得被采纳作为认定案件事实的依据。

【释义】

本条是有关性骚扰受害人品格的证据原则上不具可采性的规定。

性骚扰是一种违背被骚扰人意愿，超出正常人际交往界限的冒犯行为。它往往以不受欢迎的与性有关的语言、信息、行为、环境等方式实施。在性骚扰案件中，被告有时会提供关于原告的性倾向或者关于原告以前的与性有关的行为的证据，即关于被害人的品格的证据，证明自己的行为是受原告欢迎的，因而不构成性骚扰。有些法院审理性骚扰案件时，也会联系受害人过往的一些言行进行事实认定，直接损害了原告当事人的利益。为避免此类现象出现，我们以为，立法应明确否定这类证据的可采性。具体理由如下：

首先，立法应将兼顾各方利益，进行平衡保护作为最大价值取向。但在一定时期内，当立法无法实现对各方利益的平衡保护时，向最需要保护的群体、最需要保护的利益进行倾斜，也是必要和正当的。当前，在我国，性骚扰案件中最需要保护的群体是被骚扰的女性，最需要保护的利益也是被骚扰女性的利益，而不是实施骚扰行为的侵权人的利益。我国现有立法对性骚扰受害人保护的规定不是过度，而是严重不足，受害人维权之路坎坷不平、充满荆棘。除举证难外，社会上的不公正、不客观的评价都是受害人维权时面临的巨大挑战。如果允许采纳被告提供的关于受害人以前的性行为、性倾向的证据，并承认其对被告行为不构成性骚扰的证明价值，那么，不仅是对侵权人性骚扰行为的纵容，也背离了立法防治性骚扰的目的。

其次，即使被告提供的关于受害人的性倾向、以前的性行为的证据具有真实可靠性，也只能证明其过去的行为，不能证明现实中的行为，即不能证明原告对被告的行为是持欢迎态度的，即：两者之间的关联性非常弱，或者说缺乏必要的关联，而证据的关联性是证据具备可采性的前提之一。从这个角度看，规定被告提出的原告以前性行为的证据原则上不具有可采性，是合理的。美国《联邦民事诉讼证据规则》出于制裁性侵犯行为人、保护受害人的立法目的，第412（a）条规定，在性侵犯案件的处理中，关于原告以前的性倾向、性行为的证据，不具有可采性。①

① Christopher B. Mueller, Laird C. Kirkpatrick. Federal Rules of Evidence[M]. New York: Aspen Publisher, 2005 Edition.

第十八条　【证据认定】

人民法院在审理职场性骚扰案件时，如果用人单位和受害人提供证据的证明力基本相当的，应作出有利于受害人的判断。

【释义】

本条是对人民法院证据认定规则的规定。

证据认定是审理性骚扰案件的关键。由于法律不可能对每一种证据的证明力都作出明确规定，故法官在认定证据的证明力时，除依法进行外，还要以法官职业道德为基础，运用逻辑推理、日常生活经验和社会一般观念进行判断。

不同案件的情理不同，其发生的背景亦存在差异，故法官心证在案件证据的认定中至关重要。由于性骚扰案件的特殊性，法官在形成心证的过程中，还要考虑社会的一般观念，按照社会上正常人的标准进行事实判断。判断某一行为是否构成性骚扰，有学者主张适用“合理人标准”（the reasonable person standard），也有学者将其称为“诚实善意人标准”，即从一个合理人（诚实善意人）的角度出发去判断某一行为是否构成性骚扰，此诚实善意人未被赋予原告的特征，独立于真实的原告，① 因此具有客观性。

职场性骚扰案件中，由于受害人与用人单位之间存在事实上的不平等，受害人与用人单位相比，在提供证据能力、诉讼能力等方面均处于劣势，为了平衡两者在诉讼中的地位，在证据认定方面，法院应当向受害人作出一定程度的倾斜。所以，本条规定：法院审理性骚扰案件，在用人单位和受害人提供的证据的证明力基本相当时，法院应当作出有利于受害人的判断。

第十九条　【证明标准】

受害人提供的证据达到了初步可信的程度，被控侵权人不能提供反驳性证据的，或者其所提证据不足以反驳受害人主张的，人民

---

① 转引自张新宝 高燕竹：《性骚扰法律规制的主要问题》，载《法学家》2006 年第 4 期。

法院可以认定受害人主张的事实成立。

【释义】

本条是关于性骚扰案件证明标准的规定。

证明标准，是指为免遭于己不利的裁判，负有证明责任的当事人履行其责任所必须达到的法律程度。如果当事人对案件事实的证明达到了证明标准的要求，法院就应以该事实作为裁判的依据；反之，当事人的证明没有达到法定标准，就要承担相应的不利后果。证明标准就是法官综合全案证据，对承担证明责任的主体是否完成证明任务，进而决定如何对案件进行裁判的活动。通常，民事诉讼中的证明应当达到“高度的盖然性”标准，即在证明某个事实存在的可能性远远大于其不存在的可能性，或者证明某个事实不存在的可能性远远大于其存在的可能性时，法官应对盖然性较高的事实予以认定。

“高度盖然性”的证明标准是法律对民事案件证明标准的一般要求，它应在不同类型案件中有不同的具体要求。在性骚扰案件中，法官在认定原告的证明是否达到法律要求的标准时，应当考虑这类案件原告取证难、诉讼风险大、受害人处于弱势地位等特点。我们认为，法官审理这类案件时，可以适当降低原告的证明标准，实行初步可信的证明标准，即：如果受害人提供的证据达到了初步可信的程度，而被控侵权人不能提供反驳性证据，或者所提证据不足以反驳受害人主张的，可以认定受害人所主张的事实成立。以下从对侵权行为成立的四个构成要件的证明做具体分析：

第一，对侵权行为的证明。如果在有原告陈述和其他一些证据证明骚扰行为存在，而被告又提不出相反证据予以反驳的，法官应认定骚扰行为存在。

第二，对损害后果的证明。如果法官认定骚扰行为存在，那么对于原告所诉骚扰行为对其造成的身体和精神损害，法官应予认定。除非被告举出足够证据证明没有损害或者没有那么大的损害。

第三，对行为人过错的证明。可参照《侵权责任法》所规定的过错推定原则，只要被告的骚扰行为被认定成立，就推定其存在过错。如果被告主张自己没有过错，则由其举证证明。

第四，对因果关系的证明。建议不要求原告承担严格的证明责任，只对侵权行为和损害结果之间的因果关系进行合理阐明。同样，如果被告主张侵权行为与损害结果之间的因果关系不成立，则由被告举证证明。

降低性骚扰案件的证明标准，是解决性骚扰案件中原告证明难、获得救济难的有效对策，也是具有正当性的制度选择。

第二十条 【推定主张成立】

有证据证明一方当事人持有证据但无正当理由拒不提供，如果对方当事人主张该证据的内容不利于证据持有人的，人民法院可以推定该主张成立。

【释义】

本条是应对证明妨害的措施——推定主张成立的规定。

证明妨害，是指不负有证明责任的一方当事人以作为或者不作为的方式阻碍负有证明责任的一方当事人对其事实主张的证明。①

当事人要使自己的事实主张得到认可，就需要对该主张进行证明。对方当事人的阻碍行为必然导致负有证明责任的当事人有可能不能证明其主张的事实，而承担不能证明的不利后果。显然，证明妨害违反了民事诉讼的诚信原则，具有非正义性，是民事诉讼法不能允许的行为。

《证据规定》第75条规定了证明妨害的相应对策，即推定主张成立：有证据证明一方当事人持有证据无正当理由拒不提供，如果对方当事人主张该证据的内容不利于证据持有人，可以推定该主张成立。实践中，适用“推定主张成立”应当满足以下条件：（1）一方当事人持有证据；（2）持有证据的事实被对方当事人所提供的证据证明；（3）持有证据的一方无正当理由拒不提供对方

① 张卫平：《民事诉讼法》，法律出版社2004年版，第231页。

所要求的证据；（4）当事人持有的证据对自己不利；（5）当事人申请法院向证据持有人调取证据，但没有获得该证据。①

如前所述，性骚扰案件中的证明责任由原告承担，由于这类案件本身的特点，原告本来就存在证明难的问题，如果再出现被告阻碍原告证明的现象，比如，销毁、藏匿或者篡改可用于原告证明的证据资料，通过各种手段阻止证人出庭作证等，将使原告陷入证明难的困境。“推定主张成立”可以一定程度上缓解原告证明难的压力。

第二十一条　【受害人陈述的证明力】

被控侵权人对受害人的陈述不能提出充足证据反驳的，人民法院应当结合案件其他证据，合理确认受害人陈述的证明力。

【释义】

本条是关于认定受害人陈述证明力的规定。

所谓“证据认定”，是指法官在审判过程中，对于诉讼双方提供的证据，或者法官自行收集的证据，进行审查评判，确认其证据能力和证明力的活动。随着“证据规定”的出台，我国已基本确立了法官的“自由心证”原则，即“审判人员应当依照法定程序，全面、客观地审核证据，依照法律的规定，遵循法官职业道德，运用逻辑推理和日常生活经验，对证据有无证明力和证明力大小独立进行判断，并公开判断的理由和结果。”依照心证的要求，法官在认定证据的证明力时，不仅要依法，而且要依“情理”，因为法律不可能对每一个证据的证明力都作出规定。不同类型的案件所体现出的“情理”是不同的，这就需要法官在认证时，不能仅从每一种法定证据形式本身具有的特点出发对其证明力进行认定，而应当考虑具体案件的特点，对每一个证据及全案证据进行判断。如此，才能对证据的证明力作出正确认定，形成正确心证。

我国《民事诉讼法》规定的几种法定证据形式中，当事人的

---

① 张卫平：《民事诉讼法》，法律出版社 2004 年版，第 234 页。

陈述是其中之一。当事人由于与案件审理结果有直接的利害关系，基于趋利避害的特性，当事人的陈述与其他证据相比较，易夹带虚假和夸大的成分。在审判实践中，当事人陈述的证明力很弱，在很多案件中，其往往具有证据力，却没有证明力。

我们认为，基于性骚扰案件体现出的特殊“情理”，法官在认定原告陈述的证明力时，应同其他案件中对原告陈述的证明力的认定区别对待，考虑适用这样的规则：提高性骚扰案件中原告陈述的证明力。理由如下：

1. 性骚扰案件中，原告陈述的真实性比其他案件中原告陈述的真实性要高。现实生活中，很多女性被性骚扰后大都选择沉默。比较胜诉后获得的补救，她们为诉讼所付出的代价更大。那些忍无可忍，勇敢拿起法律武器，将骚扰者诉至法院的受害人冒着巨大的风险。一方面，诉讼中，她们要把遭受性骚扰的过程，甚至很多细节公之于众；另一方面，社会公众可能并不会对她们的遭遇给予客观、公正的评价。她们不仅不会得到社会公众的同情、支持，相反，公众的猜疑、误解，甚至鄙视，会给他们带来更大、更长久的痛苦。正所谓“骚扰不死人，舆论害死人”。基于性骚扰案件的上述特殊“情理”，我们认为，受害人虚假陈述的概率应该很低，其陈述的证明力应该予以合理认定。

2. 性骚扰案件中，原告陈述是比较容易获得的证据。如果法官在认定其证明力时，能考虑这类案件的特殊“情理”，在对原告陈述证明力的认定上与其他案件区别对待，就会使案件得到公正审理，也会打消受害人的顾虑，鼓励更多的受害人选择诉讼寻求救济。

3. 从证据形式本身所具有的特点看，原告陈述是直接证据、原始证据，其对被诉人实施骚扰行为的陈述和骚扰行为对其造成的损害的陈述，具有内容全面的特点。所以，如果其真实性得到印证，对案件事实的证明作用将是其他证据无法比及的。

4. 提高原告陈述的证明力，可一定程度上缓解性骚扰案件中原告证明难的压力，为受害人获得救济提供制度支持。

当然，提高原告陈述的证明力，并不是说原告陈述是最佳证据，或者仅有原告陈述就能认定性骚扰行为的存在。法官在认定证据时，应考虑这类案件中原告陈述的特殊性，结合其他证据，对原告陈述的证明力作出客观、公正的认定，从而对案件事实作出正确认定。[①]

第二十二条　【不公开审理】

人民法院审理性骚扰案件，原则上实行不公开审理。

当事人双方申请公开审理，或者一方申请公开审理另一方不反对的，人民法院可以决定公开审理。

【释义】

本条是关于性骚扰案件审理方式的规定。

公开审判是我国民事诉讼法确立的一项基本审判制度。其含义是：人民法院审判民事案件和宣告判决，一般应依法公开进行。《民事诉讼法》第10条规定："人民法院审理民事案件，依照法律规定实行合议、回避、公开审判和两审终审制度。"公开审判制度是诉讼制度文明发达的表现，是诉讼民主化的体现。其意义在于将民事审判活动置于社会广泛监督之下，以保障审判公正。公开是监督的前提，没有公开，就没有监督。

对于有些类型的案件，如果允许其他公民旁听，有可能导致国家秘密、商业秘密泄漏或不利于个人隐私权保护，甚至会产生消极的社会影响。作为例外，2012年《民事诉讼法》第134条列举规定了不公开审理的几类案件。应当不公开审理的案件包括：涉及国家秘密的案件、涉及个人隐私的案件和法律另有规定的案件。可以不公开审理的案件包括：离婚案件、涉及商业秘密的案件。

性骚扰案件多涉及当事人的隐私，因此，本条规定法院审理性

---

① 刘春玲：《性骚扰案件中证据问题研究》，载《妇女研究论丛》2006年8月增刊。

骚扰案件，原则上实行不公开审理，以防止受害人在诉讼中再次受到伤害。

考虑到公开审判是《民事诉讼法》的一项基本审判制度，本条在将不公开审理性骚扰案件作为基本原则的同时，赋予当事人申请公开审理的权利：即“当事人双方申请公开审理，或者一方申请公开审理，另一方不反对的，人民法院可以决定公开审理案件”。如此规定，既对受害人提供保护，又不侵犯当事人获得公开审判的权利，也不违背现有法律的规定。

第二十三条 【执行原则】

人民法院审理性骚扰案件，在裁判文书生效后，应当依职权移送执行。

对生效法律文书所确定的非财产内容，人民法院应当及时执行。

【释义】

本条规定了人民法院审理性骚扰案件的执行原则。

本规定第一条以基本原则的形式规定人民法院审理性骚扰案件，应当尊重当事人人格尊严，防止受害人在诉讼中再次受到伤害。执行程序是审判程序的延续，也应坚持这一原则。

民事执行是国家执行机关根据生效法律文书，运用国家强制力实现民事权利的行为。执行程序是在争议解决的前提下，对特定的法律文书所确定的民事权利义务的实现。依照我国民事诉讼法，民事执行程序开始的方式有两种：申请执行和移送执行。申请执行是原则，移送执行是例外。生效法律文书的执行，一般应当由当事人依法提出申请。移送执行是指人民法院的裁判发生法律效力后，由审理该案的审判人员将案件直接交付执行人员执行，从而开始执行程序的行为。移送执行是对申请执行的补充。移送执行的范围一般包括具有给付赡养费、抚养费、抚育费内容的法律文书、民事裁判决定书，以及刑事附带民事判决、裁定、调解书，由审判庭移送执行机构执行。

依照《侵权责任法》第15条，承担侵权责任的非财产方式主要有：赔礼道歉、消除影响、恢复名誉。性骚扰案件的受害者心理受到极大创伤，财产赔偿并不能解决所有问题。因此，法院不仅要移送执行裁判文书中的财产内容，也包括非财产内容。从性骚扰的类型看，交易型性骚扰案件的原被告一般处于不平等的地位，不管是裁判文书中的财产还是非财产内容都很难执行；敌意环境型性骚扰案件的责任承担一般会涉及单位，雇员和单位相比处于弱势，裁判文书也很难执行。裁判文书是国家权力的象征，具有公信力，如果得不到很好的执行，会产生信任危机，不仅影响司法机关的形象，也会挫伤性骚扰事件中受害者起诉的勇气。据此，性骚扰案件的裁判文书应当依职权移送执行。

为防止上述情形的发生，及时、有效地保障当事人的权利，人民法院的审判职能应当延伸，在性骚扰案件审理终结后，应当依职权主动开始执行程序，即由审判员主动将生效法律文书交付执行机构执行；同时，对生效法律文书中所确定的非财产内容，如赔礼道歉等，应当及时执行，可以当庭执行的，应当庭执行。为此，本条规定："人民法院审理性骚扰案件，在裁判文书生效后，应当依职权移送执行。对于生效法律文书中所确定的非财产内容，人民法院应当及时执行。"

裁判文书的移送执行能够有效督促单位履行防范义务，承担补救责任，防患于未然，给劳动者创造安全的工作环境，最终有利于提高单位的经济效益。及时有效地执行性骚扰案件的生效裁判，不仅可以防止受害人再次受到伤害，还可以更大程度地发挥审判的社会效用，对防治性骚扰产生积极作用。

第二十四条　【司法建议】

性骚扰案件审理终结后，人民法院应当根据需要，向有关单位或者部门提出司法建议；有关单位或者部门应当采取措施，避免性骚扰事件再次发生。

人民法院还可以向有关单位或者部门提出司法建议，要求对性骚扰行为人进行批评教育或者给予行政处分。

【释义】

本条是关于人民法院对性骚扰案件提出司法建议的规定。

司法建议，通常是指人民法院在审判工作中，以预防纠纷和犯罪发生为目的，针对案件中有关单位和管理部门在制度上、工作中存在的问题，建议其健全规章制度，堵塞漏洞，进行科学管理，提出改进和完善管理工作的建议。向相关单位或部门提出司法建议是人民法院实现审判职能的一项措施或方式，也是参与社会治安综合治理系统工程的一个重要手段。但司法建议仅具有建议性质，不具有法律效力，也不存在强制执行的问题。

司法建议作为人民法院审判职能的延伸，在化解矛盾纠纷、促进社会安定与和谐、增强全社会法律意识、建设社会主义法制等方面发挥了重要作用。对相关单位或部门提出的关于性骚扰方面的司法建议要具有针对性和可行性，具体可包括以下方面：（1）指出单位或部门在防治性骚扰方面应承担的义务。主要包括：制定明确的防治职场性骚扰的规章制度；设置便于投诉的专门机构或人员；开展防治职场性骚扰政策的宣传教育活动；定期进行防治职场性骚扰的培训；（2）指出单位或部门防范性骚扰方面存在的漏洞。法院在审理性骚扰案件时要深入单位进行调查，对雇员进行访谈，查找出单位在防治性骚扰方面存在的漏洞。（3）建议应采取的措施。针对单位在防治性骚扰方面的不足，法院提出应采取的可行措施；对本单位实施性骚扰的人可建议对其进行批评教育或者行政处分。（4）如果不进行改进将面临的惩罚。单位和施害者承担连带责任，如果没有履行或者没有全面履行防治性骚扰义务，单位将向受害人支付惩罚性赔偿金。

通过受案法院向单位提出司法建议，可以督促单位改进工作环境，提高雇员工作满意度，以利于节省司法成本，净化社会环境。此规定是能动司法的重要体现，能够有效化解社会矛盾，降低执行成本，实现司法的政治效果、社会效果和法律效果的统一。

第二十五条　【实施时间】

本规定自公布之日起施行。其他司法解释与本规定不一致的，以本规定为准。

【释义】

本条是关于本规定时间效力和抵触条款的规定。

时间效力包括规定开始生效的时间和其终止生效的时间。本条规定了本规定开始实行的时间，即自公布之日起施行。其他司法解释和本规定相冲突的，以本规定条款为准。例如，《最高人民法院关于确定民事侵权精神损害赔偿责任若干问题的解释》规定请求精神损害赔偿的，一般要有严重后果。本规定对于精神损害赔偿请求却不要求有严重后果。本规定在证据认定和证明标准方面，与《民事诉讼法》也有不一致之处，即本规定采取举证责任转移的做法，这将有效地解决性骚扰案件举证难的问题，更加有利于保护受害人。

后 记

终于写完并编完了这本书，如释重负。细算来，本书前前后后、断断续续写了三四年之久，若不是资助方香港乐施会时不时小心翼翼地提醒催促，这本书怕是早就流产。“序言”中信春鹰写到，性骚扰是个不能给人带来光环和利益的题目……读罢心头一紧，感觉直击痛处。与其他更加宏大的研究题目相比，性骚扰确实不入主流，甚至难以作为可资夸耀的研究成果，年终呈报。是以，一直以来，在时间分配上，性骚扰研究总是自己的业余工作，永远只能借用边边角角的时间；但是在内心，这个题目其实与其他研究题目并无二致，同样关乎公平，关乎正义。种种纠结，终是欲写还休，欲罢不能……

这本书得以出版，首先要感谢资助方香港乐施会，没有他们对于“性骚扰”这个题目矢志不渝的关注，我们很难有动力启动这项研究；其次，还要感谢陈明霞老师，在这个课题的前期研究中，她投入了很多心血，在事关社会正义的问题上，总能看到她陪伴在我们的身旁；还要感谢原北大妇女法律援助中心，感谢艾美玲的“家政工研究小组”，她们在我们早期的研究中，无私地提供了许多帮助；最后还要感谢那些接受了我们访谈的被访者——无论她们的经历是否被我们收录书中——如果你不了解她们的遭遇和辛酸，性骚扰对于你，可能永远只是一个轻飘飘的话题。感谢她们给了我们这样的沉重感，没有这种内心的压力，我们很难获得持续这项研究的热情。

唐灿
2012－7－20